JN111126

キリスト教神学命題集

ユスティノスから J. コーンまで

監修

土井健司
村上みか
芦名定道
島田由紀

日本キリスト教団出版局

序　文

——命題から読むキリスト教神学——

　キリスト教神学は、長い歴史のなかから生み出された豊かな知恵の宝庫であり、人類の貴重な遺産である。しかも、その知恵は現在も生きて働いている。現代のグローバル化が進展するなかにおいて、人類はさまざまな問題に直面しつつ不安な時代を生きている。テロや経済危機や環境危機、そして感染症や自然災害といったさまざまリスク。個人としても、現代以上に、生きるために確かな指針が必要な時代はないのではないか。現代を生きる道しるべを見つけること、キリスト教神学を学ぶ意義の一端はここにある。

　では、キリスト教神学はどのように学んだらよいのだろうか。おそらく、多くの人にとってキリスト教神学はあまり馴染みのないこれまで学んだことのない学問領域であり、学ぶ手がかりを得るのも大変かもしれない。大学でキリスト教思想関係の講義を聴講すること、キリスト教会に通い教会の読書会に出席することも、キリスト教神学を学ぶ上で貴重な機会となるだろう。実に、学び方はさまざまである。しかし、本書で提案したいのは、キリスト教神学のエッセンスを盛り込んだ適切なテキストを手にとって、キリスト教神学を学ぶことである。個々人で、あるいは同じ問題意識をもつほかの人たちとともに、本書を読み進めることを通して、キリスト教神学の学びをはじめてはいかがだろうか。

　この序文では、本書のねらいあるいは特徴など、本書を読む際に留意すべき事柄について簡単に説明しておきたい。最初に本書の特徴として強調したいのは、本書が神学を説明する際に「命題」をその中心に据えている点である。キリスト教神学は、多くの神学者が聖書や先人の思索に依拠しつつ時代の諸問題と取り組むなかで形成され継承されてきたものであるが、本書が取り上げる「命題」は、その神学者の神学思想のいわばエッセンスを表現したものとして、多くの著作のなかから選び出された。もちろん、いくらエッセンスであるとは言っても、それだけでキリスト教神学を理解することは困難だろう。しかし、各項目を精読した後に再度命題を読むならば、その命題の

意味と重要性は十分に理解いただけるはずである。

　本書は、キリスト教神学が凝縮された命題を、その背後に広がっている思想世界に注目することによって、以下のような多様な視点から解説する。まず、取り上げられる命題が、キリスト教神学の問題領域のどこに位置づけられるのか、たとえば、創造論、キリスト論、教会論などのいずれに属しているのかという点から、その命題の特徴や意義が論じられる。これは、命題がキリスト教神学においてどのような問題連関に位置するかを的確に理解する作業であり、それを体系的に追究すれば、キリスト教思想における組織神学の問いへ繋がるであろう。

　しかし本書においては、こうした体系的な方向よりも、むしろ歴史的視点が重視される。つまり、本書では、キリスト教神学の命題を、古代・中世、宗教改革・近世、近現代、北米・倫理の四つの部門にまとめているが、これは本書においてキリスト教思想史という側面が意識されていることを意味している。本書で注目されるのは、命題を生み出した神学者、また命題が収録された著作が置かれた思想史的文脈——思想と歴史（時代）との関連性——である。たとえば、シュライアマハーの『宗教論』から取られた宗教概念を理解しようとする場合、19世紀の近代ドイツの思想状況のなかで宗教がどのように論じられていたのかということ（『宗教論』の思想史的背景＝啓蒙主義の自然宗教論やカント主義の宗教論）が重要になる。神学思想は時代から遊離した机上の議論ではなく、思想的文脈との関連で読み解かれるべきなのである。また、命題の思想史的文脈からその影響史へと議論を広げることも時に有益である。シュライアマハーの『宗教論』の宗教概念は、キリスト教思想を越えて、20世紀の宗教現象学また宗教多元性をめぐる議論を先取りするものとして論じることができる。

　さらに神学的命題は、キリスト教神学の体系的な問題連関、そして思想史的背景・文脈に加えて、神学者個人の生の連関、つまり神学者の生涯において読むことができる。もちろんこの場合の個人の生の連関は、抽象的な個人の事柄ではなく、共同体のなかで生きた個人の生涯であり、近代以降のキリスト教教義学では、教派という共同体が重要な意味をもっている——ここから神学思想の社会史的研究へと展開することも可能である——。近代神学はその神学者が所属する教派的神学という特性を色濃くもっており、それは命題を理解する上で重要な手がかりとなる。たとえばこれは、近代の聖餐論に

おいて、ローマ・カトリック教会、ルター派、改革派といった相違が明確に反映されている点に現れている。しかし同時に、近代から現代への時代状況の進展とともに、神学における重点はこの教派的性格から神学者個人の生へと推移することになった。現代神学における神学的命題の理解にとって、神学者個人の経験・生涯がより重要なものとなったと言うべきかもしれない。実際、命題を通して時代を生きた神学者個人へと迫るという読み方も可能であろう。

　以上が、命題を通して見えてくる神学の成立現場であり、本書では、このような多様な視点から、神学の核心点に迫ることが試みられる。各項目の冒頭に掲げた命題の解題では、命題の意味内容が詳細に解説され、さらに神学者の神学思想の全貌へあるいはその思想の特質へと議論は進められる。監修者の一人として、読者のみなさんが、本書を通してキリスト教神学の豊かな世界に触れ、現代世界を生きる知恵を見出すことを期待しています。

　本書は監修者の一人でもある土井健司先生の発案と企画によってはじまり、その成立に際しては、多くの方々にご協力をいただいた。特に、各項目の執筆者に、また各部の監修者に、そして出版の実務を担当いただいた日本キリスト教団出版局の土肥研一、秦一紀のお二人に対して、この場を借りて、心よりの感謝の意を表したい。

　監修者を代表して

　　　　　　　　　　　　　　　　　　　　　　　　　　　芦名定道

目　次

第三部　近代・現代

第四部　北米・倫理

装丁　熊谷博人

第一部
古代・中世

概　　要

　第一部で取り扱うのは、キリスト教の古代から中世にかけて活躍した教父、スコラ神学者による主要命題とその著作となる。いずれもキリスト教思想史において基本的なもので、その骨格を形成するものばかりとなる。

　教父とは古代のキリスト教会を形成した「教会の父」の意味で、便宜上、著作をした言語によって分類される。ギリシア語で書いた教父はギリシア教父、ラテン語を使った者はラテン教父、他にはシリア語で書いたバルダイサン、ニシビスのエフライムといったシリア教父などもいる。古代の教会において「聖書」と言えば専ら「七十人訳聖書」（ギリシア語訳聖書）であったことから分かるように、もともとはギリシア語が用いられていたのであって、使徒教父、弁証家など、おおよそ3世紀までの教父の文書はすべてギリシア語で著されている。最初のラテン教父が確認されるのは、ようやく2世紀末ごろ、北アフリカのカルタゴで活躍したテルトゥリアヌスを待たねばならない。以降キプリアヌス、ラクタンティウスなどラテン語で書いた教父も登場するのであって、4世紀から5世紀にかけて活躍したヒッポのアウグスティヌスはラテン教父の代表的存在とみなされる。

　第一部では、まず8章まで代表的な教父を取り上げて神学的に重要な命題が論じられる。キリスト教の古代を生きた教父たちの努力によって形成されたキリスト教の神論は、まずはロゴス・キリスト論、そして三位一体論やキリスト論へと発展するが、第1章と第3章はその基本命題を扱う。イエス・キリストを神のロゴス、御言葉として捉えるユスティノス（第1章）、そして父、御子、聖霊の三位一体論、さらに後にイエス・キリストにおける神性と人性の関係を論ずるキリスト論の基盤となる思想を明らかにしたアタナシオスが取り上げられる（第3章）。そして聖書を通して神を知り、神を認識することに関しては神的感覚論（第2章）、否定神学（第4章）、自己内省を通した神探求と神認識（第5章）の三つのテーマが論じられる。西方のアウグスティヌスを巻き込んだドナトゥス派論争は、聖礼典（秘跡）と教会論が争点となったが、ここではとくに教会論に焦点をあてた命題が取り上げられる（第6章）、またペラギウス主義論争では自由意志と恩恵論が主題となっていた（第8章）。そして歴史理解と社会に関わる問題を扱ったアウグスティヌスの『神の国』については、その基本思想が第7章で扱われている。

中世キリスト教の神学とは中世ヨーロッパのキリスト教思想であり、西ロ
ーマ帝国滅亡後、数百年の醸成期間を経て開花していく。カロリング・ルネ
サンス期の思想家やエリウゲナなども重要ではあるのだが、10世紀あたり
から神学的営みも本格化していったといえる。それらはスコラ学と一括りに
される傾向も見られたが、イスラムの影響関係も多様で、実は中世という時
代は多彩で多産な神学思想に満ちており、その豊かさはますます明らかにな
ってきている。

　カンタベリーのアンセルムスは10世紀に活躍した初期のスコラ学者であ
り、その贖罪論も著名ではあるが、ここではそのユニークな神の存在論証を
取り上げた。彼の考案した論証は、哲学を含め後代に大きな影響を与えたの
であった（第9章）。クレルヴォーのベルナルドゥスといえばシトー会の代
表的な神秘家の神学者であるが、雅歌を通した愛の神学を深化させた。ここ
では徳論に「味覚体験」としての知恵という要素を加えた命題が選ばれてい
る（第10章）。さらに信仰と理性、恩寵と自然、これらはスコラ神学者たち
にとって大問題であったが、これを一つの定式へとまとめたのが13世紀の
神学者トマス・アクィナスであった。その恩寵と自然について有名な基本命
題が取り上げられる（第11章）。古代・中世の聖書解釈論は近代から現代に
続く聖書のテクスト解釈とは大きく異なるが、トマス・アクィナスは古代・
中世の聖書解釈を独自の視点から統合し、意味の多様性ではなく、重層性
としてまとめて論じている（第12章）。さらにドイツ神秘主義の祖マイスタ
ー・エックハルトは、トマス・アクィナスと同様、パリ大学の教授を二度も
務めた当代随一の思想家であったが、その『ヨハネ福音書註解』では大胆な
統合の神学が構想されている（第13章）。そしてウィリアム・オッカムの神
の全能性の議論は、彼一流の透徹した論理によってこの問題に切り込んだも
のであった（第14章）。ウィリアム・オッカムは中世後期を生きたのであっ
て、時代はもう少しでルネサンスと宗教改革へと展開していき、キリスト教
思想もさらに新しい局面を迎えることになる。

【土井健司】

1　ロゴス・キリスト論

（ユスティノス『第一弁明』『第二弁明』）

命　　題

こういうわけで私どもの教えは、確かにあらゆる人間的な教説よりも偉大であると思います。その理由は、全体者なるロゴスが、私どものために出現したキリストとして生まれ、身体とロゴスと魂とになったからです。

ユスティノス『第二弁明』第 10 章 1 節

はじめに

　キリスト教思想史のなかでロゴス・キリスト論はそのはじめに取り上げるべき根本思想のひとつである。ロゴス・キリスト論とは、ローマ帝国の辺境の地に活躍したナザレのイエスが、世界を創造し統べる神のロゴスそのものである、という思想になる。なお「ロゴス」というギリシア語は日本語に移しにくく、一般に物事の「理」、その理を捉える「理性」、そして理性によって捉えられたものを外へと表現する「言葉」の三つの相を統合した概念であることを理解しておかねばならない。これら三つに相当する適当な言葉が見当たらないので、通常「ロゴス」と表記される。すでにヨハネ福音書冒頭にロゴス賛歌があって、神のロゴスははじめに神とともにあるが、このロゴスが世に現われてナザレのイエスとして歴史において活動していった、という。ただしヨハネ福音書とは異なり、ロゴス・キリスト論においては、ロゴス概念が中心的なものとなるのであって、イエスの歴史性以上にロゴスが強調されるところに特徴がある。そのためかつてアドルフ・フォン・ハルナックは、ロゴス・キリスト論を嚆矢として「福音のギリシア化」がはじまると考えた。ハルナックにとって「ロゴス」はギリシア哲学、とくにストア派の概念でしかなかった。しかし今日ではロゴス論の聖書的背景などが指摘され、哲学的背景だけではないことが明らかになっている。

生涯

　この命題を述べたユスティノスはフラビア・ネアポリス出身というが、旧約のシケム、現在のナーブルスにあたる。生年は不明であるものの、おおよそ 100 年頃と推定される。バル・コクバの乱の後になされた対話をもとに書かれた『ユダヤ人トリュフォンとの対話』の冒頭（第 9 章まで）に若干の自伝的記述がある。これによると青年期に真理を求めてストア派、ペリパトス派、ピュタゴラス派をめぐって哲学を学んだが、最後にプラトン主義を学び、非質料的なイデアの観想を楽しむようになったという。そのようなとき、ある老人と海岸で出会う。対話をとおしてプラトン主義の限界を認め、老人の告げた預言者とキリストを信じ、彼は真理認識の確信を得たという。のちにローマに赴き、キリスト教の私塾を開いたが、そこではつねに「哲学者の衣」をまとって授業をしたという。彼は 155 年頃に皇帝アントニヌス・ピウスと後継者のマルクス・アウレリウスに宛てた『第一弁明』を執筆し、また元老院に宛てて『第二弁明』を著した。これに『対話』を加えた三書は著作として残存するが、それ以外の著作は題のみが伝わり、内容は失われてしまった。その最期は、哲学者クレスケンスの告訴によって逮捕され、「キリスト者」として処刑されたという。165 年頃のことと伝わる。

背景

　ロゴス・キリスト論は使徒教父文書には見られず、2 世紀の弁証家の著作に出てくる。とりわけ殉教者となったローマのユスティノスの二つの『弁明』が重要なものとなる。「弁明（アポロギア）」は 2 世紀に見られるキリスト教著作のひとつの文学類型であって、「弁証家」と呼ばれる人びとが書いたものである。弁証家とは広義には「とくに外部に対する自分たちの信仰の理性的な弁護と推奨を行う仕事にはじめて従事した（120 年頃から 220 年頃の）キリスト教著作家に与えられた名称」であり、アリスティデス、またアテナゴラスやテオフィロス、ミヌキウス・フェリクスといった人びとのことをいう。しかし狭義には「弁明」を書いた人びとのことを指す。この場合「弁明」とは皇帝や元老院に宛てて書かれた請願書（リベルス）であって、社会における非ロゴス的な、つまり理不尽なキリスト教迫害の嵐が吹きすさぶなか正当な裁判を求め、キリスト教を弁護しようとした。

　そもそもは 2 世紀の初めにトラヤヌス帝の定めたキリスト者の扱い方に遡

る。さまざまな条件を付けつつも皇帝は、キリスト者をその名のゆえに処罰するよう指示した。以来キリスト者は「キリスト者（クリスティアノイ）である」と信仰告白することだけで処刑されることになっていく。何か悪しきことを行ったわけでもなく、ただその名を認めただけで処刑されるという理不尽さに抗して著されたのが「弁明」という文書なのである。

　ところでユスティノスのロゴス概念には「種子的ロゴス（ロゴス・スペルマティコス）」などストア派の影響も見られるが、ロゴス・キリスト論となるとその思想的背景として三つのことが挙げられる。まず（1）先述したヨハネ福音書のロゴス賛歌である。そして（2）箴言（8章22節以下）等に見られる「知恵」の思想である。「知恵」は創造に先立って造られ、世界創造において神の働きを助けたという。さらに（3）アレキサンドリアのユダヤ教哲学者フィロンのロゴス論が挙げられる。超越する神そのものとは別に世界に働きかけるロゴスを論じていた。ただしフィロンの場合は神から独立した存在としてロゴスは捉えられておらず、神に内在的な力と理解されるにとどまる。

解題

　ユスティノスにとってキリスト教迫害は理不尽そのものであった。悪しき不法行為のためでなく、ただ「キリスト者」という名を認めるだけで処刑されるからである。『第二弁明』の冒頭は実際に起こったその告発と裁判の様子が描かれており、その裁判の場にいて理不尽さを糾弾しようとしたキリスト者も却って処刑されてしまったという。ユスティノスにとってこのような理不尽がまかり通るのは、権力者が悪霊に惑わされ、駆り立てられているからだという。なぜ悪霊なのか。それは異教の宗教の神々のことを指しつつも、そもそもは正しい者が理不尽な仕方で悪を被るのだから、それは人間を超えた悪霊の仕業だという。迫害という巨悪を前にしたとき、人は人間離れした存在のリアリティを感得するのであろう。ユスティノスは次のように記している。

　　にもかかわらずあなたがたは、審理によって取り調べるのではなく、理不尽な感情と悪霊どもの笞に追い立てられて、省みることなく、審理なしに罰を課していらっしゃるのです。（『第一弁明』第5章1節）

　そこで、理不尽な迫害を前にユスティノスは知恵を尽くして請願書を書き、ロゴス（物事の理）に則った裁判を求める。相手は名君の誉れ高いアントニヌス・ピウス帝であり、また哲学者と呼ばれる後継者マルクス・アウレリウスである。そこでユスティノスは哲学者ソクラテスの故事をもちだす。その昔、ソクラテスはロゴスに従って哲学的対話を行ったがために、青年を惑わしまた無神論者として告発されて処刑された。いつの世でも悪霊は正しい人、ロゴスに従って生きる者を迫害し、殺害する。ましてやロゴスそのものであったキリスト、さらにロゴス・キリストに倣って生きるキリスト者も同様に迫害を受けることになる。こうしてユスティノスの議論の中心にロゴス概念が置かれることになる。

　それにしても、なぜキリストをロゴスそのものと捉えるようになったのだろうか。ひとつには、イエス・キリストという存在が歴史的、地理的に限定されているため、たとえばキリスト以前に生まれた人びとにとってキリストのもたらした救済は及ばないのではないかという問題があった。これは『第一弁明』第46章の議論である。そこでユスティノスはロゴス・キリスト論を展開する。キリスト以前に生きた人であっても、そもそもキリストはロゴスそのものであり、人間はすべていつの時代でも何かしらロゴス（理性）に関わって生きているはずだから、キリストに関わって生きていたのである、と。ここから有名な「ソクラテスもキリスト者である」という思想が出てくる。つまり「ロゴスに従って生きた」人は誰であれ、まさにそのためにキリスト者であると言われる。

　こうして歴史と空間を超越して、ロゴスそのものであるキリストの働きが肯定される。ロゴスに従って生きることこそがキリスト者の証であり、またこの世ではそのため悪霊によって迫害を受けることになる、これがユスティノスの基本思想となる。悪霊による迫害という点は、研究史において比較的新しく注目されるようになったもので、そのためユスティノスのロゴス・キリスト論に対するユダヤ教黙示思想の影響が指摘される。なおロゴスに従って生き、迫害を受けたキリスト以前の「キリスト者」としてユスティノスが挙げるのは、ソクラテスの他、ヘラクレイトス、アブラハム、ハナンヤとアザルヤとミシャエル（ダニエル書1章6節、3章13節以下）、そしてエリヤである（『第一弁明』第46章）。

　それにしても、どうして哲学者ユスティノスはそこまでキリストを信じる
ようになったのか、その根本には何があったのか。おそらく『第二弁明』第
12章1節に次のように記されているのが手掛かりとなろう。

　　　プラトンの教えを喜びとしていた頃のことですが、キリスト者が中傷
　　されるのを聞き、しかしながら彼らが死をも恐れず、世間で恐ろしいと
　　考えられているどんなことにも臆せずにいる様子を見た時、こういう人
　　びとが悪徳や好色の生活を送るはずがないということを理解し始めたの
　　です。……殺されるために自身の立場を公言するなどというのは、遠く
　　かけ離れた態度だったのではないでしょうか。

　死の克服、これは当時の哲学の主要関心事であった。並み居る哲学諸派を
遍歴したのち、死の問題の克服という観点から彼はキリストを信じる、つま
り納得するところがあったのであろう。また冒頭の引用文に続く、第10章
の結論部分で次のように言われる。

　　　ソクラテスを信じて、この人の教えのために死に至ったほどの者はお
　　りません。これに比すれば、ソクラテスも部分的には知っていたキリス
　　トの場合、哲学者や学者ばかりか、手職人やまったく教養のない人び
　　とまでもこのかたを信じ、栄誉も恐怖も死も取るに足らずとしたのです。
　　要するにこのかたは、言葉で言い表すことのできない御父の力であって、
　　人間的制約を負ったロゴス（理性）の産物などではないのです。

　　　　　　　　　　　　　　　　　　　　　　　　　　　　　（第10章8節）

　ロゴスそのものであるため、人をして死を克服させるだけの力がキリスト
にはある。ソクラテスはロゴスに殉じ、他の哲学者もロゴスを求めて探求す
る限り、部分的にはキリストに与っている。キリストはロゴスそのものとし
てそのすべてを照らし、導いているのであって、これを自覚してイエスに帰
依するのがキリスト者ということになる。
　ロゴス・キリスト論はイエスの神性の概念を発展させ、三位一体論の議論
へとつながる。4世紀になると神学の主要主題はロゴス・キリスト論から三
位一体論へと移行していく。それでもロゴス・キリスト論はそれらの根底に

脈々と流れている。さらに中世神学、現代神学においても神のロゴス、「御言葉」は基本概念となっていることが確認できるのである。

文献

A. Wartelle, *Saint Justin: Apologies. Introduction, Texte Critique, Traduction, Commentaire et Index*, Paris: Études Augustiniennes, 1987.

『キリスト教教父著作集 1　ユスティノス　第一弁明、第二弁明、ユダヤ人トリュフォンとの対話（序論）』柴田有、三小田敏雄訳、教文館、1992 年。

柴田有『教父ユスティノス——キリスト教哲学の源流』勁草書房、2006 年。

【土井健司】

2 神的感覚と聖霊論

（オリゲネス『原理論』）

命　題

というのも、〔ソロモンは〕我々の中に二種類の感覚があることを知っていたのであって、一つは死すべき、朽ちうる、人間的な感覚であり、もう一つは不死で、叡智的な感覚であり、それを彼は「神的な〔感覚〕」と呼んだのである。したがって、この神的な感覚を通じて、即ち目ではなく、「清らかな心」つまり精神を通じて、それにふさわしい人々によって神は見られうるのである。

オリゲネス『原理論』第1巻1章9節

はじめに

　聖霊からの霊感によって著された聖書の言葉は、我々を救済へと導くものであるが、その字義的な意味はいくつかの箇所で理解が困難であり、またできたとしても不条理に見えることがある。それゆえに、聖書の正しい解釈が希求されるが、その方法論は聖書の中で明確にされておらず、その解釈をめぐって古代より様々な思想的立場が現れることとなった。新約聖書の正典化の動きが固定化するのは4世紀末をまたなければならないが、既に2世紀の護教家以後、聖書と、それを正しく理解する基準としての使徒的伝統との二つを正統信仰の要と見なす傾向が見出される。後者は、キリストから使徒へ、使徒から教会へと伝えられた「真理（信仰）の規範」であるが、その中身は、万物の造り主である父、イエス・キリストである子、そして導き手である聖霊の三つから成り立っている。この伝統は、のちに公会議の決定事項や信条の作成などに結び付くことになるが、この伝統に則しつつ聖書をどのように解釈するかについては、特に東方の教父たちが発展させた予型論や寓意論などを通じて考察が深められた。

生涯

　オリゲネス（185頃–254頃）は恐らくアレクサンドリアに生まれ、キリスト教の家庭で育った。父が202年のセプティミウス・セウェルス帝による迫害で殉教したため、家族の生計維持を目的として学塾を開いて文法（文学）を教えた。その後、当地の主教デメトリオスに信徒の教理教育を命じられ、二重の教育生活に入ったが、暫くしてキリスト教の信仰教育に専念することになった。他方で、恐らくは異教徒理解やその改宗を目的として、アンモニオス・サッカスのもとでプラトン主義を学んだ。231年頃、異端者たちとの討論のためにアテネに招聘された折、途中パレスティナのカイサリアの主教によって司祭に叙階されたことから、これを手続き上の問題と見なしたデメトリオスによって叙階を無効とされ、様々な経緯を経てアレクサンドリアを追放された。カイサリアに迎えられたオリゲネスは、この地で再び教理教育を開始し、グレゴリオス・タウマトゥルゴスなど有力な弟子を育成する一方、教会で説教を行い、筆記者を通じて多くの書物を著した。250年にデキウス帝によって大規模な迫害が開始されると、投獄され、拷問にかけられたが、棄教することなく信仰をもち続けた。迫害が中断されるとともに彼も釈放されたが、その後まもなく没した。

　彼の著作は膨大なものであったことが推測されるが、死後300年近く経って東ローマ皇帝によって彼の思想が断罪されたため、現存するものは限られている。『ヘクサプラ』と呼ばれる聖書本文研究のための六欄組対訳聖書の一部、『創世記註解』や『ヨハネ福音書註解』など旧新約聖書の釈義的著作、『ケルソス反駁』のような弁証論、『祈禱』のような小作品がいくつか残されているが、本書で取り上げた『原理論』は、ルフィヌスのラテン語訳が現存しており、一部は『フィロカリア』などの中に保持されている。

背景

　アレクサンドリアにおける聖書の比喩的解釈の伝統は、既に後1世紀前半に活躍したユダヤ人フィロンの著作の中にも見出されるが、キリスト教の信仰的探究において聖書解釈を深化させた点にオリゲネスの神学史的意義が見出される。その背景として、聖書を字義的に読むことに拘泥し、理解すべき道を知らず、誤謬に陥った人々がいた点が挙げられる。まず、多くのユダヤ人は、心の頑なさゆえに聖書を字義的に解釈しなければならないと考え、キ

リストについて予告されていた事柄は未だ実現されていないために、その到来を受け入れることができなかった。そのため、彼らはイエスをキリストと認めず、十字架につけて殺害したとされる。次に、グノーシスやマルキオン派に代表されるような異端者たちもまた、聖書を字義的に解釈した結果、神がサウルを王にしたことを後悔し、それ故に彼に悪霊を送り込み、この神が災いをも創造するような存在であると見なし、このことから創造主を貶め、代わりに純粋に善なる別の神を立てようとした。最後に、単純な人々は、創造主を唯一の神と認めつつも、やはり正義と善にふさわしくない聖書の記述を字義通りにこの神に帰し、また神が光や息吹、そして火として表現されている箇所から、神を物質や物体として理解し、感覚で捉えられるものと考えた。こうした人々に共通する誤りは、聖書を単に我々の用いる言葉の羅列と捉え、そのために聖霊からの霊感によって記述された聖書を霊的な意味で理解できない点にあると言える。オリゲネスは、自身もこの正しい読み方と解釈の途上にいることを認めつつも、世俗の人間的知恵を求めるのではなく、聖書の中に隠された神的知恵の宝を探究すべく絶えず進んで努力することを試みるのである。

解題

『原理論』は、恐らくオリゲネスが主教によって追放される前のアレクサンドリアで著したものであり、彼の神学大系を明らかにするための最も重要な書物の一つと見なされている。そこでは、第1巻から第3巻までの中で父と子と聖霊に関わる霊的な事柄だけでなく、世界と人間の堕罪や救済、そして悪魔や魂に関わる様々な教理が繰り返し論じられ、最後の第4巻において上述の議論や解釈が導かれる基盤そのものに関わる考察としての聖書論と聖書解釈論が扱われる。

　本書の中心的な主題は、上述の中でも、すべての聖性の源である父と子と聖霊の三位一体の神である。オリゲネスによれば、万物を造った唯一の神がおり、イエス・キリストがすべての被造物に先立って父から生まれ、また聖霊が預言者や使徒たちに霊感を与えたことなど、キリストへの信仰を宣教するために必要な事柄はすべて、使徒たちが既に教え、それは全教会の一致した教説ないしは伝統として保持されている。他方で、聖霊もまた神の子なのか、また我々の魂の起源はどこにあるのかなど、使徒が沈黙していた事柄も

存在しており、それらは後の時代にそれを探究しようと志す者たちのために残されているとされる。オリゲネスは、そうした課題を、『原理論』の中で解明しようと試みており、その際に用いられる議論の一つが、ここで命題として取り上げた人間的な感覚と神的な感覚の対比である。

　神的な感覚は、オリゲネスが読んだ（ソロモンの）箴言（2章5節）に書かれていたと考えられるが、現存する七十人訳の版にはこの語は見出されない。彼に拠れば、人間の感覚は目などの器官に対応しているが、これが捉えるものは物体的本性に過ぎない。これに対して、神的な感覚は理性的精神とも言えるものであり、物体の本性を超えた神的な本性に対応するものである。したがって、神的な事柄は、肉体的感覚によってではなく、神的感覚によって探究すべきであって、この感覚を研ぎ澄ますことが、聖霊の霊感によって書き記された聖書の隠された意味の解明につながるのである。

　『原理論』において試論として展開された神的な感覚の概念は、東方の神秘主義思想に影響を与える一方、魂の先在説や万物復興説は6世紀にユスティニアヌス帝の断罪によって異端視され、東方での継承は途絶えた。しかし、彼の聖書解釈は、西方を通じて形を変えながら中世に受容された。

文献

オリゲネス『諸原理について』（キリスト教古典叢書9）小高毅訳、創文社、1978年。

有賀鐵太郎『オリゲネス研究』（有賀鐵太郎著作集1）創文社、1981年。

水垣渉「聖霊と探求──オーリゲネース『諸原理について』第四巻における聖書解釈学の基礎づけ」、『キリスト教とローマ帝国』（エウセビオス研究3）リトン、1992年。

【津田謙治】

3 三位一体論・受肉論
(アタナシオス『言の受肉』)

命　題

実にこの方が人となられたのは、われわれを神とするためである。

アタナシオス『言の受肉』第54章3節

はじめに

「この方」とは、言うまでもなくイエス・キリストである。神の御子の受肉は、「われわれ」すなわちわたしたち人間を「神とするためである」と語られる。「神とする」（神化）という語は（ギリシア語でテオポイエオー）、人間が神のようになるとか神と等しくなるという意味ではなくて、アダムの堕落によって失われた原初の不死性や不朽性を回復することを意味した。

コロサイの信徒への手紙1章15節にある「見えない神の姿である」御子イエス・キリストこそ、原初の人間に刻まれた神の似像であり、その回復が真の救済であると考えられたのである。

4世紀のニカイアの教父たちは、2世紀半ばにユスティノスによって提唱されたロゴス・キリスト論を受け継ぎながら、イエス・キリストの受肉と救済の問題に思索を集中した。ヨハネによる福音書の冒頭部分が、ロゴス・キリスト論の発端となったことは言うまでもないが、同時に、古代教父たちは、神と共に存在する永遠不滅のロゴスが肉体をとって人となった受肉の出来事と受肉した御子の死と復活の出来事、さらには人間という肉体を持つ存在の救いの問題を、プラトン哲学やストア哲学の言語や概念を用いて、合理的かつ説得的に説明することを神学の課題と認識していた。

このような課題は、2～3世紀のグノーシス主義との対決や4世紀のアレイオス派との論争などによって、教会に突き付けられることになる。2～3世紀には、エイレナイオス（ギリシア教父）とテルトゥリアヌス（ラテン教父）が、それぞれグノーシス主義の徹底した論駁を行った。その理由は、可視的な物質世界を超えたところにある真理の認識（グノーシス）が、救済につながるというグノーシス主義の思想が、キリスト教の救済理解と相反する

と考えられたからである。

　アタナシオスの本命題は、2世紀半ば以降のロゴス・キリスト論の救済理解がニカイアの教父に継承されて結実した結果生み出された言葉である。それはグノーシス主義の救済理解の徹底した排斥を可能とするとともに、4世紀に台頭したアレイオス主義の救済理解を退ける「武器」となった。

生涯

　アタナシオスは、295〜298年頃に生まれて、328年にアレクサンドロスの後継者としてアレキサンドリアの司教職に就いた。この時期に『言の受肉』は書かれた。318年からアレイオス論争が始まり、公認されたばかりのキリスト教会は、内部で二つに分裂していく。アタナシオス自身も、司教就任後に、当時の政治動向に左右されて、5回にわたるアレキサンドリアからの追放という憂き目を経験するが、後に「正統」と呼ばれる信仰を一貫して擁護し、ニカイアの教父たちの指導的な立場にあり続けた。

　335年のツロ会議後に、申し立てられたアタナシオスの「犯罪」が有罪とされて、ガリアへと追放された（第1回追放）。その後、337年のコンスタンティヌス大帝の死去とともに、アレキサンドリアに帰還するが、コンスタンティウス2世の東方での登位によって、再度ローマに流刑になる。この第2回の流刑時代に、『アレイオス派駁論』『セラピオンへの手紙』を書き、その中で「神化」に複数回言及している。346年には、2回目の流刑から帰還し、およそ10年間、アレキサンドリア司教としてつとめにあたるが、356年になるとコンスタンティウス2世の支持勢力がアタナシオスを逮捕しようとしたために、砂漠の師父たちの間に身を隠すことになる（第3回追放）。この時期に、『ニカイア公会議の宣言について』『アリミヌムとセレウキアの会議について』『アントニオスの生涯』などを執筆した。これらの著作には、「神化」についての言及はわずかである。361年にコンスタンティウス帝が死去すると、アタナシオスは再度アレキサンドリアに帰還するが、すぐに皇帝ユリアヌスの圧迫が始まり、エジプトの修道士の間に身を隠すことになる（第4回追放）。363年にユリアヌスが死去すると再度帰還する。364年から367年にかけて、上エジプトを旅し、パコミオスの修道院を訪問した。365年からは、ヴァレンス帝の圧迫によって、第5回目の追放となり、この時期も砂漠の修道士たちの間に身を隠した。こうして、生涯5回にわたる追放を経験

しながら多くの著作を残し、373 年に死去した。

背景

　アタナシオスは、自身の著作の中で「神とする（テオポイエオー）」という言葉を異教のコンテキストでは 20 回、キリスト教のコンテキストでは 30 回使用している。最初に使用された例が、本命題の『言の受肉』第 54 章 3 節である。

　3 ～ 4 世紀は、ローマ皇帝が神々として祀られる時代であった。傑出した皇帝や英雄が神々として祀り上げられ、「神化」されることもあった。4 世紀の教父たちが、「神化」という言葉で、皇帝や異教の神々のようになることを意味することもあったのは当然である。

　『言の受肉』第 54 章は、明らかにキリスト教のコンテキストで独自の意味で「神化」という言葉を用いている。アレキサンドリアのクレメンスまでは、詩編 82 編 6 節の「わたしは言った。『あなたたちは神々なのか……』」という言葉の「神々」とは誰を意味するかをめぐって議論が交わされていた。2 世紀半ばのユスティノスは、キリストに従う人々と解釈し、2 世紀後半から 3 世紀前半を生きたリヨンのエイレナイオスは、「子ら」と結びつけて、「神々」とは、洗礼を受けたクリスチャンであると解釈した。そこから、彼は受肉と人間の救済について以下のように述べている。「この故にこそ、みことばが人となった。神の子が人となった。［それは人が］みことばと［混ぜ合わされ］、子とする［恵み］を受けて神の子となるためであった。私たちは、不滅性と不死性とひとつにされるのでなければ、それ以外の方法で不滅性や不死性に参与することはできなかったからである」（『異端反駁』3.19.1、小林稔訳『キリスト教教父著作集 3/1　エイレナイオス 3』教文館）。

　エイレナイオスは、人間の救いとは、堕罪によって失われた人間の似像の回復、すなわち原初の人間に与えられた不滅性と不死性の回復であると考えていたことがわかる。エイレナイオスの思想を引き継いで、アレキサンドリアのクレメンスも、人間が神の似像の回復によって、存在にからみつく死や滅びという本性から解き放たれて、御子によって完全な子とされることが救済であると考えた。

　オリゲネスもまた、クレメンスと同様の救済理解を共有するが、神化は、クレメンスが考えたような倫理的な純化によるキリスト教的なグノーシスへ

の参与というよりも、御子と聖霊の働きによって、理性（ヌース）を有している被造物である人間が神に参与することによって可能になると考えた。アタナシオスは、オリゲネスのモチーフをさらに展開するとともに、救済論とキリスト論、そして三位一体論を結び合わせて、神化についての考察を深めていった。

解題

　『言の受肉』は、『異教徒駁論』とともにアタナシオスの初期の著作の姉妹編をなす。司教への任職にあたり、アタナシオスの自身の受肉理解、キリスト理解、神理解を表明する目的があったと思われる。

　本命題は、「この方」すなわちイエス・キリストが人となられた理由を述べる。「われわれを神とするためである」とは、いささか唐突で、プロテスタント神学に慣れ親しんだ者に違和感を与えるかもしれないが、すでに指摘した神化論の歴史的な系譜に照らせば、その意味するところは明らかであろう。

　アタナシオスは、エイレナイオスと同じように、堕落した人間が神の似像を失って、原初状態の不死や不滅を保っていた状態から、死と滅びにさらされる無の状態に逆戻りしたと理解している。そこで、御子の受肉は、人間が死と滅びに瀕している状態から原初状態へと回復されるために、神が備えてくださった道であり、わたしたち人間を神とするための出来事であった。この場合、「神とする」とは、人間が、その存在や本質において神になることではなくて、神の御子の本質に参与する（メテコー）ことによって、御子の不死性や不滅性をいただくことである。

　アタナシオスは、第2回追放時に『アレイオス派駁論』を書き、そこで「神化」について多く語るようになる。「神化」は、アレイオス派論駁の主要な武器として、アレイオス派の救済論とキリスト論の問題点を明らかにするものとなった。

　アレイオス派は、イエス・キリストが御子であるのは、御父である神の神性に参与しているからだと考え、御子こそが神化された存在であるという議論をしている（『アレイオス派駁論』1.9）。御子は、御父なる神の神性に参与する限りにおいて神性を持ち、その神性によって人間を救済する。アレイオス派の運動は、アレキサンドリアの司祭であったアレイオスが、御子は一被

造物であり、御子が存在しないことがあったと主張をすることから始まった。やがて公認されたばかりのキリスト教会はアレイオスの主張を支持するアレイオス派とそれに反対するアレキサンドリアの司教座を中心とする後の「正統派」の間で、激しい論争と権力闘争を繰り返した。

　アタナシオスは、アレキサンドリアの司教としてこの論争に関与し、徹底してアレイオス派の主張を論駁することになる。創造者である神と無から創造された世界の根本的な差異にもかかわらず、御父と等しい本質を持つ御子は、人間の救済のために人となって地上に生きてくださった。御子の受肉は、御子の神性の放棄や減少によって生じたのではなく、神性をそのままに保ちつつ、仲保者となってくださった出来事であった。つまり、アタナシオスにとって、救済は、仲保者の内的な本質と御父と御子との内的な関係の内に起こる出来事であって、その内的な関係のうちにあり続ける受肉したロゴスに人間は結合されて、神と被造物の属性の交流から恵みを受けるのである。『アレイオス派駁論』の中で、アタナシオスは次のように述べている。「もし、肉体をとったロゴスが本性において神に由来し、神にふさわしいものでなかったなら、人間は神化されなかったであろう」(3.48)。

　アタナシオスの議論は、個々の人間の神化から、人類全体の神化へと展開していく。つまり、本命題の「われわれ」とは、個別的な人間というカテゴリーを超えて全人類に拡大される。アダムにおける人間の最初の創造は、今やキリストにおいて第二の創造つまり不死や不滅という原初に与えられた人間の本性の回復と再生という内的な創造へと向かい、それが完成へと向かうと認識されるようになる。しかも、この完成は、道徳的な進化（プロコペー）にはよらず、ロゴスがとった肉体と人間存在との一致によって生じる。

　さらに受肉の救済的な意義は、アタナシオスの次のような言葉に示されている。「ロゴスは、人類の救いのために宿るために、われわれの間に到来した。そこでロゴスは人類を聖化し、神化するために、肉体となったのである」（『アレイオス派駁論』3.39）。アタナシオスは、さらに受肉と復活を神化と結びつけて論じる。「今や肉体はよみがえり、死に勝利し、神化される」(3.48)。

　紙幅が尽きたので、論じることはできないが、アタナシオスの神化論は、『セラピオンへの手紙』では、聖霊の働きと結びつけられ、三位一体論的に展開されていく（『セラピオンへの手紙』1.25）。また神化論は、その後のキリ

スト教思想の歴史に大きな影響を与えた。カッパドキア教父、証聖者マクシモス、ディオニシオス、グレゴリオス・パラマス、エックハルトやタウラー、クザーヌスなどすぐに名前が浮かぶ人々もある。同時に、宗教改革者カルヴァンの聖餐理解（『キリスト教綱要』IV.17.1 以下）の中にエイレナイオスから始まるギリシア教父の神化思想がはっきりと読み取れる。神化の思想の鉱脈は、プロテスタント神学においては忘れ去られていたと言ってよいが、現代の神学的な課題と礼拝、伝道のビジョンを提供する鍵となるであろう。

文献

アタナシオス『言の受肉』小高毅訳、上智大学中世思想研究所翻訳・監修『中世思想原典集成 2　盛期ギリシア教父』平凡社、1992 年（Robert W. Thomson (ed. and tr.), *Athanasius, Contra Gentes and De Incarnatione*）。

関川泰寛『アタナシオス神学の研究』教文館、2006 年。

田島照久、阿部善彦編『テオーシス──東方・西方教会における人間神化思想の伝統』教友社、2018 年。

安井聖『アタナシオス神学における神論と救済論』関東学院大学出版会、2019 年。

Norman Russel, *The Doctrine of Deification in the Greek Patristic Tradition*, Oxford: Oxford University Press, 2004.

【関川泰寛】

4　否定神学

（擬ディオニュシオス・アレオパギテース『神秘神学』）

命　　題

万物の原因（＝神）については、まさに原因として、諸存在に関して肯定される一切を定立し肯定しなければならない。他方で万物を超越するものとして、一層優れた仕方でそれら一切を否定しなければならない。ただしこれらの否定は肯定に反すると考えてはならず、万物の原因は、まず幾重にもこれら（＝万物）の欠如を超えて、万物を超越した否定と肯定なのである。

擬ディオニュシオス『神秘神学』第1章2節

はじめに

キリスト教はキリストの啓示を基本とする宗教ではあるが、啓示の他、およそ「神」について自然神学があり、また「肯定神学」と「否定神学」と呼ばれるものがある。自然神学とは神が創造した自然から神の存在を類推するものとなる。肯定神学は「肯定の道（via affirmativa）」、あるいは「卓越の道（via eminentiae）」と呼ばれるものをもとにし、万物の諸属性をその原因である神へと述語づけていく方法による。他方否定神学は「否定の道（via negativa）」を方法とし、神の超越性をもとに一切を否定していくことで得られる。冒頭の命題は、これら肯定神学と否定神学を端的に表現したものとなる。

ディオニュシオス文書

　今日「ディオニュシオス文書」と呼ばれる文書群は、7世紀以降のビザンツ帝国、また中世ヨーロッパにおいては、使徒パウロがアテナイで伝道したおりに回心した「アレオパゴスの議員ディオニュシオス」（使徒言行録17章34節）が著したものと認められ、パウロに次ぐ権威をもつものとされてきた。そのためトマス・アクィナスをはじめ多くのスコラ神学者がこれらに傾倒し、

時には注釈も書いている。しかし現在この「ディオニュシオス」については、新プラトン主義、とくに5世紀のプロクロスの影響下にあった、6世紀はじめの思想家、神学者と推定されている。そのため今日では「偽ディオニュシオス」、あるいは「擬ディオニュシオス」と呼ばれている。この文書群には『神名論』、『神秘神学』、『天上位階論』、『教会位階論』、これら四つに加えて11通の「書簡」が含まれている。冒頭に引用したのは『神秘神学』の一節である。『神秘神学』はそれぞれ短い五つの章からなる簡素な構成なのだが、それは、光を超えた神の暗闇をテーマとするからであって、究極において言葉は無用のものとなるからだという。神の暗闇そのものを言葉で説明することはかなわず、そこに至るための指示、案内ができるにすぎないからである。「同じように知性を超えた暗闇のなかに入っていくならば、われわれは短い言葉ではなく、完全な無言と不知とを見出すことになろう。しかし高所から最下層まで降りてくるなら、降りていく度合に応じて言葉はそれにふさわしい量へと増えていくであろう」（『神秘神学』第3章）。

解題

古来キリスト教では、目に見えない神について認識できないとされ、その名すらも否定的に扱われる。すでに2世紀にローマのユスティノスは「万物の父を名付けることはできない」（『第二弁明』第6章1節）と述べていた。神の不可知、不可把握性は教父の共通認識であったといえる。プラトン、プロティノスの思想も影響していたのであろうが、たとえばプラトンの『ティマイオス』の「この万有の作り主であり父である存在を見出すことは、困難な仕事でもあり、また見出したとしても、これを皆の人に語るのは不可能なことです」（28c：種山恭子訳）は、オリゲネスをはじめ教父が繰り返し引用する一節であった。また新プラトン主義者プロティノス（『エンネアデス』第5巻第3論文「認識する諸存在とそのかなたのものとについて」第14章等）、さらに神の本質は認識できないとした1世紀のアレキサンドリアのフィロンの影響も考慮すべきであろう。

冒頭の命題によれば、神にどのように近づくのかは二つの方法があるという。ひとつは、神は一切万物の原因であるので、諸存在の有する肯定的な属性をいっそう卓越した仕方で有することによる方法である。たとえば善、美、真などの価値、属性を神について述べ、しかも神においてはそれぞれが完全

な仕方で見いだされるとする。別の仕方で言えば、われわれが美を愛で、美味に舌鼓をうち、やすらかな寝床にくつろぐ等などにおいて欲求し、経験する一切は、実は「神」においてこそ最も優れた仕方で得ることができるということになる。こうして神を認識していくわけだが、これが「卓越の道」、「肯定の道」と呼ばれる方法である。しかし同時に神は一切を超越するのであるから、私たちの世界にある善なるものでも美なるものでも真なるものでもなく、それら一切を超越するものとして否定されねばならない。なおここでの「否定」は単なる否定をいうだけでなく、一連の運動、道程、登頂として捉えねばならない。むしろ否定の道を進みゆくことで、真の神のリアリティに触れることになる。「したがってわれわれは、光を超えた暗闇に至ることができるよう、また見ることなく不知を通して、視覚も知も超えた方をまさに見ないことと知らないことによって見、知ることができるよう祈ろう」（『神秘神学』第 2 章）。

否定神学といのちの神

　ところで否定神学における「神」は、聖書の神とどのような関係にあるのであろうか。擬ディオニュシオスに見られる「神の暗闇」は、遡って 4 世紀の教父ニュッサのグレゴリオスに見出せる。そこでこの点についてグレゴリオスを手掛かりにしたい。

　『モーセの生涯』のなかで出エジプト記 20 章 21 節「モーセは神のおられる暗闇のなかに入った」（七十人訳）に触れて、グレゴリオスは、モーセが暗闇で神を見たのはいかなることかを論ずる（第二部 162 節から 169 節）。さらに、そこでモーセは「神の幕屋」に入るといわれるが、「神の幕屋」とはキリストのことを指すという（174 節）。こうしてついにモーセは神の背中を見ることになるのだが、決して正面から神の顔を見ることはないという（出エジプト記 33 章 23 節）。なぜなら神を見て、生きる者はないからである（同 20 節）。この聖句をグレゴリオスは次のように説明する。「神的なものは本性上生命を創るものであり、神的本性に固有な特徴は、あらゆる特徴を超えていることである。それゆえ神が認識されたものの内の何かであると考える人は、真実在から反対に把握的表象像によって思惟されたものへと向かい、生命をもつことはない」（第二部 235 節）。「真実在」とは神のことであり、「把握的表象像」とはストア派に遡る概念であるが、認識・把握のことと理解し

てよい。つまり生命そのものである神は認識できないのだが、それは、人間
の認識能力の不足によるのではなく、生命そのものであるためにそもそも神
は認識対象とはならないからである。認識されたもの、捉えられたものは生
命、生きているものではない。そこで認識されたものを「神」と見なすこと
で、実は真の神とは反対を向き、ゆえに死を招いていることになる、ゆえに
神を見て生きることはないといわれる、グレゴリオスはこのように解釈する
のである。

　こうした一連の議論は、暗闇がキリストとの出会いであり、また神の生命
に連なることを意味しており、否定を遂行する者が真の生命である神ととも
にあることを意味している。否定神学における否定の道は、神の生命との関
係で捉える必要があるのである。

文献

『キリスト教神秘主義著作集 1　ギリシア教父の神秘主義』谷隆一郎、熊田陽一郎
　　訳、教文館、1992 年。

ディオニュシオス・アレオパギテス『神秘神学』今義博訳、上智大学中世思想研
　　究所翻訳・監修『中世思想原典集成 3　後期ギリシア教父・ビザンティン思
　　想』平凡社、1994 年、439–460 頁。

土井健司『神認識とエペクタシス——ニュッサのグレゴリオスによるキリスト教
　　的神認識論の形成』創文社、1998 年。

【土井健司】

5　内的超越の思想

（アウグスティヌス『告白』）

命　　題

あなたはわたしたちをあなたに向けて創られました。それゆえあ
なたのうちに憩うまで、平安をえません。

アウグスティヌス『告白』第1巻1章1節

はじめに

　アウグスティヌスはキリスト教古代の最大の教父である。そして千年にわ
たるヨーロッパ中世に最も大きな影響を及ぼした人である。またヨーロッパ
近代の道筋を切り開いたルター、カルヴァンなどの宗教改革の指導者たちの
思想の根本もアウグスティヌスに遡る。そして近代哲学の祖、デカルトの根
本命題コギト・エルゴ・スムと極めて近い思想がアウグスティヌスのうちに
は見出され、現代の現象学の創始者 E. フッサールは、自らの現象学的還元
の方法がアウグスティヌスの思想に近いことを認めている。このようにヨー
ロッパの思想と文化の根底に計り知れない影響を与え続けてきたのがアウグ
スティヌスなのである。

　アウグスティヌスが自らの前半生を描き綴ったものが、397–400 年頃に書
かれた有名な『告白』である。この書は歴史上初めての本格的な「自伝」で
あり、以下彼の歩みを素描するが、その基本となる資料もこの『告白』にあ
る。

生涯（1）──ミラノでの回心まで

　アウグスティヌスは 354 年北アフリカ、ヌミディアのタガステ（現在のチ
ュニジア）に貧しいローマ市民パトリキウスの子として生まれた。母モニカ
は敬虔なキリスト教徒であったが、父は宗教には無関心な人であった。しか
し才能に恵まれた息子に望みを託し、近隣のマダウラの修辞学の学校に通わ
せたが、学費が続かず、一時帰郷させねばならないほど窮していた。ようや
く同郷の有力者ロマニアーヌスの支援で辛うじて学業を続けることが許され

た。16 歳のアウグスティヌスは、さらなる修辞学教育を受けるために北ア
フリカ最大の都市カルタゴに赴いたが、父はその後すぐに亡くなったようで
ある。

　この大都会のカルタゴに移ってしばらくの後、アウグスティヌスは一人の
女性と出会い、同棲し、息子アデオダートゥスをもうけた。この女性は正式
な結婚の認められない解放奴隷の身分であったと思われるが、ほぼ 15 年間
アウグスティヌスと生活を共にすることになる。アウグスティヌスが青春時
代に放蕩に耽ったというのは誤解である。

　19 歳の時、アウグスティヌスは修辞学の授業でキケロの『ホルテンシウ
ス』を読み、今まで思いもしなかった叡智的世界の存在を垣間見させられた。
これはミラノでの回心に先立つ「第一の回心」とも言われる。そしてこの同
じ頃、マニ教に入信した。それには理由がある。キケロに刺激され知恵の探
究を決意したアウグスティヌスの前に現れたマニ教は、徹底した理性的探究
を通して神に至ることを説いており、信じることを強要する周囲のカトリッ
ク教会に優って、「真」のキリスト教であるとアウグスティヌスには映じた
のである。これは彼の「第一の回心」に対応した踏み出しである。アウグス
ティヌスは友人の多くをもこの「真のキリスト教」であるマニ教に入信させ
た。この知的装いの「マニ教」はしかしその核心に、出生を悪とする厭世的
世界観を持つ神話的色彩の濃い宗教であった。月の満ち欠けが、救済されて
月に送られた神の分子がさらに天上に上ってゆくことから起こるとの説明に
みられるように、全自然現象は「神の分子」の救済をめぐって説明される救
済宗教であった。アウグスティヌスは 10 年ほど熱心に求道生活を続けたが、
次第にこの宗教が説く、救済機構としての世界の説明に疑問をもつようにな
った。高名なマニ教指導者ファウストゥスとの出会いでの失望もあり、次第
にマニ教から離れ、30 歳の頃には、自らのマニ教での経験から、むしろ全
てのことを疑うべきであるとするアカデミア派の懐疑主義に共感するように
なった。

　才能豊かな青年アウグスティヌスはカルタゴで修辞学の教師となることが
できた。古代地中海のポリス社会において「修辞学」は単なる教養のための
ものではなかった。ポリス共同体運営は討論で進められ、会議における「説
得」が決定的に重要視された。優れて「説得の術」たる「修辞学」の習得は、
ポリスで重きをなす者の必須条件であった。アウグスティヌスがカルタゴの

修辞学教師から、ローマ、ミラノの修辞学教師へと移っていったのは、単なる住居の移動ではない。まさに権力の中枢への迫りであった。そのため母からの強要があったとはいえ、15年間連れ添った女性をも切り棄て、有力者の子女との縁組まで整えたのである。

　384年30歳を過ぎたアウグスティヌスは、当時の都ミラノに移り住んだ。ここで修辞家としても高名なミラノの司教アンブロシウスの説教を聞くようになった。アンブロシウスはアウグスティヌスの「ミラノでの回心」において魂の導き手の役割を果たしたのではない。彼は最初アウグスティヌスを警戒していたようである。アウグスティヌスはミラノに行くに当たり、マニ教徒のつてによってローマ市長シンマクスの推薦状を携えていった。このシンマクスは反キリスト教を旗印にしたローマ宗教復興運動の中心人物であり、この運動の阻止に全力を挙げていたミラノ司教アンブロシウスは警戒してアウグスティヌスを避けたとも言える。アウグスティヌスがアンブロシウスに負うのは、マニ教が批判していた旧約聖書の神の擬人的表現を比喩的に解釈することをアンブロシウスが説教でたびたび語り、アウグスティヌスは「聖書」を新たな思いで読む「方法」を教えられたのである。その意味でアンブロシウスから宗教的真理理解の新たな可能性を示されたと言える。アウグスティヌスはミラノでアンブロシウスをはじめとする新プラトン主義的キリスト教サークルに入っていった。386年に彼は新プラトン主義の書物を通して、物質とは異なる「魂と神」の世界に目覚める経験を為しえた。魂としての内なる自己を自覚し、この自己よりさらに内奥に超越する永遠なる神に一瞬触れる経験をした。しかしこれはむしろ永遠なる神との隔たり、断絶を示されるものであった。この挫折の経験により、アウグスティヌスは、永遠の真理が肉の身をまとい、魂を自らのもとへ導く「道としてのキリスト」の意味を改めて悟らしめられたと言える。アウグスティヌスは「第一の探求する自由」（『自由意志論』I.2.4）を見出し、歩むべき確かな道を切り開かれた。こうしてアウグスティヌスは栄達への道を約束されたミラノの修辞学教師を辞任し、387年にカトリック・キリスト教会に属すべく洗礼を受けたのである。

解題

　先にも述べたようにアウグスティヌスの『告白』は史上初の本格的な「自伝」であるが、単に自らの歩みを詳細に記録したというだけのものではない。

自らの歩みに深い反省のメスを加え、「生きる」ことそのものへの哲学的宗教的な問いの書へと深めている。生の歩みの様々な場面での出会いを通して、決局「自らが自らにとっての大きな問となった」（IV.4.9）と述べるような生の歩みが刻みだされている。彼はその手探りの足取りを、自らの根源に至りつくまで安らうことのできない不安を抱えた魂の動きと捉えている。そのことを冒頭に挙げた基本命題は鮮やかに表現している。この魂の不安な、根源を求めての動きは、アウグスティヌスにとっては内面を通しての超越の道なのである。このアウグスティヌスの思想を根本的に特徴づける探求の在り方は「内的超越」と言えるが、このことを次の言葉がよく表現している。「外に行くな、汝自身の内に帰れ。内的人間の内に真理は宿る。そしてもし汝の本性がうつろい易いものであることを見出したなら、汝自身をも超越せよ」（『真の宗教について』XXIX.72. この言葉を現代の現象学の創始者である E. フッサールは彼の哲学の根本を解説した 1930 年のパリ講演の結びの言葉としているが、後半の自らをも超越せよという所は省いている）。ここでの超越は、徹底した内面的自己省察を経てである。というのもアウグスティヌスにとって、神の超越とは、人間の自己の最内奥より、さらにより内側で出会われるものだからである。「私は、真理の欠乏のゆえに煩労し喘ぎながら、あなたを……探し求めていました。しかし私は、それによって人間が動物に優ることをあなたが欲したもう精神の知解（intellectus mentis）によってではなく、肉の感覚によってあなたを探し求めていたのです。しかしあなたは、私の最も内なるところよりももっと内に居まして（interior intimo meo）、私の最も高きところよりももっと高きにおられます」（『告白』III.6.11）。アウグスティヌスにとって自己に「超越」する神は、自らの最内奥よりもさらに内奥という逆説的表現によってしか語りえない場で露になる神であった。

　そしてアウグスティヌスが問題にする内と外とは単なる空間的なものではない。アウグスティヌスが問題にする「外」と「内」の懸隔は、場所的距離ではなく、情念の相違であるという。「それ故神を、この世、あるいはこの世の諸々の部分を支配するその権力を通して（per istas Potestates）求める者たちは、神から遠ざけられ、離れたところへ放り出される。場所の距離によるのでなく、情念の相違によって離れているのである（non intervallis locorum, sed diversitate affectuum）。というのも彼らはより外へ行こうと努め、自らの内奥の場所を棄て去ったのだが、神はこの内奥よりさらにより内奥に在すので

ある（interior est Deus）」（『三一神論』VIII.7.11）。内と外の相違は、単なる空間的なものでなく、情念の相違、例えば愛と欲望の相違としてその深刻さを増すのである。

　このような内的超越の広がり、ということは多様なる情念において開き示される果てしない広がりを彷徨いつつ為されるのが、アウグスティヌスの「不安な魂が神を求めて辿る道行き」なのである。

文献

アウグスティヌス『告白録』（キリスト教古典叢書）宮谷宣史訳、教文館、2012 年。
―――――『自由意志』、『初期哲学論集 3』（アウグスティヌス著作集 3）泉治典、
　　　原正幸訳、教文館、1989 年。
―――――『真の宗教』、『初期哲学論集 2』（アウグスティヌス著作集 2）茂泉昭男訳、
　　　教文館、1979 年。
―――――『三位一体』（アウグスティヌス著作集 28）泉治典訳、教文館、2004 年。
P. ブラウン『アウグスティヌス伝』出村和彦訳、教文館、2004 年。
H. I. マルー『アウグスティヌスと古代教養の終焉』岩村清太訳、知泉書館、2008 年。

【片柳榮一】

6　ドナトゥス派論争
（アウグスティヌス『公同の教会に属する人々に宛てた手紙』）

命　　題
多くの罪人が、教会と共に聖礼典に与る。しかしだからといって
それですでに教会の内にあるというわけではない。そうでないと
可視的に聖礼典から締め出されると、根から切り離されることに
なろう。すると可視的に聖礼典が回復されるなら、その時ふたた
び根に繋がれることになろう。

アウグスティヌス『公同の教会に属する人々に宛てた手紙』74 章

生涯（2）——ヒッポの司教アウグスティヌス
　ミラノでの回心により、この世での栄達を断念したアウグスティヌスは
388 年、北アフリカの故郷に戻るが、その帰途ローマのオスティアで、母モ
ニカを失う。
　390 年には息子アデオダートゥスと友人ネブリディウスが相次いで亡くな
る。この世への断念の思いは一層孤独なるアウグスティヌスの心に迫ってく
る。391 年友人たちとの修道的生活を志し、適当な土地を探して立ち寄った
ヒッポで、司祭となることを要請され、断り切れず引き受け、やがて司教と
なる。アウグスティヌスのそれまでの学究的生活は一変し、激しく厳しい牧
会生活を強いられることになる。北アフリカのカトリック教会が当時面して
いた最大の問題は、長らくのドナティストによる教会分裂であった。

教会分裂の経緯
　303–305 年のディオクレティアヌス帝の迫害に屈した者によって任命され
たカルタゴの司教カエキリアヌスは、311 年ヌミディア地方の 70 人の司教
の無効宣言により、罷免され、別の司教が任命されたが、すぐにドナトゥス
が引き継いだ。このドナトゥスを中心にドナティスト教会が形成され、以後
ヌミディアの教会は二分されることになる。問題の核心は、聖礼典執行者が

迫害に屈した不純な者であれば、聖礼典そのものも無効になるかという問題、宗教における儀式と人格の問題である。カトリック教会は聖礼典の効力は執行者に依存しないとしたが、ドナティストたちは無効であるとし、執行者個人の信仰の純粋さが強調された。

　この問題は新たに統治を始めたコンスタンティヌス大帝のもとに313年訴えられたが、皇帝はドナティストたちの主張を認めなかった。317年にはドナティスト教会の解散が命じられ、時に暴力を伴って遂行され、ドナティストたちは殊にヌミディア地方で激しく抵抗し「殉教者」を出すに至った。

　背教皇帝ユリアヌスの短い統治期間はドナティストたちにとっては幸運であり、362年この異教皇帝はドナティストたちの亡命からの帰還の嘆願を受け入れた。しかしこの解放は各地で暴動と殺戮に転じていった。

　問題を複雑にしたのは、ドナティストたちのローマのカトリック教会に対しての抗議が、北アフリカの自立的ナショナリズムに依拠していたことである。単に棄教した聖職者を認めるかという教会内部の問題にとどまらず、かつてローマと地中海の覇権を争ったカルタゴを中心とする北アフリカナショナリズムが教義の問題を契機に湧き出てきたのである。そのためにドナティストたちは厳しい弾圧にもかかわらず、生き残り続けたと言える。

解題

　ヒッポの司教となったアウグスティヌスは、教会の分裂を修復しようと全力を傾けて奔走した。アウグスティヌスはこの分裂を、自らのよって立つ基盤としての教会に対する重大な脅威とみなしたのである。そして自らとドナティストたちの教会観が根本的に異なることを次第に見出してゆく。ドナティストたちの教会観によれば、教会は純粋で、聖なる者たち、そしてこの世では迫害される少数者の群れである。そこには3世紀北アフリカの殉教者キプリアヌスの伝統が継承されている。しかしこの伝統は4世紀のコンスタンティヌス大帝によるキリスト教容認後の教会の現実とはかけ離れたものとなっていた。現実の教会は純粋なる聖徒の群れではなく、帝国の権力と富に結びついたいわば毒麦を含んだ宗教共同体であった。それはドナティストが批判する正統カトリック教会だけの現実ではなく、ドナティストたち自身の教会の現実でもあった。

　事実390年にはカルタゴのドナティスト教会の新たな司教プリミアヌスが

ドナティスト教会の内部で分裂を引き起こした。司教の対立候補であったと
みられるマクシミアヌスを破門したのである。マクシミアヌスを支持してい
た人々は、自分たちの司教会議を開いて、逆にプリミアヌスの司教職を解い
てしまった。こうしてドナティスト教会の内部でマクシミアニストと呼ばれ
る分派が生じてしまった。こうしてドナティスト同士の血みどろの指導権争
いが始まっていかざるをえなかったのである。にもかかわらず彼らは、自ら
が純粋なる者たちの群れであるという妄信を棄てることができなかった。そ
して狭く固陋な北アフリカの地方教会にのみ閉じこもったのである。

　これに対し、アウグスティヌスは教会の現実の破れと汚れに目をつぶるこ
となく、それを深刻な現実として受け止めた。この項の冒頭にあげた基本命
題にも示されるように、アウグスティヌスにとって可視的な宗教共同体に属
することがそのまま、真の教会に属することではない。現実の教会は、罪人
を混ぜた群れなのである。だからといって彼が、教会の質を落として考えた
というのではない。そうではなく彼は一層高く深く、純粋で聖なる者の群れ
としての教会を求めたのである。アウグスティヌスは、自らが属する教会に、
ドナティスト以上に厳しい「純粋さ」を要求する。その完成が究極の終わり
の時にしかありえないような高みに尺度を挙げる。しかもこの群れは、地上
の歴史の内に、隠された仕方で経めぐりゆきつつあるのである。ドナティス
トとの厳しく激しい論争を繰り広げる中で、次第に、『神の国（と地の国）』
の構想が深められていったと言えよう。

　アウグスティヌスは、精力的にドナティストの指導者と会話を重ね、多く
のドナティストと和解の同意が成立していった。しかしそのつど急進派キル
クムケリオーネスのテロ的暴力（アウグスティヌスも暗殺されかける）でご破
算となり、最終的にはアウグスティヌスもドナティスト教会の弾圧的解体に
同意せざるをえなくなる。

文献

『ドナティスト駁論集』（アウグスティヌス著作集 8）坂口昂吉、金子晴勇訳、教文
　　館、1984 年。

【片柳榮一】

7 自己愛と神への愛

(アウグスティヌス『神の国』)

命　　題

こうして二つの国が、二つの愛によって建立された。神を無きも
のとするに至るまでの自己への愛が地の国を建て、自己を無きも
のとするに至るまでの神への愛が天の国を建てたのである。前者
は自己自身を誇りとし、後者は主を誇りとする。前者は人間から
の賞讃を求め、後者は自らの最高の誇りを神の内に、自己の良心
を証人として見出すのである。

アウグスティヌス『神の国』第 14 巻 28 章

生涯（3）──『神の国』執筆の経緯と内容

　410 年に西ゴート族が永遠の都ローマを襲撃、侵犯したことは、ローマ帝
国に住む全ての人々にとって驚天動地の出来事であった。世界が奈落に沈ん
でゆくと感じた人々があっても不思議ではなかった。この混乱の中で、長ら
く抑圧されてきた古代ローマの宗教を奉じる人々が呟きの声を挙げ始めた。
かつてないこのような災難にあったのは、ローマの古き神々を蔑ろにして棄
て、異邦のキリスト教の神を崇めたからだと。このような批判がキリスト教
会にとって持つ重大性を敏感に感じ取ったアウグスティヌスは、すぐさま反
撃を開始した。後に『神の国』としてまとめられる書の第 1 巻には、西ゴー
ト族のローマ侵略により、暴行、凌辱を受けた人々の生々しい呻きと叫び
が記されている。そしてそこで傷つき、絶望の暗がりで呻いている人々に対
して語るアウグスティヌスの励ましの言葉は、魂の底辺の傷口に届いている。
アウグスティヌス自身が冷え冷えとした孤独の暗がりの中で、この世ならぬ
光にほのかに照らし出されて、語りかけているからである。
　アウグスティヌスは、ローマの陥落がローマの神々を棄てた結果だという
批判に周到な反撃を企てる。確かにここでのアウグスティヌスには、日ごろ
接する北アフリカの民衆に向けた説教とは一段違う緊張感が感じられる。ロ

ーマ帝国の最優秀の反キリスト教的知識人を相手にして、自分の持てる知識と熟慮の全てを用いて、論戦しているのである。ローマ帝国がローマの神々を奉じていた時も、何度も危機に遭遇していたとの事実をサルスティウスをはじめとするローマの著名な歴史家の書から指摘し、キリスト教への批判が的を得ていないことを示す。そして宗教の存在意義そのものを根本的に問い直す作業を開始する。まずこの世の幸福のために神を求める宗教の在り方を最初の5巻までで徹底的に批判する。殊に第5巻で、アウグスティヌスのローマ帝国への肯定的評価と批判が深い自己反省を伴ってなされている。ついで次の5巻、つまり第10巻までは、永遠の幸福のために神を求める、いわば哲学的宗教が批判の俎上にのせられる。ここでは殊に第8巻以降で、プラトニズムに対するアウグスティヌスの評価と批判が見られ、興味深い。

　第11巻以降は、この世界の始まり、創造から世界の終わりまでの歴史が、旧新約聖書に基づいて記され、思想史上最初ともいえる歴史哲学的思索が展開される。しかしそこで語られるのは、歴史的出来事の羅列ではない。歴史の根底にあり、歴史を動かしている根底の原理、構造を探ろうとしているのである。

解題

　アウグスティヌスは、長年熟考してきた歴史についての考察の成果を、この項の冒頭に挙げた命題において刻みだしている。彼にとって「神の国」とは目に見える国家でも、宗教共同体としての現実の教会でもない。それは、人間の現実の歴史の中で、エノクやアブラハムなどをはじめ神を心から追い求めた人々の隠された群れのことであり、「地の国」と対立しつつ、全歴史を貫いて続いてゆくのである。二つの国は二つの愛に基づいているという。一つは徹底した自己追求において神を蔑ろにするに至るまでの自己愛であり、他方は自己を無とするに至るまでの神への愛であるという。そしてしかもこの自己愛は、人々からの賞讃を求めざるをえないという。アウグスティヌスは人間の心の底にある、他の人間からの賞讃を求める名誉心の執拗さをよく知っている。『神の国』第5巻12章でアウグスティヌスは、ローマ帝国勃興の根源動力をローマ人の栄光への欲求に求めている。自己を神に代えて、全ての中心に据えようと求める自己愛は、なお他者の賞讃という支えを必要とし、他者の承認なしには済まない内奥の依存的弱さを抱えていることをアウ

グスティヌスは見逃さない。これに対照される神への愛が、良心を証人としていると述べるところにもアウグスティヌスの底知れない洞察を思わされる。そこでは他者の賞讃は消え去り、良心において孤独に一人神の前に晒されて立つ厳しい自覚をアウグスティヌスは持っていたのである。そしてこの二つの愛が、暗がりに満ちた人間の全歴史に絡まりあい、これを貫いているという。これは個々人の単なる心理分析ではない。これによって全歴史を貫いているものが見渡されているのである。

文献

アウグスティヌス『神の国』上下（キリスト教古典叢書）泉治典、金子晴勇ほか訳、
　　教文館、2014 年。

【片柳榮一】

8 ペラギウス主義論争

（アウグスティヌス『シンプリキアヌス宛書簡』）

命　　題

意志そのものは、魂を喜ばせ、招くものに出会わなければ、決し
て動かされることはない。しかしこれに出会うかどうかは、人間
の権能のうちにはない。

アウグスティヌス『シンプリキアヌス宛書簡』1.2.22

自由に関するアウグスティヌスの基本理解

　アウグスティヌスにとって魂の本性の発見は、自覚的意志の発見であり、
それは人間存在が根底的に自由であるということの発見でもあった。その根
拠づけの記録が 388 年より書き始められた『自由意志論』である。彼は次
のように言う。「というのも我々が権能をもっていることを否定しうるのは、
我々にとって欲するものが現臨しない場合だけである。ところが欲するとい
う場合、意志そのものが我々にとって現臨していないなら、意志するとさえ
言えないのである。我々が意志する場合、意志しないということはありえな
いのであるから、意志は意志する者に現臨している。また権能のうちにある
ものとは、意志する者にとって現臨するもの以外ではない。だから我々の意
志は、我々の権能のうちにあるのでないなら、意志ではないのである。さら
に意志は権能のうちにあるのであるから、我々にとって自由なものである」
（『自由意志論』III.3.8）。人間において意志するということは、意志を意志す
るという二重構造を持っており、他の対象の場合は、その対象を欲し意志す
るということと、それを所有することとは別であるが、意志を意志する場合
は、意志することにおいて意志の対象は現臨するのであり、すでに所有され
ているのである。意志の意志へのこの現臨の事実こそ、アウグスティヌスに
とって、自由の事実なのである。アウグスティヌスにとってこの発見は根
源的であり、その意味で人間にとっての自由は、アウグスティヌスによれば、
人間が人間であるかぎりの事実なのである。

解題——「相応しい呼びかけ」

　しかし自由な知識人アウグスティヌスがヒッポの教会で北アフリカの民衆の生活に直接触れて経験を重ねてゆくうちに、人間の根源的自由の事実への眼差しは微妙に変化し、或る意味で豊かさと深さを増してゆく。その変化を表現したものが 396 年に書かれた『シンプリキアヌス宛書簡』における「相応しい呼びかけ」という考えである。この変化はアウグスティヌスの意識にとっても明確なもので、彼が晩年に自らの膨大な著作の点検をして著した二部構成の『修正録』において、その第二部は、このシンプリキアヌス宛書簡から始まるのである。彼はその『修正録』で言う。「この問題（人間の自由と神の恩恵）の解決のために、私は人間の意志の選択的自由を擁護すべく努めたが、勝利をおさめたのは神の恩恵であった」(II.1)。

　この変化の直接の原因は、アウグスティヌスがパウロのローマ書で展開される恩恵論（義認は業によらず神の恵みによる）を徹底的に考えぬいたことである。彼の以前の理解では、神の恩恵の人間の信仰への先行性は、神の呼びかけが人間の応答に先行するということに限られていた。しかしこの理解では、結局最後のカギを握るのは、呼びかけに応える人間の決断の自由であることになる。確かにそのようにしてアウグスティヌスは何としても人間の自由を守ろうとしたのである。呼びかけ－応答という枠組みは、人間の意志の自立性を守りつつ、神の恩恵の先行性を主張しようとする巧みな仕掛けともいえる。この枠組みを残しながら、つまり人間の自由を守りつつ、真に神の恩恵の先行性を確保しようとアウグスティヌスは、天才的な解決を見出す。それが「相応しい呼びかけ」なのである。『自由意志論』においては意志は、外部への依存性を徹底して排除した自立であった。しかし、ヒッポの司教アウグスティヌスは、人間の選択的意志がその置かれた環境に避けがたく依存していることを見つめている。同一の呼びかけに対して様々な反応がありうる。同じ人でも時期が異なれば反応も異なる。或る人が呼びかけに応じ、同意するためには、その人に「相応しい呼びかけ」がなされねばならない（『シンプリキアヌス宛書簡』1.2.13）。呼びかけに応じるかどうかの鍵は人間が握っているとしても、相応しい呼びかけが与えられるかどうかは、人間を越えて、神の意志によるといえる。それをこの項の冒頭にあげた命題は示している。北アフリカの民衆の中で司教として生きるアウグスティヌスは、意志による自由な選択そのものが、時間の中で生育し、或る時にはできなかった理

解、決断が別の時には可能になるのであり、人間はそのように変貌する時間の中で生きていることを見出したのである。

生涯（4）——ペラギウス論争の経緯

　410 年の西ゴート族の襲来によるローマ陥落で北アフリカに逃れてきた人々の間に、ペラギウスとその高弟カエレスティウスがいた。彼らは厳しい禁欲的生活による救いを説き、多くの賛同者を、殊に上層知識階層の間でえていた。彼らは善へ到達する人間の能力を称揚し、人間は罪なしに存在しうると主張し、全ての人間に及ぶ原罪は認めなかった。ペラギウスは初期のアウグスティヌス、殊に『自由意志論』を高く評価したが、『告白』X.40 の言葉「あなたが欲されることを命じたまえ。あなたが命じたもうことを与えたまえ」に憤激する。ペラギウスは、すぐにアフリカを去り、エルサレムに向かったが、弟子のカエレスティウスは北アフリカにとどまり、司祭になろうとした。しかしこの地のカトリック教会で長年なされてきた幼児洗礼を否定して、異端の嫌疑を受け、司祭になることを拒絶される。エルサレムに滞在したペラギウスは、415 年同様の嫌疑に対し自らの弟子の主張を批判して、嫌疑を免れたが、418 年カルタゴ教会会議で、最終的に異端として破門された。このペラギウス批判の先頭に立ったのがアウグスティヌスであり、妥協なき戦いであった。ペラギウスの破門に激しく抗議するエクラヌムのユリアヌスは晩年のアウグスティヌスの最大の論争相手となり、430 年ヴァンダル族が迫る中、アウグスティヌスが亡くなるまで、厳しく対峙することになった。

アウグスティヌスの恩恵論のペラギウス論争による深まり

　アウグスティヌスが論争の相手とするペラギウス（および彼に従う人々）の自由の考え方は、或る意味で極めて真っ当で、尊重されるべきものである。それは、人間を人間として他の生き物からまさに区別する責任能力としての自由の擁護である。しかも経験的事実の問題としてではなく、人間存在そのものの構造に由来する可能性の問題としてペラギウスは主張する。「罪を犯さない能力そのものは（自由な）決断の力のうちにあるというよりも、むしろ自然の必然性のうちにある。自然の必然性のうちに置かれているものは全て、自然の創始者に、つまり神に所属することは疑いない。それゆえ——彼は主張する——本来神に所属していることが知れ渡っているものが、神の恩

恵なしに語られるとどうしてみなされようか」(『自然と恩恵』第51章)。ペラギウスにとって恩恵とは、罪を犯さないことができるように人間が創造されていることである。アウグスティヌスも神が人間を罪を犯さないことができるように創造されたことは否定しない。問題は「善を意志することは備わっていても善を実行することは備わっていない」(ローマ7章18節)という人間の現実であり、この意志の無力さをペラギウスが直視していないことである。

　しかしアウグスティヌスが人間の現実として見ている無力さは、単に律法の命ずることを行うことができないということではない。そうではなく内面の自発性(カント的には道徳性)が問われている。「もしこの戒めが義に対する愛によらず、罰に対する恐怖によってなされるのなら、奴隷的に行われるのであって、自由に行われるのではない。したがって行われることはまったくない。なぜなら愛の根から生じているのでない実は善ではないから」(『霊と文字』14.26)。アウグスティヌスが問題にする無力さの根源にあるのは、真に自発的な愛をもっては行いえないという人間の現実である。

　このような無力の現実の中で、アウグスティヌスは恩恵の助けを説くのである。しかもこの恩恵は、人間の主体的意志を無視して、いわば人間を操り人形のように動かす恩恵ではない。応答を促す呼びかけを通して働く恩恵である。アウグスティヌスは決して恩恵を、人間の意志に関係なく、いわば血管に流し込まれるエネルギー源のように、物質的に考えているのではない。そのことを極めて印象深く述べている箇所が『キリストの恩恵と原罪』第1巻45節にある。悔い改めがどのように起こるか(恩恵が如何に働くか)の例を、ペトロに対する主の眼差しに求め、しかもルカ伝の記述をそのまま外的な事実としては受け取らず、大胆にペトロの心の内への働きかけとして捉えている。「使徒ペトロは、外にいて、下の大広間で召使とともに火にあたって座ったり立ったりしていた。それゆえ主が肉体の目でもって目に見える仕方で彼に注目して振り向かれるということはできなかった。また、それゆえに、『主が振り向いて彼を見つめられた』(ルカ22章61節)とそこに記されていることは、内面において生じ、精神において起こり、意志において生起しているのである。主は憐れみをもって隠された仕方で彼を助けに来たり、心に触れ、記憶を呼び戻し、内なる恩恵でもってペトロを訪ね、内なる人の情意を外的な涙にまで動かし促進させたもう」。

　この論争を通じて晩年のアウグスティヌスは現実の人間の不自由性を次

第に強調してゆき、次のようにさえ述べる。「だから我々が意志するように
神は、我々なしに働きたもう。これに対して我々が意志し、しかも為すよう
に意志している時、神は我々と共に働きたもう」（『恩恵と自由意志』XVII.33）。
意志の始めに、我々ではなく、神が立ちたもうと言うのは、一見理解しがた
い。この考えは『シンプリキアヌス宛書簡』で述べられた次の言葉と対立す
るように見える。「我々が欲するようになることは、神に属することであり、
また我々にも属することであるように、神は望みたもう。それが神に属する
というのは、呼びかけによってであり、我々に属するというのは、従うこ
とによってである。これに対して我々が欲するものは神のみが備えたもうも
のである。つまり善く行為しうることと、常に至福に生きるということは神
のみが備えたもうのである」（1.2.10）。この故にアウグスティヌスの思想に明
らかな変化があると多くの研究者が主張する。しかしここでもアウグスティ
ヌスは、悪しき意志から善き意志への転換の始めに立つのは、内在的な我々
の意志というより、超越的な神の「相応しい呼びかけ」にあることを述べて
いるのである。しかもこの呼びかけの根本にあるものをアウグスティヌスは
続いて次のように語る。「だから神の恵みによって不敬虔な者が義とされる
だけでなく、つまり悪に対して善が与えられることによって、不敬虔な者か
ら義なる者となるだけでなく、信仰によって義とすでにされた後も、この者
の歩みに恩恵が伴い、倒れないように恩恵に依り頼むことが人間に必要なの
である」（『恩恵と自由意志』VI.13）。ここでは最初に義認が語られ、それに続
く完成（聖化）が述べられている。ここから推測されるのは、「我々が意志す
るように神は、我々なしに働きたもう」と晩年のアウグスティヌスが語る時、
考えているのは、神による義認、罪の赦しであり、これは神のみが、我々の
業なしになすことであり、これに続いて「これに対して我々が…為すように
意志し」とは、その義認の呼びかけへの意志による応答であり、共なる業な
のである。「我々なしに神が一人」との言葉によって、アウグスティヌスが
人間の自由意志をそのあるべき場所から排除したということにはならない。

文献

『神学論集』（アウグスティヌス著作集 4）赤木善光訳、教文館、1979 年。
『アウグスティヌス神学著作集』（キリスト教古典叢書）金子晴勇、小池三郎訳、
　　教文館、2014 年。　　　　　　　　　　　　　　　　　　　【片柳榮一】

9　神の存在論証

（アンセルムス『プロスロギオン』）

命　　題

それゆえ、疑いもなく、それより大きなものが考えられ得ない何ものかは、知性の内にもまた現実のなかにも存在する。

アンセルムス『プロスロギオン』第2章

はじめに

　神は存在するのか、その本質は何か、ではなぜ世界に悪が存在するのか、こうした一連の問いはそれぞれ神学の重要なテーマとなってきた。最後の悪の問題は「神義論」と呼ばれ、その本質論はむしろ否定神学を生み出してきた。そして神の存在・実在については、存在論証／証明と呼ばれる議論を形成してきた。

　神的存在の実在については、古くはアリストテレスが『形而上学』第12巻6章で論じた「不動の動者」、すなわち自らは動かされることなく、他を動かす存在の必然性の議論が挙げられる。あるいはキケロの『神の本性について』第2巻5章では、ストア派のクレアンテスの思想として、（1）未来予知、（2）人間の享受しているものの豊かさ、（3）雷鳴や地震などの自然現象、そして（4）天体の運行の四つが神の存在を人間に感得させるという。キリスト教では、ローマ書1章20節に被造物を通して神を知ることが語られる等、パウロや多くの教父もこの問題を扱っている。完全な善としての神の存在を論じた6世紀はじめのボエティウスの『哲学の慰め』第3巻散文第10章も挙げられる。

　11世紀のカンタベリーのアンセルムス（1033–1109）の神の存在論証もこの伝統の延長線上にある。もっともアンセルムスの議論はそれまでのものとは異なった、きわめてユニークなものであって、以前の議論との関係以上に、後代に与えた影響が大きい。なおアンセルムスに対置させられるのは、トマス・アクィナスによる神の存在に至る「五つの道」の議論であって（『神学

大全』第一部第 2 問第 3 項)、こちらは経験からはじまるア・ポステリオリな
証明と見なされ、アンセルムスの議論は概念をもとにしたア・プリオリな論
証と評価される。

生涯と著作

　アンセルムスは 1033 年に北イタリアのピエモンテ地方のアオスタで生ま
れ、1059 年 26 歳のときにノルマンディー公国にあったベック修道院に入
り、院長ヘルルイヌスの下で敬虔さの修得につとめ、副院長のランフランク
スの下で学問を修め、後に 78 年に同修道院長となった。その後 60 歳のとき、
ランフランクスの後任として 93 年に海を渡り、カンタベリー大司教となり、
イングランド王ウィリアム 2 世との困難な関係のなか忍耐を重ねつつも、大
司教としての務めを果たしていった。1109 年 4 月 21 日に 76 歳で亡くなった。
　初期著作は様々な祈祷と書簡となるが、1076 年から 78 年にかけて『モノ
ロギオン』、『プロスロギオン』が著された。続いて 80 年から 85 年にかけ
て『真理論』、『自由選択』、『悪魔の堕落』といった哲学的、神学的著作がも
のされる。またこの頃に形容詞由来の名詞の問題を扱った『グラマティクス
について』も執筆した。カンタベリー時代となる 1098 年には贖罪論の古典
となる『クール・デウス・ホモ（神はなぜ人となられたか）』を完成。さらに
『処女懐胎と原罪』、『人間の贖罪に関する瞑想』が 1099 年に執筆された。最
後の著作となったのは『自由選択と予知、予定および神の恩寵の調和』（1108
年）であった。
　アンセルムスの著作はいずれも深い瞑想のなかで産み出されたことを特徴
とするが、その神学的プログラムは「知解せんがために信ずる」、「知解を求
める信仰（fides quaerens intellectum）」という言葉に集約される。聖書を通し
て信じられたことを理性によって理解していくことを目指そうとするのであ
って、信仰は信仰に止まることなく、これを理解しようと求める。こうして
「理性によってのみ」、「必然的根拠によって」真理を知解することが希求さ
れる。これが中世哲学を支える原動力となって、壮大な中世哲学、「スコラ
学」の森を形成していくことになる。そのためアンセルムスは「スコラ学の
父」と言われる。

解題

　『プロスロギオン』の 2 章から 4 章にかけてアンセルムスは神の存在論証を扱う。『モノロギオン』が彼の内面における思索の書であるのに対して、『プロスロギオン』は神との対話の形態をとっている。アンセルムスの議論の筋は以下のようにまとめられる。

　まず神を「それより大きなものが考えられ得ない何ものか」と認め、このようなものが実在するのかどうかを問う。しかしこの言葉を聴く者は、聴いたときにその内容を理解する。理解するということは、理解されたものがその者の知性の内に存在することを意味する。そこでアンセルムスは、ではこれは、ただ知性の内にのみ存在するのかと問う。もしそうなら知性の内にのみ存在し、実在はしないので、「それより大きなものが考えられ得ない」という定義に反してしまう。それゆえ「それより大きなものは何も考えられ得ない何か」は必然的に現実においても存在するのでなければならない。冒頭の命題はこのことを述べたものとなる。

　なお「何ものもそれより大きいものが考えられ得ない」という神の概念については、1 世紀の哲学者セネカの『自然研究』冒頭の議論（序、13 節）との関連性、さらにアウグスティヌスの『キリスト教の教え』第 1 巻 7 章 7 節にも神についてそのように述べる行が認められる。しかし、この論証自体がアンセルムスの着想である点に変わりはない。

　さてこの論証を批判した者がおり、『プロスロギオン』のテクストにはその批判とアンセルムス自身による批判への応答が掲載されている。批判したのは一般にマルムティ修道院のガウニロだとされる。ガウニロの反論はアンセルムスの議論の要約にはじまるが、要点は、知性の内に在ることと現実に在ることとの違いである。「このものもそのように私の知性の内にあることを私は否定しない。しかしこのことからそれが実在としても存在するとはどうしても結論づけることはできない」という。たとえば「失われた島」があってその島はどこよりも優れた島であったとしたら、それが実在しないとなるとその島は「どこよりも優れた」ものにならず、定義に反するので、実在することになってしまう。しかしそのような島が実在するとは限らない。結局アンセルムスの議論は「存在しないことが可能だとさえ理解され得ない」ということに尽きるのであって、存在するとしか考えられないものが、実際に存在するとは限らないという。

　これに対するアンセルムスの応答は、そもそもこの論証が、近世哲学が理解したように純粋な理性による存在論証ではないことを露呈している。それはあくまでも信仰の知解であって、信仰を前提とする。つまりアンセルムスが展開する議論は、数学における証明の類ではない。そもそも数学的な証明によって証明された「神」は、イエス・キリストの神ではないだろう。アンセルムスは信仰されている神を「論証」しようとするのであって、信仰が前提とされている。すなわち信仰するものを理性によって「内に読む（intus legere）」こととしての知解（intelligere）が求められているのである。とは言え、存在するとしか考えられないものと存在するものとの関係ということは、存在と思惟の関係、すなわちパルメニデス以来の哲学の根本問題を内包しているといえる。

　最後にアンセルムスの議論を 20 世紀に再発見した神学者カール・バルト（『知解を求める信仰』）、ならびにアンセルムスについて存在論的証明に拘った哲学的議論の可能性を展開したチャールズ・ハーツホーンの 2 人の名を挙げておきたい。

文献

F. S. Schmitt (ed.), *S. Anselmi Cantuariensis Archiepiscopi Opera Omnia*, Vol.1, Edinburgum: Nelson 1946.

『アンセルムス全集』古田暁訳、聖文舎、1980 年。

印具徹『聖アンセルムスの生涯』中央出版社、1981 年。

【土井健司】

10 味覚体験としての愛

（ベルナルドゥス『雅歌講話』）

命　題

〔なぜなら、〕徳そのものは、味もそっけもないものだが、知恵という名の調味料で味付けられると、良い味わい、美味なる霊的味覚を人に与える〔からである〕。だからわたしは、知恵とは善を美味しく味わうこと、善の味覚だと言えると思う。

ベルナルドゥス『雅歌講話』第 85 講話

「愛の思想家」ベルナルドゥス

　クレルヴォーのシトー会修道院長ベルナルドゥス（Bernardus de Clarevallensis, 1090–1153）は、12 世紀前半に活躍し、ヨーロッパ中世におけるキリスト教的霊性の方向を決定づけた神学者として知られている。彼は神秘思想家としてのみならず、教会と修道院との指導者としても活躍し、「最後の教父」、「蜜の流れる博士 Doctor Mellifluus」と称され、後世にいたるまで絶大な影響力を及ぼしている。

　ベルナルドゥスが活躍した 12 世紀は「愛の時代」と言われている。世俗世界では「トゥルバドゥール」と呼ばれる吟遊詩人たちが登場し、古典的な「ヨーロッパ的愛」としての「宮廷的恋愛」が開花する。こうした時代精神を反映してか、ベルナルドゥスはキリスト教霊性史における「愛の思想家」として知られている。

　ベルナルドゥスの「愛の思想」に関わる主要なテキストとして、小冊子『神を愛することについて Liber de diligendo Deo』と後期の大作『雅歌講話 Sermones super Cantica Canticorum』とが挙げられる。

『神を愛することについて』

　『神を愛することについて』では、①「自己自身のために自己自身を愛する diligit seipsum propter seipsum」、②「自己のために神を愛する amat Deum propter se」、③「神のために神を愛する Deus diligitur propter seipsum」、④「ただ神のためにのみ自己を愛する non diligit seipsum nisi propter Deum」という有名な「愛の四つの段階」説が展開される。

この「四段階」は、世俗的・利己的な人の「愛」（①）から、いわゆる「天国」における至福者の「愛」（④）に至るまでの愛の諸相を、いわば鳥瞰図的に見渡したものである。自覚的なキリスト者、特に「神への愛」に献身を誓った修道者は、少なくとも②の段階にあることになる。いわば理念的な④は、彼らにとっても現世においては到達不可能なので、実際には②から③への移行がいかにして可能となるのかが問題となる。

ベルナルドゥス以降、伝統的に②は「神を欲望の愛 amor concupiscentiae によって愛すること」、③は「神を友愛の愛 amor amicitiae によって愛すること」と言い換えられるようになる。「友愛の愛」「欲望の愛」という概念は、たとえばトマス・アクィナスの愛の理論の枠組みともなっている。

しかし、理想としての③ないし「友愛の愛」、つまり「神に対する無私の愛」が、性急な「要求」として受け止められるようになると問題を引き起こす。中世末期における修道制の展開において神に対する無私なる愛への要求が先鋭化する傾向が生じ、アウグスティノ隠修士会の若き修道士ルターに挫折と絶望感をもたらす原因となったのではないかと想像される。

『雅歌講話』

『雅歌講話』では、ベルナルドゥス晩年の完成された形での神秘思想が展開されている。それは聖書および教父に関する広汎にして深い学識と、自らがその観想的生活で得た体験とに支えられており、アレクサンドリア学派以来の伝統にもとづき、旧約聖書のテキスト『雅歌』の字義的な意味の奥にある神秘的な意味を解き明かすことを目指している。

『雅歌』はラテン語では「Canticum Canticorum（歌の中の歌）」と呼ばれ、花婿と花嫁との愛を歌った祝婚歌であった。花婿と花嫁との関係は、旧約聖書（ユダヤ教）本来の文脈では神とイスラエルとの関係として理解されていた。キリスト教的文脈ではこの関係は神（キリスト）と教会との関係に移し替えられるが、さらに「花嫁」は信仰者の魂と理解されるようにもなった。ベルナルドゥスは『雅歌』を特に「御言葉 Verbum」としての神（キリスト）と魂との関係として捉え、『雅歌』のテキストに依拠して魂が御言葉たるキ

リストの配偶者となることを目指している。ベルナルドゥスがこの著作において読者・聴衆として想定していたのは主として修道者であった。つまり、『雅歌講話』においては、まさに『神を愛することについて』における②から③への移行という課題が主題的・集中的に展開されていたと解することができる。

命題の位置づけと意味

　冒頭に掲げた命題は『雅歌講話』のほとんど末尾、ベルナルドゥスの死の直前である 1153 年頃に書かれた部分にある。つまり、「愛」をめぐるベルナルドゥス最後の言葉と言ってよい。

　ここで注目すべきなのは、「味わい（sapor）」から「知恵（sapientia）」が由来するという語源論的な解説である。「知恵」という訳語からは単に知的なイメージしか浮かばない「sapientia」という語に、ベルナルドゥスは味覚の隠喩を用いる形で、人間の動機づけを支える意味合いを与えている。他方、後世のトマスのように欲求構造の変容を伴うアリストテレス的な徳概念を知らない 12 世紀のベルナルドゥスは、「徳」についてはほとんど単なる行為への要求として「味もそっけもない」と表現している。

　味覚の隠喩は、②から③への移行の土台としての「体験」の重要性を示している。『神を愛することについて』においては、「ただ神の甘味さにひかれていっそう純粋な愛で神を愛するようになってゆく」という形で②から③への移行を支える「甘美さ suavitas」に言及している。『雅歌講話』の中では「花嫁」たる魂が神にまみえる「部屋」の比喩が展開するが、「神への畏れ」の場である「第二の部屋」に関連して「味わい」としての「知恵」が語られる。「第二の部屋」における魂は、「審判者」としての神に相対している限りで、未だ②の段階にいると言える。しかし、この部屋は「主を畏れることは知恵の初め」（詩編 111 編 10 節）なるがゆえに、同時に「栄光への入口」でもあるとされている点に注目すべきである。ベルナルドゥスによれば、「畏れ」の観想は単なる知的な神理解とは次元を異にし、いわば実存的なレベルに迫る体験なるがゆえに霊的進歩の原動力になる。この「入口」を通して、魂は③の境地、すなわち神の「甘美さ」を味わう「花婿との休らいの場」としての「第三の部屋」に、神の恵みによって招き入れられるものとされている。

　「神への無私の愛」を、「行為への要求」と解するならば、人は袋小路に陥る他はない。人がそこへと招き入れられるためには動機づけの変容が基礎をなしており、そこに至るまでの体験の蓄積が支えとなっている。ベルナルドゥスによる味覚的な隠喩の使用は、修道生活における多面的実践に裏付けられた体験の世界の重要性を示しているものと思われる。

文献

ベルナール『雅歌の説教（全八六篇）』『神を愛することについて』金子晴勇訳、
　　『キリスト教神秘主義著作集 2　ベルナール』教文館、2005 年。
聖ベルナルド『雅歌について』（全 4 巻）山下房三郎訳、あかし書房、1977–1996
　　年。
聖ベルナルド『神への愛について』古川勲訳、あかし書房、1982 年。
桑原直己「クレルヴォーのベルナルドゥスにおける愛の霊性」、上智大学中世思想
　　研究所編『中世における信仰と知』知泉書館、2013 年、215–238 頁。

【桑原直己】

11　恩寵と自然

（トマス・アクィナス『神学大全』）

命　　題

恩寵は自然を破壊せず、むしろ完成させる。

トマス・アクィナス『神学大全』第Ⅰ部第1問第8項第2異論解答

はじめに

「恩寵（gratia）」と「自然（natura）」、または「恩寵（gratia）」と「自由意志（liberum arbitrium）」の問題は、キリスト教思想史を貫く根本問題の一つである。

　この問題は、仏教における「自力」と「他力」の問題とも重なる問題であり、狭義の「キリスト教神学」のみではなく、宗教哲学の根本問題と言える。人間の救済が、「神」と呼ばれる絶対者からのはたらきかけに基づいてはじめて可能になるのか、それとも、人間の側の努力を通じて救いが得られうるのか、というのが、「恩寵」と「自由意志」の問題の構図である。

　「恩寵のみ」の立場を強調したマルティン・ルター以来、この問題は、自由意志の役割を強調するカトリック神学と、「恩寵のみ」を強調するプロテスタント神学との主要な対立点ともなってきた。

　プロテスタント的な立場に立脚する論者からは、トマスの立場は「セミ・ペラギウス主義」だとするような評価も見受けられる。ペラギウスとは、古代末期においてアウグスティヌスと対立した修道士であり、救済における人間の自由意志の役割を過度に強調し、「異端」とされた人物である。

　「恩寵」と「自由意志」の双方がともにはたらくこと（協働すること）が必要であると考えるトマスの立場は、ペラギウスほど極端ではないにしても、「自由意志」の役割を強調することによって神の「恩寵」の徹底的な卓越性を弱めてしまうと批判されることがあるのである。

　だが、問題はそれほど単純ではない。以下、時代背景も踏まえつつ、トマスの立場の積極的な意義を浮き彫りにしてみよう。

生涯

　この命題を述べたトマス・アクィナス（1225 頃 –1274）は、中世ヨーロッパ（ラテン・キリスト教世界）を代表する神学者・哲学者である。

　聖書や教父といったキリスト教的伝統のみではなく、古代ギリシアのアリストテレス、イスラーム世界の哲学者であるアヴィセンナやアヴェロエスの思想からも多くの洞察を取り入れながら、キリスト教神学の一大体系を築き上げたトマスは、現代に至るまで、カトリック神学の最高峰と評価されている。また、「神学」のみではなく、「倫理学」、「社会哲学」、「形而上学」、「存在論」、「認識論」といった様々な分野において、「カトリック」という枠を超えた多くの論者に多大な影響を及ぼし続けている。

　主著は体系的な神学書である『神学大全』であるが、他にも、聖書やアリストテレスの著作に対する多数の註解書、および、『対異教徒大全』『真理論』などの著作を残している。

背景

　ラテン・キリスト教世界においては、古代ギリシアの哲学者アリストテレスの著作群は、一部の論理学的著作を除き、伝わっていなかった。だが、12世紀半ば以来、イスラーム世界を経由して、アリストテレスの著作群が流入してきた。

　アリストテレスは、しばしば「万学の祖」と言われる。あらゆる学問の生みの親という意味である。動物論、自然学、論理学、形而上学、倫理学、政治学、霊魂論など、この宇宙全体に対する理性に基づいた体系的考察を展開しているアリストテレスの著作群は、キリスト教世界の知識人に衝撃を与えた。というのも、キリスト教の「信仰」に基づいた神・世界・人間についての聖書的な世界観以外にも、「理性」に基づいたもう一つの体系的な世界観の存在があることが分かり、キリスト教的世界観の絶対性が揺るがされかねないという危機に直面したからである。

　とりわけ、イスラーム世界を経由して入ってきたアリストテレス解釈のなかに含まれていた「世界の永遠性」——世界には時間的な「はじまり」も「終わり」もないという世界観——は、神による世界の「創造」と来たるべき「終末」というキリスト教的な世界観と正面から対立するものとして受け

とめられていた。

　このような時代背景のなかにおいてトマスが試みたのは、キリスト教的世界観に脅威を与えるようにも見えるアリストテレス哲学と正面から向き合い、適切な仕方で解釈しなおすことによって、キリスト教的な世界観を補強し革新する原動力として生かしなおすことであった。

解題

　トマスによる伝統的なキリスト教的世界観と新来のアリストテレス哲学との統合の試みは、「信仰」と「理性」との統合という形で現れることもあるし、「超自然」と「自然」との統合という仕方で表現されることもある。この場合の「超自然」という言葉は、超越者である神の側から純粋な贈り物として被造物に与えられるものという意味で使用されている。別の言葉で言えば、神の「恩寵」ということになる。それに対して、「自然」というのは、被造物とりわけ人間が生まれながらに有している自らの力やはたらきという意味で使用されている。

　それでは、「恩寵は自然を破壊せず、むしろ完成させる」という命題はどういう意味でトマスによって語られているのであろうか。そのことを理解するための格好のテクストがあるので引用してみよう。

　　　自然は、人間に、それに基づいて至福が獲得されることのできる何らかの原理・根源（principium）を与えなかったとはいえ、必要不可欠なものを与えなかったわけではない。〔中略〕自然は人間に自由意志を与えたのであり、人間はそれに基づいて神へと向きなおることができ、〔そのとき〕神は人間を至福に導く。というのも、『ニコマコス倫理学』第3巻で言われているように、「友人を通じて（per amicos）我々が為すことができることは、或る意味においては、我々によって（per nos）為すことができることである」からである。

　　　　　　　　　　（『神学大全』第Ⅱ部の第Ⅰ部第5問第5項第1異論解答）

　このテクストは、一言で言うと、アリストテレスの友愛論を、人間と神との関係に応用したものとなっている。

　自分の力のみでは解決することができないが、友人の力を借りることによ

って実現できることが、人生には多々ある。医者の友人が病気を治してくれる、背の高い友人が高いところにあるものを取ってくれる、といったように。そのとき、問題を解決している主体は友人であって、自分は何もしていないように見えるかもしれないが、そうではないのだとアリストテレスは述べている。そういう友人を持っていること自体が私の力であり、その意味において、「友人を通じて我々が為すことができることは、或る意味においては、我々によって為すことができること」なのである。

　それと同様に、人間が自らに与えられた「自由意志」に基づいて神とのふさわしい関係に入りこむとき、「友人」である神が「恩寵」によって人間を「至福」すなわち天国における「救済」へと導く。そして、トマスによると、人間が「自由意志」に基づいて神へと立ち戻ることができるということ自体が、神の「恩寵」によってはじめて可能になっている。人間の「自由意志」と神の「恩寵」は、同じ土俵でゼロサムゲームを繰り広げるようなものなのではなく、「救済」に関わる全てが神の「恩寵」という土俵において行われているのである。

　神の「恩寵」は、人間に生まれながらに与えられた力（自然）の中核的な構成要素である「自由意志」を否定するような仕方ではたらくのではない。そうではなく、むしろ、人間の「自由意志」が、真に選ぶべき対象——神というパートナー——を選び取ることを可能にする。その意味で「恩寵」は、「自由意志」を完成させるような仕方ではたらくのである。

　人間が生まれ持った在り方を否定したり抑圧したりするのではなく、真に開花させることがそのまま神の「恩寵」による救済へと直結する調和に充ちた世界観、それを端的に表現したのが、「恩寵は自然を破壊せず、むしろ完成させる」という言葉なのである。

文献

高田三郎、稲垣良典、山田晶他訳『神學大全』全45巻、創文社、1960–2012 年。

山田晶訳『神学大全Ⅰ』『神学大全Ⅱ』中公クラシックス、2014 年。

稲垣良典『トマス・アクィナス』講談社学術文庫、1999 年。

山本芳久『トマス・アクィナス——肯定の哲学』慶應義塾大学出版会、2014 年。

山本芳久『トマス・アクィナス——理性と神秘』岩波新書、2017 年。

【山本芳久】

12　聖書の四重の意味

（トマス・アクィナス『神学大全』）

命　　題

聖書は一つの文字のもとにいくつかの意味を、すなわち歴史的（な
いし文字的）、比喩的、寓意的（ないし道徳的）、および上昇的意味を
含む。

トマス・アクィナス『神学大全』第Ⅰ部第1問第10項冒頭

はじめに

　言うまでもなく聖書はキリスト教の聖典であり、その解釈には古来多くの
教父や神学者たちが取り組んできた。ある意味キリスト教の歴史は聖書解釈
の歴史だと言っても過言ではないだろう。すでに2世紀には乱立する異端諸
派に対して使徒的伝承、信仰の基準といった解釈基準が立てられていた。注
目されるのは3世紀のオリゲネスの聖書解釈論である。『原理論』第4巻1
章から3章にかけて字義的意味、魂的意味、霊的意味の三重の意味が論じら
れ、これが後代に影響を及ぼすことになる。近世・近代は専ら歴史学の方法
論を適用したアカデミックな解釈が主流となり、またこれが聖書釈義のため
のベースを形成することになるが、少なくとも古代・中世の聖書解釈論は意
味の重層性を基盤としたもので、冒頭のトマス・アクィナス（1225頃–1274）
による四重の意味を述べた命題はその典型となる。もっとも厳密に言えば、
この命題は第10項の異論導入部に当たるので「……ものでないように思わ
れる」と続く。しかし主文等のトマスの思想に則せば、ここに挙げたように
記しても間違いではないだろう。

背景

　以前は聖書の霊的意味を尊重するアレキサンドリア学派とその字義的意味
を尊重するアンティオキア学派の対比が語られていたが、今日はこのような
明確な区別は立てられないことが分かっている。オリゲネスは字義的意味

を「素朴な人びと」のものとして尊重しつつも、さらにより深い意味を探求するように言う。とくに字義的に解釈すると理解できない箇所、たとえば太陽が創られる前に「第一日」と述べる創造物語、福音書における全世界を見渡せる山（マタイ4章8節）などについては文字通りには理解不能であって、それ以上の意味を求める必要がある。神はこのような躓きを聖書に記すことによって、字義を超える意味を求めるように促したのだという。箴言22章20節の「三回唱える」（七十人訳）をもとに、当時の人間論を適用しつつオリゲネスは、聖書の身体的意味、より進歩した人、「身体の気づかい、肉体的欲求を超えはじめた魂」のための魂的意味、そして「将来の良いことの陰影」となる天的な霊的意味の三つを立てていた（『原理論』第4巻2章）。こうした意味の重層性の伝統が古代から中世の聖書解釈を形成することになった。

解題

　それまでの議論を整理しまとめたのが中世の神学者トマス・アクィナスであった。トマスは複数箇所で聖書解釈論を扱っており、『神学大全』でも冒頭の箇所の他に第Ⅱ部の1第102問など、また『自由討論集』第7講第6問2項などが挙げられる。たとえば『自由討論集』第3講第14問1項では「虹が将来に洪水がおこらないことのしるしであるのか」について旧約における字義的真理を確認しつつも、新約とのつながりから虹は「キリスト」を意味し、この虹が霊的な洪水から「われわれ」を覆ってくれるとの解釈を提示している。

　では『神学大全』第Ⅰ部第1問第10項ではどのように議論されているのであろう。ここでトマスの議論の特徴は、歴史的・字義的意味を担保しつつ比喩的意味あるいは霊的意味を論ずるところにある。その際霊的意味の根拠を言葉にではなく物事の指示性に求める。つまり言葉の意味が多数あるのではなく、言葉が指示する物事が別の物事を指示するのであって、これが神には可能であるという。「聖書の著者は神である。神は……ことがらそれ自体を用いて別の或ることがらを表示させる力をもっている」。先述の例を用いるなら「虹」は自然現象としての虹を意味し、ノアの時に文字通り現われたものであるとしても、神にはこの「虹」を用いて「キリスト」を示すことができるという。もちろん人間の「著者が表わそうと直接に意図しているのは

文字的意味である」のだが、聖書の著者である神には別のものを意味させる能力があるという。

　トマスは「すべての意味は『文字的意味』という一つの意味を基礎として」いると述べ、字義的意味（sensus litteralis）を尊重する。さらにこの意味を、アウグスティヌスの「歴史的（secundum historiam）」、「原因的（secundum aetiologiam）」、「対比的（secundum analogiam）」、「比喩的（secundum allegoriam）」という分類（『信の効用』第3章5節）に従って、最初の三つは字義的意味に含まれるとする。すなわち物事そのものの文字通りの意味、物事の原因を表わす意味、旧約と新約の整合性を述べる意味にそれぞれ対応する。最後の「比喩的意味」が霊的意味に対応するという。なお他に「譬喩的意味（sensus probabilicus）」にも言及され、これは「神の腕」のように、文字通り神に腕があることをいうのではなく、その「働きの力」を表わす場合があるという。これも字義的意味に含まれている。

　トマスによると霊的意味は三つに分けられる。第一に旧約が新約の予表である場合のことを指し、これが「比喩的意味（sensus allegoricus）」とされる。第二に、キリストあるいはキリストを表示しうる人びとにおいて為されたことがわれわれの為すべきことを意味する限りで、「寓意的、道徳的意味（sensus tropologicus, moralis）」が成り立つという。そして永遠の栄光の内に在る物事を表わすものとして「上昇的意味（sensus anagogicus）」が成立するという。聖書の意味はあくまでも字義的意味が中心となりつつも、それが指し示す事柄自身が別のものを意味するという。トマスの挙げる例を紹介しよう。創造物語における「光あれ」について、物体的光を意味するのは字義的意味、この「光」についてキリストが教会において生まれるというのは比喩的意味、キリストにおいて心が照らされ愛に燃え立つようにとするのは道徳的意味、そしてキリストにより栄光の生に導かれると解するのが上昇的意味と説明する（『ガラテヤ書注解』第4章7講254節）。

　聖書における四重の意味とは、意味の多様性を述べるのではなく、むしろ字義的意味をベースにした意味の重層性を述べたものである。つまり霊的意味は字義的意味をベースにするのであって、これら意味の重層性、意味の深化をいうのであり、これは客観的でアカデミックなものであるよりも、教会や信仰者の聖書理解に直結する。字義的意味を通らずして霊的意味に飛躍することはできないのであって、その深まりは信仰の進歩に比例する。オリゲ

ネスの師にあたるアレキサンドリアのクレメンスには「聖書において齢を重ねる」との一句が見られるが（『ストロマテイス』第 7 巻 16 章 104 節）、経験や信仰の深化と連動する解釈の深化がここでは問題となっているものと思われる。

文献

『トマス・アクィナス　神学大全』（世界の名著続 5）山田晶訳、中央公論社、1975 年。

トマス・アクィナス『神學大全 1　第 1 部第 1 問題－第 13 問題』高田三郎訳、創文社、1960 年。

オリゲネス『諸原理について』（キリスト教古典叢書 9）小高毅訳、創文社、1978 年。

アウグスティヌス『信の効用』、『アウグスティヌス著作集 4　神学論集』赤木善光訳、教文館、1979 年。

【土井健司】

13　ドイツ神秘主義

（マイスター・エックハルト『ヨハネ福音書註解』）

命　　題

それゆえ、聖書においては、哲学者たちが自然的な事柄と、それ
らの諸々の固有性について書いたことが、ともにひびきあうもの
となるように、聖書が註解されることは、きわめて適切である。
なぜなら、特に、聖書においても、自然においても、存在または
認識によって真実であるすべてのものは、真理の一なる源泉、一
なる根から発出するからである。

エックハルト『ヨハネ福音書註解』第 185 節

はじめに

　上の命題は、中世後期の神学者、マイスター・エックハルト（Meister
Eckhart, 1260 頃 –1328）の『ヨハネ福音書註解』からの引用である。聖書を註
解することは、中世の神学者にとって重要な職務であった。中世の大学の神
学部では、聖書註解、説教、討論を通じて神学教育が行われていた。とり
わけ、討論は華々しい馬上槍試合にも比せられ、中世スコラ学の代名詞とし
てよく紹介される。本書で先に取り上げられたトマス・アクィナスの主著、
『神学大全』も、論述形式としては、「問題」をたて、それに対する肯定的見
解と否定的見解を並べ、その双方を吟味検討の上、より真実な見解の裁定
を行うという、討論の形式を内在化させているといえる。『神学大全』より
も以前から神学の教科書として定着し、しかもルターの時代までその地位を
失わなかった、ペトルス・ロンバルドゥスの『命題集』も同様である。しか
し、その一方で見逃されてきたことは、神学教授たちの本領が聖書註解であ
り、トマスも精力的に聖書註解を行っており、エックハルトもそれにならっ
ているということである。

神を知ることを求める神学の統合性

神学はラテン語では「テオロギア」というが、「テオ」と「ロギア」からなる語であり、ギリシア語のテオス（神）とロギア（言葉、論、賛美）に由来する。神の言葉は聖書に記されており、ゆえに、神学は聖書を基盤とした学問として成立する。さらに、使徒たちを通じて世界に広がった教会の歴史の中で、積み上げられた公会議の諸決定および教父たちの諸見解も、神の言葉を明らかにするものとして、神学の基盤となり、トマスはそうした歴史的資料の収集と研究に熱心に努めた。神学教授にとって不可欠な仕事である、聖書註解、公会議と教父文書の研究に関するトマスの仕事は、これまでのトマス研究ではほとんど問題にされてこなかったが、ようやく、20世紀以降の聖書学、教会史、教父研究の展開と並行して、それにふさわしい関心を集めるようになってきている。

こうした前置きは、トマスと同じく、ドミニコ会士としてパリ大学神学教授を務めた神学者エックハルトにとって「神学」がいかなる営みであったかをより正確に理解するために必要である。神学は神の言葉を通じて神を知ろうと、理解を求める営みである。そのために引き出される聖書、公会議と教父の文書からの諸見解は、それぞれ汲み尽くしえない真理の豊かさを反映しているため、多様で相反するように見える。神学は、それらのうちに、より根源的で統一的な真実を究明することで、一切の究極原因であり、創造と救済の源である神を知ろうとするのである。

エックハルトは、こうしたトマスに通じる神学的方法をさらに深化させ、神が一切の根源なのだから、自然、存在、認識の一切において、根源である神との関係において真実を究明するという、きわめて統合的な知的営みとして、神を知ることを求める神学を構想した。それが冒頭の言葉の意味であり、その言葉の後で、次のようにも述べている。「それゆえこのようにして神の知恵は、肉のかたちを取って、自分自身がわれわれの救済者であることを示そうとしたのであるが、それは自分自身が神的、自然的、道徳的なものにおいてわれわれの教師であることを記憶しておくためであった」（『ヨハネ福音書註解』第186節）。

「神の知恵」つまり神の言葉（ロゴス）であり、神の子であるキリストが、受肉を通じてこの世界へと完全に自らをあけわたしたのであるから、あらゆる事柄に関する真理は、受肉したキリストを通じて世界に示されるようにな

っている。「教師」とは、アウグスティヌス、トマスも人間に真理を教えるのはキリストであることを「教師論」として特別に論じてきたことを踏まえている。また、アウグスティヌスは『告白』第7巻において、パウロのローマの信徒への手紙（1章20節）を踏まえて、神の知恵であり、神の言葉（ロゴス）であるキリストによって一切は創造されたので、被造物を通じて神を知ることができるとし、「プラトン派」も真理の探究を通じて、聖書と同様の神の認識に至っていると認めている。

エックハルトはこれを踏まえつつ「自然と技術のすべてのわざにおいて」も「言葉は肉となる」とし（『ヨハネ福音書註解』第125節）、「神学の真理と教えと、自然哲学、道徳哲学のそれ、実践的技術と理論的技術のそれ、さらにまた実定法のそれすらも、同一の脈管に由来するのであり、それは次の言葉によっている。『あなたのまなざしから私の判断は生じる』（詩編16［17］編2節）」（同第444節）とも述べている。

統合から分裂へ

エックハルトは一切の真理の根源は一つであるのだから「モーセとキリストと哲学者が教えていることは同一」であるとさえ述べる。モーセはユダヤ教、哲学者はイスラームまた異教徒を象徴する。もちろん、それが可能であるのは、上で見たように、神の言葉による世界創造と、神の言葉の受肉のゆえであり、彼の神学は、徹頭徹尾、神・キリストを中心とした構造を保っている。だがその中心は「神はその中心がどこにでもあり、その表面がどこにもないような無限の球である」（『創世記註解』第155節）という、エックハルトが好んで引用する『二十四人の哲学者の書』（第2命題）の言葉にあるように、人間の主観的で自己中心的な理解では把握不可能な、神の無尽蔵の中心である。エックハルトはこの中心めがけて、聖書註解において、一切（人間、自然、存在、認識、歴史、全学問領域、全技術などを含む）を究明することで、神を知ろうと求めたのである。しかも、この無限の中心は、キリストの受肉によって人間の最内奥（根底）にひらかれ、「魂における神の誕生」として実現するものとなった。それゆえ神学と霊性（霊的生活）は不可分であり、認識のみならず信仰実践においても自己中心性を捨て、「離脱」「放念」「貧しさ」に徹して、聖母マリアのように一切の我意なしに、謙遜に神を求め、キリストを宿し、生み出す者として生きよと、エックハルトは説い

た。

　しかし、こうした統合的な神学の構想は反時代的であって、神学のトレンドはむしろ分離・細分化に向かい、信仰と理性、神学と哲学（そのほか諸学問）が分断され、各々が独立、確固たるものであることをよしとする時代に入る。諸見解の相違や多様性を認めたうえで、神に向かって、より深い真理を求めるという、トマスやエックハルトにあった態度が失われ、自己の主張をいかに根拠づけ、相手を論駁するかという競争的で排他的な学問へとスコラ神学は大きく変質する。その結果、神を求める人間のあり方も意志と知性に引き裂かれ、神は純粋に愛（意志）によって熱望、切願するものであり、競い合う知性によって神を求めるのは人間の傲慢であり、学問を警戒し、無知・無学、孤独と沈黙を尊ぶ態度が敬虔であるとみなされるようになる。神学は全人生をかけての神探求の道行きではなく、大学の一学科となり、神学から霊性が分離し、神学者は専門的な知識人であっても、必ずしも、霊的・宗教的求道者とはみなされず、むしろ忌むべき俗物として、トマス・ア・ケンピス、ルターやエラスムスらが表明するような、不満、憎悪、揶揄の対象となる。

　学の師匠（Lese-Meister）であり生の師匠（Lebe-Meister）であると称されたエックハルトは、のちの時代では、ドイツ語（俗語）で行った多くの説教を通じて、生の師匠として、多大な霊性上の影響を与えたが、学の師匠としては「反対物の一致」を唱えたニコラウス・クザーヌスのような例外的天才を除いて、かえりみられることはなかった。

文献

『エックハルト説教集』田島照久訳、岩波文庫、1990 年。

『エックハルト・ラテン語著作集』（全 5 巻）中山善樹訳、知泉書館、2004–2012 年。

エックハルト『神の慰めの書』相原信作訳、講談社学術文庫、1985 年。

上智大学中世思想研究所編訳・監修『中世思想原典集成 精選 7　中世後期の神秘思想』平凡社ライブラリー、2019 年。

【阿部善彦】

14　神の全能性
（ウィリアム・オッカム『自由討論集』）

命　　題
そしてわたしは証明のために次の信仰箇条にみずからを根拠づける。「わたしは天地の創造主、全能の父である神を信じます」。わたしは、この条項から、「何であれ神が諸々の第二原因の仲介によってつくりだすものを、神は、直接に、諸々の第二原因なしでもつくりだし、維持することができる」という命題を手に入れる。

オッカム『自由討論集』第 4 巻第 22 問より

はじめに
　上の言葉は、中世後期の神学者、ウィリアム・オッカム（William Ockham, 1285 頃 –1347）の『自由討論集』（第 4 巻第 22 問）からの引用である。オッカムはフランシスコ会の神学者・哲学者であり、オックスフォード大学で神学を修め、ロンドンのフランシスコ会の学院で教えた。教説に異端嫌疑がかけられアヴィニョン教皇庁に召喚される。同地でフランシスコ会総長チェゼーナのミケーレに求められ、清貧論争（会則をめぐるフランシスコ会と教皇庁の論争）に加わるが、摩擦が高じて、バイエルン公ルートヴィッヒ 4 世の庇護下に逃れ、ミュンヘンで没した。清貧論やバイエルン公のために行った聖俗権力論も重要であるが、ここではオッカムに特徴的な神学理解、そして、神と人間の理解を中心に見てゆく。

神学と哲学の関係
　オッカムは神学から哲学を分離したと評価される。彼によれば、神学的議論は、理性にとって明証的な事柄ではなく、信仰にもとづいて真実であるとされる事柄、つまり、神の意志を記した聖書、そして、神の意志にもとづいて設立された教会によって信じるべきと定められている教え（信仰箇条や公会議・教会会議の諸決定など）にもとづいて論証されるべきとされる。上の命

題でも、「クレド」と呼ばれる「信仰箇条」の最初の言葉「わたしは天地の創造主、全能の父である神を信じます」が論証の根拠とされる。

　オッカムによれば、信仰によって真実であるとされる事柄は、人間の理性では証明されえない事柄である。この点においてオッカムは「理解を求める信仰」というモットーに表明されるような、神探求において信仰と理性を相互的・一体的に把握する態度とは異なり、信仰と理性を排他的・分離的に把握する。例えば、オッカムによれば「神が存在する」ことは、信仰においては真実である。しかし、人間の理性には自明のことではない。なぜなら神の存在を疑う人が多く存在することが、経験上の事実として確認できるからである。さらに、神の存在は感覚的存在のように経験可能な事実でもない。それゆえ「神が存在する」ことは、理性的な証明の手立てがなく、哲学的に証明不可能であると結論される。

　また神が万物を造り出す原因であるかどうかも証明不可能とされる。経験上、ある事物の生成消滅に神以外の様々な諸原因（最初の引用中の「第二原因」に相当）が関係していることは自明であり、むしろ、それら諸原因だけで経験上の事実は十分に説明可能である（神を原因として立てることは無用ですらある）。それゆえ、神無しで事物の生成消滅が説明可能である以上、神が万物の原因であることは理性的には証明不可能である。オッカムは、神学的議論の対象が、哲学的（理性的）に証明不可能であるということを徹底的に論証することによって、神学を哲学から根本的に分離・切断し、信仰による真実と経験による事実を主要な根拠とする学問として再構築した。こうした分離・切断的思考方法は、様々な局面で姿を現し、のちに「オッカムの剃刀（かみそり）」とも呼ばれる。

神の秩序づけられた権能と絶対的権能

　オッカムの神学において、命題にある「天地の創造主、全能の父である神を信じます」という信仰箇条は重要な意味をもっている。オッカムはそこで「何であれ神が諸々の第二原因の仲介によってつくりだすものを、神は、直接に、諸々の第二原因なしでもつくりだし、維持することができる」と述べているが、「第二原因による仲介」とは、自然的に認められる諸原因と結果の秩序的な連関であり、経験上の事実として自然学的に論証可能な領域でもある。トマス・アクィナスであればここから第一原因にまでさかのぼり、第

一原因を神と同定することで、神の存在は理性的に証明可能とするだろう
が、オッカムは先述の通りそれを証明不可能であるとした。そのかわりに神
が創造主であることを信仰箇条によって承認し、神が創造主である以上、神
は諸原因と結果が連関する自然的秩序を通じて万物を創造する力をもつと
する。これは神の「秩序づけられた権能（potentia ordinata）」と呼ばれ、この
神の「権能＝力（potentia）」のもとに一切の諸原因と結果を結びつけられる。
しかし、諸原因は、あくまでも偶然的な神の自由な意志によって設定（創造）
されたにすぎない。

　神の自由な意志による偶然性は、最初の引用にあるように、まったく同じ
ものを「神は、直接に、諸々の第二原因なしでもつくりだし、維持すること
ができる」ことからも説明される。こうした神の「権能＝力（potentia）」は、
「秩序づけられた権能」と区別され、神の「絶対的権能（potentia absoluta）」
と呼ばれる。「絶対的権能」は神が「全能（omnipotens）」であり、神の意志
が必然性に拘束されないこと（偶然的であること）を強調するものであり、
オッカムの神理解を特徴づける。

神と人間の関係

　神の「絶対的権能」によれば、愛徳的な行いにおいて救いに値する者を救
わないことや、同程度に完全な二名の人間のうち一方だけを救わないことも
不正ではないとされる。救いに値する者であっても、神がその者を救うと定
める意志は拘束されないからである。神が一切拘束されない自由な意志によ
って救いに定めるという考え方は「神の受容（acceptatio dei）」と呼ばれ、ド
ゥンス・スコトゥスからオッカムは受け継いだ。

　しかし「絶対的権能」は救いが徹底的に神の意志（＝恩寵）にもとづくこ
とを強調するために説かれたものであって、オッカムは（そしてスコトゥス
も）、善行に励むことが無意味だとは考えない。神が「絶対的権能」によっ
て何を定めるか人間は知りえず、その意味で隠れたる神であるが、「秩序づ
けられた権能」によって定められたことは啓示によって明らかにされている。
つまり聖書、聖人、教会の教えなどを通じて、神の意志が何を善いこと（＝
行うべきと命じられること）とし、何を悪いこと（＝避けるべきと禁止される
こと）として定めたのか知ることができる。具体的には、行うべきことには、
十戒、愛徳の教えを守り、秘跡（洗礼や聖餐）にあずかることなどがあるが、

最も重要なことは、何にもまして神を愛することであるとされる。

　オッカムによれば、人間は、神が命じたことだから行うべきこと（＝義務）だと判断する理性的能力と、行うべきこと（＝義務）だから従うべきだと決意する意志的能力をもっている。それゆえ、神の意志が命じる行うべきこと（＝義務）に、人間は意志的に従い、実行することができる。ただし、神の目に善きことは、神に従順であろうとする内的決断であって、外見上、何を行い、何をなしたかという結果・成果は問題ではないこともオッカムは強調した。こうしたオッカムの人間観は、中世後期から近世に向かって、神の意志に従う人間の主体性と責任を強調する敬虔主義的宗教性の高まりと呼応して深く浸透した。のちにルターもガブリエル・ビールのオッカム主義的神学を介して、神の命じたことに最善をつくすことを強調するオッカム的人間観を受容し、全身全霊の修道生活に励んだ。しかし自己の無力さに絶望する苦悩の暗夜を通じて、人間が神の意志に自由に従うことが《できる》という考えを完全な誤りとして否定・放棄し、人間は自分自身から意志することも、思考することも《できない》完全に受動的存在であり、神が無償で与える恩寵と信仰だけが人間を神の意志にかなう者（義なる者）とすると説いた。

文献

『オッカム『七巻本自由討論集』註解』（全3巻）渋谷克美ほか訳註、知泉書館、2007–2008年。

小林公『ウィリアム・オッカム研究』勁草書房、2015年。

金子晴勇『近代自由思想の源流』創文社、1987年。

上智大学中世思想研究所編訳・監修『中世思想原典集成 精選6　大学の世紀2』平凡社ライブラリー、2019年。

出村彰ほか訳『宗教改革著作集1　宗教改革の先駆者たち　オッカム ウィクリフ フス』教文館、2001年。

【阿部善彦】

第二部
宗教改革・近世

概　　要

　第二部は近世の時代を取り扱う。この時代の重要な神学議論は宗教改革期に集中しており、ここではそれらを中心としながら、それを準備した中世後期のウィクリフに遡り、さらには 16 世紀末のピューリタン、ロバート・ブラウンに至るまでの命題を収めている。

　宗教改革は、中世のローマ教会の実践や神学を聖書に基づき再検討する神学的営みであったが、その動きはすでに 14 世紀に明確な形で表れていることが、ジョン・ウィクリフにおいて確認される（第 1 章）。教皇の権威に対して聖書の絶対的な権威を唱え、信徒の平等性や聖書の母国語への翻訳の必要性を説いたウィクリフの主張は、まさに宗教改革的神学の先駆である。15、16 世紀に花開いた人文主義も同様で、エラスムスは「教義」の代わりに「哲学」の語を用い、思弁的神学を退けつつ、キリストの教えの論理的解明を試みた（第 2 章）。人文主義の思想は聖書原典への志向や大学の神学改革をもたらし、人文主義者からは多くの優れた改革者が輩出された（エコランパディウス、ブツァー、メランヒトン、カルヴァンなど）。

　人文主義的改革の進んだ大学で神学を学んだルターにとって、聖書や教父を学ぶことは、自然なことであった。彼はローマ教会の行為義認の神学に対して、聖書に基づき信仰義認の神学を唱え、「律法からの自由」と「隣人への自由な奉仕」をキリスト者の生のあり方として示した（第 3 章）。信仰義認の神学は中世の聖俗二元論を退け、この世における信仰生活の意義や全信徒祭司論をそれに対置し、教会改革を促進した。さらに律法と福音、行為と信仰、自由に関する神学論争も、ここから生じた。一方、ルターら主流派の改革者たちは、政治権力との協力体制のもとでキリスト教共同体（corpus christianum）を実現する構想をもっていた。とくにツヴィングリをはじめ、カルヴァン、ブツァーなど、人文主義の影響を強く受け、都市の改革に携わった改革者たちはその具体的な方策を示し、政治権力にもキリスト教的正義（法）を要請し、信仰共同体と世俗共同体の調和的な関係を求めた（第 4 章）。

　神学や教会について徹底した知的探求を行ったのが、カルヴァンである。思弁を退けつつ、聖書に基づき、体系的な宗教改革神学を展開した。彼の神学は神認識と人間認識の不可分性を唱えることから始まる（第 5 章）。教会論では、「信仰共同体」としての教会を論じるにとどまらず、弱い信仰を支

えるための外的手段としての教会制度の必要性を説き、教会教育や経済的、社会的支援のための教職制を唱える現実的かつ論理的な神学を展開した（第6章）。カルヴァンにおける霊的認識と理性的認識の統合の試みは、ブツァーにも見られる。聖餐論争で対立し分裂する改革運動を前に、彼は和解の道を模索し、霊性と理性を融合させた聖餐論を提出するとともに、神学的な営みの限界を示し、相対化する視点をもたらした（第7章）。

　これらの主流派の改革者たちが政治権力と結びついて宗教改革を成功させ、いわゆる「国教会」を形成したのに対し、「信仰共同体」としての教会形成を追求したのが宗教改革急進派である。ミュンツァーは神秘主義や聖霊主義の影響のもとに切迫した終末を説き、聖職者の支配を終わらせ、民衆による新しい教会を期待して、社会革命的な神学を展開した（第8章）。再洗礼派（スイス兄弟団）は初代教会の復興を求め、自覚的信仰者から成る厳格な教会形成を追求し、幼児洗礼を否定した。さらに聖俗の権力から弾圧を受ける中、この世から隔離した教会形成と二元論的神学を展開した（第9章）。信仰共同体の形成はピューリタン運動でも追求され、自由意思にもとづき、国家から分離した教会形成を説くロバート・ブラウンの教会論は、近代的な信仰の自由や政教分離原則の確立に繋がった（第12章）。

　宗教改革期のもっとも重要な議論は、「聖書」の位置づけに関するものであろう。この議論は、ルターが伝統的な教会の権威（教義、教皇、教会制度等）に対して聖書の権威を持ち出し、「聖書のみ」を教会の判断基準としたことに始まる。これに対しローマ教会はトリエント公会議で「聖書と伝承」を教理の源泉として確認し（第10章）、一方、ルター派教会は『和協信条』において「聖書」を唯一の規準と定めた（第11章）。それぞれの教会は異なった理解を今日まで継承するが、聖書（福音）の基本的な重要性、また伝統的な神学の意義を認めることにおいては相違がないことを、両解題から理解するだろう。

　これらの命題を通じて、この時代の神学議論が人間の問題を多く論じていることに気づくだろう。人間認識、人間の信仰や自由、義、人間的な制度が、その限界を示されつつ、しかし神と関係させられることで肯定的に論じられ、人間の力による終末の準備や自発的な教会形成にまで議論は広がる。キリスト教共同体の構想に中世的な面影を残しつつ、新しい時代へ向かう神学の営みとその多様なありようが命題を通じて感じられるであろう。　　【村上みか】

1 聖書中心主義と教会批判

(ジョン・ウィクリフ)

命　題

一般信徒は信仰を理解すべきであるが、私たちの信仰の教えは聖
書にあるわけで、したがって、信仰する者は自分たちが十全に理
解できる言語で書かれた聖書を持つべきである。

ウィクリフ

はじめに

　「宗教改革の暁の星」と称されるウィクリフは、ルターに先んじて、聖書
を母国語に翻訳したことで知られるが、英語（当時は中英語）への翻訳事業
の動機を端的に示す最もよく知られた彼の言葉が上記の一節である。ただ
し、伝えられているウィクリフの著述における典拠は不明で、これを引用し
ている論文等で筆者が入手できたいずれのものにもウィクリフ文書における
典拠が示されていない。「ジョン・ウィクリフと聖書の英語翻訳 600 周年特
別記念号」として 1983 年に公刊されたキリスト教史専門季刊誌『Christian
History Magazine』の第 3 号にも引用されているほどなので、よほどよく知
られた言葉であるに違いないが、やはりここにも典拠は示されていない。ウ
ィクリフの英訳聖書、いわゆる『ウィクリフ聖書』に付されたジョン・パー
ヴェイ（1361–1429）に帰される 15 章からなる有名なプロローグにも、この
引用に関する言及はない。全 12 巻からなる『ジョン・ウィクリフ著作』の
デジタル版を検索しても同様な結果であった。創作の可能性も否定できない
が、典拠となるウィクリフ文書が失われたか、直接ウィクリフの口に遡る
も、口伝のみで継承されたか、ある時点で書き留められたものが散逸したかのい
ずれかであろう。ともかく、ここでは、ウィクリフに帰される命題であると
いう前提に立って記述していく。

生涯

　ウィクリフは、世界的には黒死病の流行した最悪の時代、教会的には「ア
ヴィニョン捕囚時代」（1309–1377 年）とその後の「大シスマ」（1378–1417 年）
による教皇権威の衰退と中世カトリックの斜陽の時代にイングランド王国
で教会批判運動を展開した。1320 年代にヨークシャー州ヒプスウェルに生
まれた彼は、1356 年オックスフォードのマートン・カレッジで学士、1361
年にベリオール・カレッジにて修士号を得て、1363 年から神学を本格的に
学び始め、1372 年に神学博士号を取得した。それ以前の 1361 年に司祭に
叙階されていたウィクリフは、まずリンカンシャーのフィリンガム、次い
で 1368 年からバッキンガムシャー・ルドガーズホールの司牧を担当しつつ、
オックスフォードで神学を教授した。1365 〜 70 年には、カンタベリー・ホ
ールの学長も務めた。教授職の傍ら、教皇の首位性をはじめとする当時の教
会位階制や托鉢修道会の実践に対する批判運動を展開していたウィクリフは、
当然のごとく体制側からの圧迫に晒され、ことにミサにおける「化体説（実
体変化説）」否定によりオックスフォード大学からの反発をも招き、教授職
を剥奪。以後はランカスター朝の始祖ジョン・オブ・ゴーント（1340–1399）
の庇護のもと、レスターシャーのラタワース教区司祭（1374 年就任）として
執筆活動に専念、1384 年に同地で没した。そのころ、ボヘミアでは、10 代
前半のヤン・フス（1372 頃 –1415）が勉学のためにプラハで生活を開始した。
ウィクリフの思想が、やがて彼を通してボヘミア全土を巻き込む大規模な教
会改革運動を引き起こしたことは周知のとおりである。

背景——教会、教皇、聖書

　ウィクリフによる聖書の母国語への翻訳およびそれを活用しての伝道活動
は、彼の教会論がその背景となっている。その教会論は彼の哲学的立場、す
なわち中世スコラ学で議論された普遍論争の一翼を担う「実在論」を土台と
している。当時第一級のスコラ学者であったウィクリフは、そのころ主流で
あった可感的で経験可能な個別存在のみを実在とする「唯名論」と真っ向か
ら対立し、普遍的・超越的概念にこそ実在性が具わっていると考えた。この
論理を教会の概念に当てはめるならば、現実的な可視的教会はローマ教皇を
頂点とする位階制を含め、教会としては実在しないものである一方、真に
実在する教会とは不可視の非空間的・無時間的な普遍概念としての教会であ

る。ウィクリフの代表作である『教会について』の中で、この超越的、普遍的教会を天にある「完成された教会」、煉獄にある「眠れる教会」、地上にある「闘う教会」の三つの在り方に区分している。その三つが一つの教会を形成しており、しかもそれは救いに「予定」されている者だけで構成されているとする。ただし、だれが救いに予定されているかは人間には判別できない。この不可視の普遍的教会の頭こそキリストである。一方、現にある地上の教会（カトリック）は見えざる実在の教会を代表するものでも体現するものでもなく、したがって、教皇は地上の教会の、しかもローマという地域教会の首長ではあっても、真の教会の頭でありえず、唯一の真の頭であるキリストの地上における代理者でもありえない。教皇自身が救いに予定されているかはわからず、真の普遍教会の頭どころか成員たりうる保証もない。したがって、救われるためには教皇への服従が必要だとするボニファティウス 8 世（在 1294–1303）の教皇権威の絶対性主張は論外であり、そのような教皇が救いの教えの真理性を独占しているはずがない。キリスト教の教えの真理の根拠が教皇権にないとなれば、その根拠はどこに求めるべきか。ウィクリフにとってそれは唯一「聖書」にほかならない。

解題——聖書中心主義、信徒の平等性、聖書翻訳

　ウィクリフにとって、聖書は真に実在する時空を超えた教会同様、時空を超えた「真理」を表出している。この点を詳細に論述したのが『聖書の真理について』という代表作である。聖書のみに教えの真理性が存するがゆえに、すべての判断基準が聖書の言葉との合致性にかかっているとする聖書権威の絶対性は、後の宗教改革の基本理念の先駆となった。

　このような聖書中心主義を背景にして、ウィクリフは、さらに、聖書の権威のみに基づいてすべてを判断するという点において、信仰の領域ではすべての信徒は平等であり、そこに聖職者と一般信徒の区別は存しないと主張する。すべての信徒は「神学者」であるべきだとさえ言っている。だが、聖書が一般信徒とは無縁のラテン語でしか読めない状態では、聖書は事実上聖職者の独占物のままであり、信徒の一人ひとりが聖書を自ら手にして「真理の言葉」を聴くことはできない。よって、聖書は読む者が理解できる言葉で示されるべきである。この要請が冒頭の命題へとつながっているのだが、この一節には次のような意味の前置きがある。すなわち、「キリストや使徒たち」

が人々に教えを説いたときは、その人々に通用する言葉を用いた。そのように
して、「キリスト教信仰の真理」は人々に理解された。そして今やこの真
理は聖書の中に収められているので、聖書を理解することがキリスト教信仰
の真理の把握を可能にする。だが、聖書がラテン語のままでは一般信徒に理
解されるはずがない。だからこそ、「信仰する者は自分たちが十全に理解で
きる言語で書かれた聖書を持つべきである」。さらに、『世俗君主の鏡』と
いう小論で、「キリスト教の信仰は、聖霊が私たちに与えてくれた（言葉の）
知識によって、それぞれの言葉で人々に明示さるべきものである」とも明言
し、ここでも自分の言葉で聖書が読める必要を間接的に訴えている。これが
まさに、ラタワース隠棲後の聖書の母国語への翻訳活動へとウィクリフを突
き動かした。

文献

出村彰、中村賢二郎、池谷文夫訳『宗教改革著作集1　宗教改革の先駆者たち　オ
　　ッカム　ウィクリフ　フス』教文館、2001 年。

A. ケニー『ウィクリフ』（コンパクト評伝シリーズ 15）木ノ脇悦郎訳、教文館、
　　1996 年。

E. ロバートソン『ウィクリフ──宗教改革の暁の星』土屋澄男訳、新教出版社、
　　2004 年。

【久松英二】

2 キリストの哲学

(デシデリウス・エラスムス『パラクレーシス』)

命　題

これら〔新約聖書〕の僅かな書物から、あたかもきわめて明澄な泉
から汲むように、知恵を汲みだすことができます。この種の哲学
は三段論法の中よりも心情の中にあり、論争ではなく生活であり、
博識ではなく霊感であり、理性よりも生の変革です。……キリス
トが「再生」と呼びたもうたキリストの哲学とは良いものとして
造られた自然の回復にあらずして何でありますか。

エラスムス『校訂ギリシア語新約聖書』序文（「パラクレーシス」）

文献 230、235 頁

はじめに

エラスムス（Desiderius Erasmus, 1466 頃 –1536）が活躍した時代は人文主義
と宗教改革とが歩みをともにして発展し、やがて両者が不幸にも分裂する時
期に当たる。たとえば 1517 年には注目すべき二つの出来事が同時に起こっ
ている。すなわち、その年には世界的に有名になった「九十五箇条の提題」
が発表され、宗教改革の火ぶたが切られたが、同じ年に人文主義運動も頂点
に達しており、フランス王フランソワ 1 世は人文主義のアカデミーを創設
するためエラスムスを招聘した。エラスムスはこれを辞退したが、このよう
な運動のなかに新しい人文学の開花を目前に見、その実現を切に願いながら、
同時代の人文主義者ギョーム・ビュデ宛の手紙で「不滅の神よ、なんという
世紀が私の眼前に来たらんとしていることでしょう。もう一度、若返ること
ができたら、なんとすばらしいことでしょう」と言う。

ルネサンスはここでいう「若返り」としての「再生」を意味し、人文学の
復興によっていまや新しい時代が近づいていることを彼は確信する。

生涯

エラスムスは不幸な出生と両親の早世によって、幼年時代を過ごしたデヴェンターの聖レヴィヌス参事会の学校で「新しい敬虔」の教育を受けた。その後ステインの修道院に入れられたが、カンブレイの司教の秘書としてパリに出て、パリ大学で学び、マウントジョイ卿に随行してイギリスに渡り、トーマス・モアと知り合い、ジョン・コレットから聖書人文学を学び、名高い『格言選集』（1500年）や初期の代表作『エンキリディオン——キリスト教戦士必携』（1504年）を書き、有名な『痴愚神礼賛』（1511年）や名高い『校訂ギリシア語新約聖書』（1516年）を出版し、さらに『対話集』、『真の神学の方法』（1518年）を書いた。こうして優れた人文主義的な神学者として頭角を現した。

背景

彼は『校訂ギリシア語新約聖書』の序文として『新約聖書の序文』を書き、その巻頭に「パラクレーシス、つまりキリスト教的哲学研究への勧め（Paraclesis, id est, adhortatio Christianæ philosophiæ studium）」を据えた。冒頭の命題はこの文書にあって、エラスムスが説く独特な神学思想が「キリストの哲学」として初めて明確に提示されたものである。この主題を彼はドイツの人文主義者アグリコラから受け継ぎ、これまで一般に用いられてきた「教義（dogma, doctrina）」の代わりに「哲学」を使うことによって新鮮な感覚を呼び起こした。この表現は常識の意表を突くものであった。彼にとって神学的に何よりも重要であったのは、神的であると同時に親しみを感じる教師キリストの教えであった。彼は一方において当時の民衆に広まった信仰運動であった「新しい敬虔」に従ってスコラ的な思弁神学を退けながら、他方、民衆の呪術的・迷信的信心を嫌っていた。そこでスコラ神学に対して単純明快に「キリスト」を、民衆の信心に対して理性にかなった「哲学」を対置して、自分の「キリスト教人文主義」の特質を提示した。彼はギリシア哲学に匹敵する内容がキリスト教自体のうちに存在すると見ており、「キリストの哲学」というべきものが預言書と使徒書によって確証できることを力説した。つまり彼はキリスト教、とりわけその源泉たる聖書の中にプラトン哲学の内容と一致するものを認めたので、「キリストの哲学」なる名称を選んだといえよう。

解題

　そこで彼の神学思想の三つの特質を冒頭の命題の中から取り出してみたい。

　(1)「理性よりも生の変革である」。ここでいう理性（ratio）は三段論法、論争、博識と述べられている事柄を総括する概念であって、スコラ神学的思弁を指して語られている。これに対立するのが「生の変革（transformatio）」であり、これは心情、生活、霊感と並べられていて、聖霊の導きの下に立つ霊的生活であり、その中心は不断の自己改造を志すことである。このような自己改造こそキリスト教による哲学の目ざすもので、人間の心情に迫る高次の宗教的生に属している。

　(2)「良いものとして造られた自然の回復」。キリストの哲学は創造における自然本性が罪により壊敗している現実に働きかけ新生させること、もしくは改造させることを内実としている。この「回復」はキリストご自身「再生（renascentia）」と呼ぶものだと説明される。この言葉はルネサンスと後に呼ばれることになる名称の一つの源泉となった。この概念は本質的には宗教的意味をもっていて、新約聖書の語法「新しく生まれる」（ヨハネ3章3節）、宇宙的再生をいう「世が改まって」（マタイ19章28節）、さらに「再生の洗い」（テトス3章5節）につながる。またこの哲学の教えに合致する異教徒の書物があることを指摘している点で、人文主義者としての特質が示される。しかし、キリストの方が「決定的にかつ効果的に伝えた」と付言することによって、キリスト教に立つ人文主義の意義がここでも明瞭に語られる。

　(3) 聖書主義の神学。さらに「これらの僅かな書物から、あたかもきわめて明澄な泉から汲むように、知恵を汲みだすことができる」とあるように、「僅かな書物」は新約聖書の諸書を指し、そこに知恵の源泉がゆたかにあふれでているという。

　このように、キリストが哲学することの対象となっている。というのもキリストは天上的な教師であり、永遠の知恵をもち、「人間に救いをもたらす唯一の創始者として救済に必要なことを教えていたからである」。この哲学は人格の改造と再生とを目標とするが、それをもたらしたキリストとの生ける人格的な出会いをエラスムスは力説し、救済のため受肉したキリストとの交わりを徹底的に追求した。こうしてキリスト教人文主義に立つ新しい神学思想が形成された。

　エラスムスのキリスト教人文主義の特徴は古典に基づく高い倫理性にあって、同時代の人文主義者カピトは彼を讃えて「人文学の復活だけでなく、信仰の再生をもたらした著作家」と言った。またルターとの自由意志をめぐる論争でも、知性を暗くするとして激情に流される過激な行動を嫌った。ただ言論による説得と啓蒙によって忍耐をもって改革に当たった、穏健でリベラルな指導者として認められた。彼はその旺盛な文筆活動によって「世紀の光」として君臨し、類稀なすぐれた文筆活動によって広汎な権威を獲得した最初の人であったといえよう。

文献

エラスムス『エンキリディオン』『新約聖書の序文』『真の神学方法論』『対話集（抄訳）』金子晴勇訳、すべて『エラスムス神学著作集』教文館、2016 年。

金子晴勇『エラスムスの人間学』知泉書館、2011 年。

【金子晴勇】

3　キリスト者の自由

（マルティン・ルター『キリスト者の自由』）

命　　題

キリスト者はすべての者の上に立つ自由な主人であって、誰にも
服従しない。

キリスト者はすべての者に奉仕する僕であって、誰にも服従する。

ルター『キリスト者の自由』

はじめに

　この命題は、ルターの著書の中でも最もよく知られる『キリスト者の自由』（1520年）の冒頭に掲げられたものである。教会改革の最初期に新しいキリスト教のありかたを論じる中で、ルターはキリスト者の倫理の問題にも取り組み、それを「自由」の概念をもって表現した。これは後に見るように、ルターの信仰義認論に基づいて展開されたものであり、ローマ・カトリック教会の倫理に対して、新しいキリスト者のありかたを提唱するものであった。この考えに基づいて、ルターは当時のローマ教会の慣習や実践を退け、それに代わる新しい制度や実践が生み出され、やがてそれはプロテスタント教会の基本的な慣習となっていった。その一方、ルターの「自由」の概念は、近代を開く一つの契機として、思想史的にも注目されてきた。

　以下においては、まずこの命題が生まれた神学的、歴史的背景を確認し、そのうえで命題の神学的意味と意義を論じる。

ルターと宗教改革

　マルティン・ルター（1483–1546）はドイツのザクセン地方アイスレーベンに生まれた。7歳で教会付属学校に入ってラテン語の学びを始め、14歳になると親元を離れ、マクデブルクやアイゼナハの学校で弁論術や作詩法など、言葉の基礎的な力を身に付けた。18歳でエアフルト大学に入り（1501年）、基礎学科を修得した後、法学の学びを始めるが、雷雨に襲われた経験を機に

アウグスティノ隠修士会に入り（1505年）、修道士となる。神学を学び、司祭にも叙階された（1507年）。その後、神学博士号を取得し、ヴィッテンベルク大学の教授となり、聖書講義を担当した（詩編講義 1513–1515年、ローマ書講義 1515/16年、ガラテヤ書講義 1516/17年、ヘブル書講義 1517/18年）。

その間、ルターは聖書研究を通じて独自の神学を形成し、1517年には「九十五箇条の提題」を提出し、贖宥符とその背景にある救いの神学を批判した。これを機にローマ・カトリック教会との対立を余儀なくされ、1521年には破門され、帝国追放令をも受けるが、当時の教会に批判的であった聖職者や諸侯、人文主義者、民衆など多くの支持者を得、教会改革を推し進めることになる。

ルターの改革は神学に始まり、そこから実践や教会制度（教職制度、教会規定）の改革へと進んだ。ルター自身は聖書の教師であり、意図せずして宗教改革者になったが、諸侯らの後押しを受け、新しい福音主義教会（プロテスタント）を確立させた。宗教改革は新しい政治的、文化的諸勢力を取り込んでヨーロッパ各地へ拡がり、様々な教派を生み出し、宗派対立の時代をもたらした。これをもって宗教改革は、長く続いた中世を終わらせ、近代に至る新しい時代を開いたものとして、世界史的にも重要な位置づけが与えられている。

上記の命題は、このような新しい倫理や文化をもたらしたルターの改革に神学的な基礎を与えるものであり、その神学的、社会的意味を理解することが必要である。

神学的背景

ルターが生きた中世末期のヨーロッパは、戦争やペスト、また食糧危機の問題を抱えた困難な時代状況にあり、人々は死を意識しながら生活していたと言われる。その中で宗教的な救いが切実に求められ、それに対してローマ教会は良き行い（功績）により救われると教え、そのための救いの手段をも提供していた（聖人崇拝、聖地巡礼、ミサへの寄付、贖宥符など）。

このような教会的、神学的環境の中でルターは修道士となり、救われるために、厳しい修道院規則に基づき禁欲生活に勤しんだ。しかしルターは自らの救いに確信がもてず、精神を病むほどに苦悩する。表面的には非の打ちどころのない修道士であっても、十分に悔いず、愛していない自らを知り、罪から解放されていない自分は、地獄へ落ちるのではないかと恐れたのである。

ルターはエアフルト大学でオッカム主義の神学（ガブリエル・ビール）を通じて、行為義認の神学を学んでおり、それにより彼の不安と絶望が増し加えられたのである。

その間、聖書の教師となったルターは、苦悩のなかで「神の義」の問題に取り組み、パウロを通じて、そしてアウグスティヌスにも導かれて、救いは良き行いによらず、信仰によることを知り、絶望の淵から救い出された。そして人間が罪人であること、その罪人は神の恵みにより救われるしかないとする神学、すなわち信仰義認論を展開したのである。

「九十五箇条の提題」が問題にしたのも、「救い」の問題であり、ローマ教会や教皇制そのものを批判したわけではなかった。しかし教会の救いの実践を批判し、教皇の救い（＝罪の赦し）の権限を否定したために、ルターは審問を受け、これにより両者の対立が決定的となる。アウグスブルク審問（1518 年）で、ルターは聖書の「信仰義認」の神学を理解しないローマ教会に疑念を抱きはじめ、ライプチヒ論争（1519 年）では議論が教会や教皇制度の問題に発展した。そうしてルターはローマ教会を聖書に対立するものと批判し、教皇制を否定するに至ったのである。その翌年（1520 年）、ルターはいわゆる「改革三文書」を著し、教会改革のプログラムを提出した。その一つが『キリスト者の自由』である。

この「改革三文書」に示されたルターの新しい神学は、いずれも信仰義認論に基づいて展開されたものであった。『キリスト教界の改善に関して、ドイツのキリスト者貴族に宛てて』では「全信徒祭司論」が論じられ、すべてのキリスト者は信仰において同じ霊性をもつとして、聖職者に特別な霊性を認めるローマ教会の神学が否定された。この理解をもってルターは中世の聖俗二元論を克服し、世俗に開かれた新しい倫理の可能性を開いた。『教会のバビロン捕囚』では、神の恵みを「罪人の赦し」と理解することから、サクラメントを洗礼と聖餐に限定した。同様に『キリスト者の自由』もまた信仰義認論に基づき、キリスト者の生のありようを論じたのである。

解題

『キリスト者の自由』は一般に信仰義認論を主張したものとして知られるが、ルター自身がそのラテン語版の最初に述べているように、この書は「キリスト者の生活の綱要」として書かれたものである。信仰義認論を展開する

なかで、「良き行いにより功績を積み、聖職者を通じて神の恵みを受領する」という中世のキリスト教的生活が変更を余儀なくされ、信仰により新しい自由な生活が開かれることを、ルターは示そうとしたのである。

　その『キリスト者の自由』の冒頭に掲げられたのが、上記の命題である。この二つの命題は一見相反するように見えるが、いずれも信仰義認論に基づく倫理を表したものである。すなわち、信仰に基づいた新しい生活はあらゆる束縛から解放された自由な生活であり、同時にそれは愛をもって自発的に他者に仕えようとする生活である、ということである。

　1．自由について：ルターがここで論じる「自由」は、身体的、外的自由でなく（すなわち社会的、政治的自由ではなく：筆者）、内的なたましいの自由に関わるものである（第2、3項）。このたましいの自由は、どのような外的な行為や聖なるものによっても得られず、キリストにより語られた福音によって与えられるとルターは言う（第4、5項）。なぜならキリストの言葉は、罪（すなわち神への背反）を人に知らせ、神の前に自らは無であることを知らせるが、同時にそれは信仰をもって神に立ち返ることを教え、罪が赦され、義とされ、救われることを伝えるからである（第6項）。つまり、本来、人は義しさをもたないにもかかわらず、義とされ、受け入れられ、そのことにおいてたましいは充足され、もはや何ものをも必要としなくなる。このとき人は、あらゆるものから自由になる（第5、7、18項）。そして自ら義を作り出す必要がないのであるから、良き行いを規定する戒めや律法からも解放され、自由となる（第10項）。さらに、ここで人は罪からも自由となり、この状態において人はおのずと戒めを成就しうることをルターは示す（第12、13項）。このように信仰により神との関係に生きることにおいて、人は罪を含むあらゆるものから解放され、結果的に良き行いが生じるのである。これが「キリスト者の自由」であり、これは「信仰のみ」によってもたらされるとルターは言う（第10項）。このように信仰に生きることは、（神以外の：筆者）すべてのものからの自由を意味し、種々の束縛に服することなく、それを超えてゆくものであることが示されるのである（第15、16項）。

　2．他者への奉仕（服従）について：もっとも上記のような優れた霊的な生活はこの世に生きる限り完全なものとしてはありえず、終末に至るまでその完成は実現しない、とルターは言う（第19項）。それゆえ、この世にあ

っては、信仰により自らを抑制しつつ、神のみ心に適うことを願い、自由な愛をもって隣人に仕える外的な生活に入ってゆくことをルターは示す（第20、23、26項）。罪人でありながら価なしに義とされ、救われたキリスト者は、その信仰において、報いを考えずに隣人に必要で益となることを行うのである（第23、27項）。こうして「信仰から神への愛と喜びが流れ出て、報いを考えず、愛から隣人に仕える自由で自発的な喜ばしい生活が流れ出る」というのである。

　以上に明らかなように、救われるために（＝義とされるために）行いは必要ないが、救われた者は自由に愛の行為を為すことをルターは示す。「信仰のみ」とは――よく誤解されるように――決して行為を否定するものでなく、それどころか愛の行為を伴うものであることをルターは明言する。このようにしてルターは、信仰に生きる生活があらゆる束縛からの自由をもたらし、同時に自由な愛の行為を実現するものであることを、二つの命題をもって示したのである。

新しい実践の展開

　この「キリスト教的自由」の内容は、神学的に様々な議論や実践面での変更をもたらした。ルター自身がこの「自由」をもって最初に批判の矛先を向けたのは、当時の教会の律法主義的な実践や慣習であった。なかでもルターが厳しく退けたのは、自身にも関わる修道生活であり、また寄付、断食、祈りなどに見られる「自己義認的」な生のあり方であった。聖なる場所、聖なる時、聖なる行為は人間の作り出したものとして否定され、修道士や聖職者もこの世の職業と同じものとされて、この世の中に生きるあり方が肯定されたのである。ルター自身はすでに20年近く修道士として生きており、その生活を終えることにためらい悩んだが、この書から4年後に彼は修道服を脱ぎ、その翌年には結婚して、福音主義教会の最初期の牧師家庭を築いたのである。修道院制度も最終的に廃止されることになった。

　これにより、信徒は実際に多くの束縛から解放された。寄付や贖宥符、断食など教会から課された様々な精神的、物質的な負担から、文字通り自由になったのである。そして教会は、信仰を養われ自由に讃美する場へと変えられ、救済機関から信仰者の共同体へと変化したのである。

自由をめぐる論争

　1．律法と自由：ルターの「自由」の理解は、律法理解をめぐるさらなる論争を引き起こした。たとえば、カールシュタットは、義認を受けた者が聖化される（＝良き行いを為す）ことを重視し、旧約の律法規定はキリスト者にもなお拘束力があるとして、聖霊の働きを受けつつ律法の行為を積極的に成就すべきことを主張した。ここから彼は、聖像は偶像崇拝禁止の規定に反するとして、その撤去をキリスト者の義務とし、さらにそれを都市の規則として定め、それによりヴィッテンベルクの町に聖像破壊騒動が引き起こされることになった（ヴィッテンベルク騒動）。これに対してルターは、禁止されているのは聖像そのものでなく、崇拝することであると応じ、カールシュタットの主張はキリスト者の自由を律法化するものとして、その危険性を指摘した。

　その一方、アグリコラをはじめとする反律法主義者たちは、信仰により救われたキリスト者には旧約の律法は不要であり、福音（＝新約）のみが必要であることを示した。これに対してルターは、律法は義認へと導かないが、なお意味を有するとした。すなわち律法は罪を示し、キリスト者としての生き方の指針を示し、さらにはキリスト教社会の指針を示すとし、これを律法の「用法」として、その意義を維持しようとした。これは後にメランヒトンにより「律法の三用法」と表現され、ルター派の伝統的神学として受け継がれるものとなる。

　2．社会的自由：何よりもルターの「自由」が問題になったのは、農民戦争との関連である。農民団の「十二箇条」が福音の自由を根拠に農奴制の廃止を訴えたとき、ルターは、福音の自由とは「たましいの自由」であり、身体的、物質的自由でないと述べた。そして彼らは自分たちの要求に福音的外観を与えようとする瀆神者であると批判し、政治権力による弾圧を促したのである。

ルターの「自由」の意義と限界——近代的自由との関係

　このようにルターは「キリスト者の自由」が「たましい」の自由であることを一貫して主張した。そして上記の「急進的」グループの出現により、ルターは外的、社会的生活における「秩序」の必要性を主張するようになり、

政治権力をもってそれを保障する、いわゆる「二王国論」を提出した。すなわち、この世の統治者を神から委託を受けたものと位置づけ、政治権力に従うことを臣民の義務として示したのである。ここに明らかなように、ルターの「自由」は社会的、政治的な自由を主張するものでなかった。たましいの救いに苦悩し、霊性に関わる宗教者として、社会的自由は彼の関心の外にあったと言えよう。さらに、このたましいの自由は神との関係を前提としたものであるから、この点において、のちの啓蒙主義的な内面的自由——信仰の自由や良心の自由——とはその内容を異にする。つまり、ルターの「キリスト者の自由」に近代的自由の直接的な根源を見ることはできないのである。実際、その後ルターが形成したドイツの福音主義教会は領邦教会制を採り、教理と制度を定め、正統的なあり方から逸脱した者は異端として排除するシステムを確立させた。この体制のなかでは信仰や良心の自由は認められず、逆にこのあり方が近世を通じて維持されたことにより、啓蒙主義的な信仰や良心の自由が要求されたと言えよう。この点において、宗教改革は中世のローマ教会と同じように、国家と教会が結合したあり方（いわゆる corpus christianum キリスト教社会）を前提としており、ここにおいて宗教改革——主流派——は中世性を有することが確認されるのである。

　もっとも同じ宗教改革者でも近代的自由への親近性を示した者もあった。ジュネーヴの改革者カルヴァンは——体制的教会を前提としていた点では同様に中世的であったが——経済的自由を積極的に認め、それに神学的根拠を与えた。そしてこのカルヴァンの影響を受け、イングランドで運動を展開したピューリタンたちは、宗教改革の教会理念の実現を試み、それが信仰の自由や政教分離の思想へと繋がっていった。これについては、ロバート・ブラウンの項で言及する。

文献

マルティン・ルター「キリスト者の自由」徳善義和訳、『宗教改革著作集3　ルターとその周辺Ⅰ』教文館、1983年。

徳善義和「解題」、前掲書『宗教改革著作集3』。

村上みか「ルター『キリスト者の自由』」、『思想』No.1122、岩波書店、2017年、121–128頁。

【村上みか】

4　神の義と人間の義

（ウルリヒ・ツヴィングリ『神の義と人間の義』）

命　　題

律法の第一部は、「神を愛せよ」、「隣り人を愛せよ」というように、もっぱら内なる人間にのみ関わります。そして、この律法はだれも成就することはできません。……律法の第二部は外なる人間にのみ関わるもので、この点から見て、人は外面的に正しく、また義とされるのに、内面的には神聖を汚す者、神の前に呪われた者ということがありうるのです。

ツヴィングリ『神の義と人間の義』

はじめに

　キリスト教の歴史の中で、霊的な戒めと世俗の法律の関係、教会裁判権と世俗裁判権の位置づけ、教会と国家の関係にまつわる議論は、絶えず重大な問題をはらんでいた。中世のカトリック教会は、身分的二重倫理を提示してその問題に対処した。完徳身分である聖職者が、神の戒めとしての厳しい掟を守るべき存在であったのに対して、一般信徒には、理性によって支配された行動規範に従うことが求められたものの、聖職者が守るべき倫理は勧告としてのみ示され、それを厳格に遵守することまでは要求されなかった。それとは対照的にプロテスタントの教義では、聖職者と一般信徒は神の前では平等とされ、カトリック的な二重倫理や聖職位階制は否定された。なおルターとツヴィングリの思想は、信仰義認論や聖書主義などの本質的な部分ではかなりの程度一致していたが、しかし教会と国家との関係に関しては、両者の間に明瞭な差異があったのである。ルターの二王国論によれば、神の国と世俗の国は明確に分けられ、前者は信仰に関わる霊的な国であるが、後者は悪人を抑制して外的平和や秩序を保つ国とされた。神の国は不可視な信仰共同体であり、そこでは福音や神の恩寵が支配し、真のキリスト者のみが服属する。世俗の国では理性や自然法が支配し、そこにすべての人間が属する。ル

ターによれば、原則的に世俗権力は外的なもののみに関わり、教会も世俗の問題に介入することは認められないというのである。

生涯——ツヴィングリとチューリヒの宗教改革

　スイス東部のヴィルトハウス村出身のウルリヒ・ツヴィングリ（1484–1531）は、バーゼル大学などで人文主義の影響を受け、1518 年末にスイス盟約者団の 13 邦の一つであるチューリヒの司牧司祭に選出された。いつツヴィングリが人文主義的な教会改革路線から離れて、宗教改革的な立場へと移行したのかについては、複数の学説に分かれているが、遅くとも 1522 年 4 月頃には彼がそれに到達したことは確かだと思われる。1523 年に宗教改革的な説教に関する第 1 回チューリヒ公開討論会が市参事会主催で開催され、ツヴィングリは議論のために、聖書と福音を重視し、教皇制やミサなどを批判した『六十七箇条』を提出した。討論の末、市参事会はツヴィングリの主張を支持した。さらに第 2 回チューリヒ公開討論会では、聖画像の撤去、修道院の廃止などについて審議された。このように宗教改革を導入したチューリヒ市内の動向に対して、スイス全体の宗教問題を議論するため 1526 年に開催されたバーデン宗教討論会でカトリックが支持され、スイス内の宗派分裂は決定的となった。1527 年にはマンツなどの再洗礼派がチューリヒで処刑された。1520 年代後半に入ると、ベルンやバーゼルなどの諸都市で宗教改革が導入され、チューリヒの政治的な孤立は回避された。スイス盟約者団の共同支配地における宗派問題をめぐってカトリック諸邦と改革派諸邦が対立し、1529 年に第一次カペル戦争で軍事的な緊張が高まるが、一旦和平が成立した。しかし 1531 年に第二次カペル戦争でチューリヒがカトリック諸邦の連合軍に敗北、従軍していたツヴィングリは戦死してしまったのである。

背景

　第 1 回チューリヒ公開討論会以後、具体的にどのような形で教会改革を実施するべきかという問題と取り組む必要性が生じていた。さらにツヴィングリにとって、十分の一税や利子の問題でグレーベルなどの急進派との対立が深刻化していた。1523 年 6 月 22 日に急進派は、市参事会に十分の一税の撤廃を要求したが、それに対して 6 月 24 日にツヴィングリが行った説教の題名が「神の義と人間の義」である。そこでツヴィングリは、十分の一税や利

子の問題に対しては共同体の秩序を守ることを優先して、その支払いを容認した市参事会の決定に同意したのである。この対立を契機にグレーベルなどの急進派は、世俗共同体から離脱して、成人洗礼を受けた少数の選ばれた者で構成される純粋な信仰共同体の設立をめざし、1525年1月にスイス再洗礼派が成立した。同年3月にツヴィングリは、彼らの主張に反論するために『洗礼論』を執筆し、信仰共同体と都市共同体の問題についてさらに議論を展開したのである。

解題

　ツヴィングリによれば、神の義と人間の義という二種類の義があるとされた。神の義は絶対的な義であり、神の国における秩序であり、神自身の意志である。人間の能力では、神の義を完全に満たすことはできず、この義によって人間は破滅しなければならないと考えられた。神への愛や隣人愛の命令、貪り・怒り・みだらな情欲の禁止などのように、神の義は内的な高次の律法である。神の義を守っていれば、必然的に人間の義を守ることに繋がる。したがって、神の義は全社会生活に対する規範であり、人間の義を正しい方向へと調整し、現実社会を神の義に近い形で変革する志向性を持っているのである。それに対して人間の義は、欠け目の多い弱々しい義であり、罪深い人間にとっては社会秩序を維持するために必要なものである。人間の義は、人間同士の戦いを回避し、共同生活一般を可能にさせるための相対的な義にすぎず、神の義と比較すれば、義の名に値しない外的な低次の律法である。盗み・姦淫・殺人・偽証の禁止などのように、最悪の不正行為を防ぐために、為政当局者は人間の義を完遂して、社会的諸関係を維持する。しかしながら、外面的に人間の義を守っていても、神の義を完全に守っているとは限らない。というのも、神の義で判断すれば邪悪であるにもかかわらず、人間の義によれば正しいとされる者が存在しているからである。人間の義に違反した者を裁くことができるのは、為政当局者や裁判官だけである。

　神の義と人間の義は、ツヴィングリにおいて原理的に違う二つの在り方ではなく、相互に補完しあい、根源的には両者とも神の意志という共通の源から由来していた。このような議論に基づいてツヴィングリは、十分の一税や利子の問題は人間の義に関わる事柄であり、世俗権力がそれに対する決定権を有していると見なした。つまり彼は、既存の共同体を基盤とした政治秩序

を認めながら、教会改革を進める立場をとったのである。ツヴィングリは、可視の教会に立脚して、神の栄光のために個人や共同体による実践を強調した。それに対してルターは、個人として神の前に立つことを主張した。彼の考えには、中世的な共同体的原理の破壊に繋がるような思想の萌芽があった。ルターの二王国論が、結果として国家に優位な政治思想を展開する議論の基盤を提供し、領邦教会の形成に寄与したのに対して、ツヴィングリの社会思想は、世俗共同体と信仰共同体を結びつけ、共同体を基盤とした改革運動に影響を与えた。ツヴィングリは社会的聖化を主張し、神の義や人間の義に依拠して世俗の法を再検討し、それをキリスト教化する可能性を創出し、国家にキリスト教的正義を求めた。それに対してルターは、キリスト教的統治権力であることは望ましいとは考えたが、世俗の秩序の歴史的な権利をそのまま承認した。したがってルター以上にツヴィングリの方が、不当な国家に対する抵抗権を認める余地を多く与えたのである。

　ツヴィングリの洗礼論も共同体を念頭に置いて展開された。彼によれば、サクラメントという外形的な儀式は罪を取り除くためのものではなく、聖なる事物のしるし、すなわちキリストへの誓約のしるしであった。聖書の中に幼児洗礼を命じる箇所がないことを認めつつも、ツヴィングリにとって洗礼は、旧約の割礼との連続性を持った契約のしるし、つまり新しい生き方を義務づける発端のしるしであり、その契約の主体はキリストの肢体である教会であった。洗礼は教会にとって幼児の受け入れのしるしであり、幼児洗礼を通して信仰共同体を保持することが必要であった。ツヴィングリは、再洗礼派のように義人と罪人を区別して、信仰上の自覚的な決断に依拠した成人洗礼に踏み切ることは、分派的な抗争を引き起こし、信仰共同体と世俗共同体との間の結びつきを揺るがしかねないと考えたのである。

文献

ツヴィングリ「神の義と人間の義についての説教」内山稔訳、『宗教改革著作集5　ツヴィングリとその周辺I』教文館、1984年。

ツヴィングリ「洗礼論」出村彰訳、前掲書『宗教改革著作集5』。

ビュッサー『ツヴィングリの人と神学』森田安一訳、新教出版社、1980年。

森田安一「『神の義』と『人間の義』――ツヴィングリの権力・社会観」、『思想』No.646、岩波書店、1978年、81–101頁。　　　　　　　【野々瀬浩司】

5　神認識と人間認識

（ジャン・カルヴァン『キリスト教綱要』）

命　　題

我々の知恵で、とにかく真理に適い、また堅実な知恵と看做さる
べきものの殆ど全ては、二つの部分から成り立つ。すなわち、神
を認識することと、我々自身を認識することとである……。先ず
我々がその内に生きかつ働く神、この神への瞑想に己が思いを真
っ直ぐに向けない限り、誰一人として自分自身について考察する
ことはできない。

カルヴァン『キリスト教綱要』（1559 年）第 1 篇第 1 章 1 節

はじめに

　神学（Theologia）とは、端的に "神（theos）についての言説（logia）"、す
なわち神認識のことである。キリスト教神学の歴史とは、まさにこの神につ
いての言説の歴史に他ならない。

　16 世紀の宗教改革者たちは、ローマ・カトリック教会の神学的伝統の中
に育まれつつも、聖書を唯一最高の規範とする "聖書のみ（Sola Scriptura）"
の原則によって、それを批判的に再検討した。

　宗教改革が産んだ諸々の神学的著作の中でも、優れて標準的かつ体系的
著作として広く用いられたのは、マルティン・ルター（1483–1546）の同
労者フィリップ・メランヒトン（1497–1560）による『ロキ・コンムネス
（Loci Communes）』と、ジャン・カルヴァンの『キリスト教綱要（Institutio
Christianae Religionis）』であり、それぞれ版を重ねた。

生涯

　ジャン・カルヴァン（Jean Calvin ／本名 Cauvin）は、1509 年 7 月 10 日、北
フランスはピカルディ地方のノワイヨンで生まれた。聖職者を目指すべく
早くから教育の機会が与えられたが、父親の命により法律の学びへと転

向。やがて、その人文学的教育と人的交流の中で、福音主義信仰へと目が開かれ回心。福音主義者への迫害激化に伴い、各地を転々とする。自らは人文学者として密かに学究的生活を送ることを願っていたが、檄文事件（1534 年）をきっかけにフランス国内で起こった厳しい弾圧に対して、抗議の声を挙げることを決意。福音主義信仰を積極的かつ簡潔に提示した『キリスト教綱要』初版を、フランス国王への書簡と共に、バーゼルで出版（1536 年）。その才能が広く認知された。

　その後、一夜を過ごすつもりで滞在したジュネーヴで、改革者ギョーム・ファレル（1489–1565）に説得され、同地での改革に協力。しかし、彼らの急進的改革に反対するジュネーヴ市政府によって、1538 年、ファレルともども追放させられる。その後シュトラスブルク（ストラスブール）に赴いたカルヴァンは、同地の改革者マルティン・ブツァー（1491–1551）に引き留められ、フランス人亡命者教会の牧師となる。亡命者たちへの説教と牧会、各地の宗教会議への出席、初の聖書注解である『ローマ書注解』や『キリスト教綱要』第 2 版の出版など、充実した日々を送ったが、追放されたジュネーヴから再び招聘され、逡巡した挙句にこれを受諾。1541 年に帰還して以後、同市の教会改革のために生涯を捧げた。

背景

　カルヴァンの『キリスト教綱要』は、それ自体独自の歴史を持っている。先述したとおり、『綱要』初版（1536 年）は、ルターに始まる福音信仰の弁証のために信仰の要諦を簡潔に記した書であった。しかし、『綱要』第 2 版（ラテン語 1539 年／フランス語 1541 年）は、初版の材料を残しつつも装いも新たな著作として出版された。序文によれば、同書は初学者（特に神学生）のためのキリスト教教理の体系的テキストであり、かつ計画中の聖書注解とセットにして学ばれることを目的としていた。カルヴァンは、この第 2 版を（メランヒトンの『ロキ』に倣って）新約聖書・ローマの信徒への手紙の構造に従って著すと同時に、翌年にはローマ書そのものの『注解』をも出版して所期の目的を果たした。

　以後の『綱要』は、多くの加筆修正を経つつも、20 年間基本的な構造を変えなかったが、1559 年に出版された最終版ではローマ書的構造から使徒信条的構造（父なる神・子なる神・聖霊なる神・教会）へと再編された。これ

が、神学者カルヴァンの名を不動のものとした著作である。

解題

『キリスト教綱要』冒頭に登場する、この命題は、カルヴァン神学全体を規定する重要な命題である。

この命題は、すでに『綱要』初版の冒頭に「聖なる教え（＝聖書の教え）のほとんどすべては、この二つの部分にふくまれる。すなわち……」として現れる。この文章は、続く諸版で加筆修正されていくが、二つの認識についての命題そのものは最終版まで変わっていない。

キリスト教世界における知の探求が神と人間（被造物）の二つに関わることは、古来多くの神学者たちに共有されてきた共通理解である。しかし、これら二つの認識が互いに不可分であること、そして聖書理解と神学体系の二側面として明確に規定したことが、『綱要』の特徴である。

カルヴァンにおける神と人間についての二重の認識は、哲学的思弁とは異なり、徹頭徹尾神の言葉に基づく。それは、大よそ以下のような聖書神学的議論をその枠組みとしている。

※

神についての認識は被造世界にも人間精神の内にも（"宗教の種"として）本来明らかであるが、人間はその罪性の故にそれを正しく認識することができない。それ故、神によって与えられた"眼鏡"としての聖書による他に、神認識を正しく獲得する手段はもはや与えられていない。聖書は神が自身と人間の救いについて（人間の能力に合わせて）啓示した書であるが故に、人間は神の霊によってのみ聖書の権威を確信し、自らの救いに必要な知識を獲得できる。

聖書を通して、我々は、創造者である神と神の形（imago Dei）に造られた人間の卓越性を認識させられる一方、人間の腐敗した本性と悲惨の認識から必然的に救済者である神（キリスト）を求めるようにと導かれる。つまり、聖書による人間認識が（卓越性と罪性の）二重であるのに対応するように、神認識もまた創造者と救済者という二重性を持つのである。

※

カルヴァンにおける「認識（cognitio / notitia）」とは、単なる客観的知識のことではない。それは人格的・実存的理解であり、「神を知る」ことは、神

を愛し礼拝することである（カルヴァン『ジュネーヴ教会教理問答』問 6 参照）。
したがって、神から人、人から神へと絶えず運動を繰り返すカルヴァンの神
学は、「我々がその内に生きかつ働く神」（命題）についての生ける神学であ
り、究極的には「この神への瞑想に己が思いを真っ直ぐに向け」るというア
ウグスティヌス（354-430）の神学に見られる神への志向性を持つ。

　人文学者としてのカルヴァンは、"人間性（humanité）"を尊重しつつも、
聖書という歴史的文献の厳密な釈義に固着する。禁欲的なまでに人間的・哲
学的思弁を遠ざけ、あくまでも聖書の言説に基づく神と人間の認識を簡潔か
つ教育的に提示する努力を惜しまなかった点に、カルヴァン神学の真骨頂が
あると言えよう。

※

　その徹底した聖書的・神中心的認識は、カルヴァン神学に影響を受けた
（主として改革派・長老派と呼ばれる）伝統に、人間中心主義や偶像崇拝を拒
否する、"ただ神の栄光のみ"という霊性を生み出した。

　他方、人間の罪性についての深い認識は、自己否定と神の聖性への献身と
いう生活姿勢をも促した。それは修道院における物質的・肉体的禁欲とは異
なり、神による良き被造世界を肯定した世俗内禁欲とも言い得る生活で、真
の人間性の終末的回復を目指した漸進的生活である。

　以上のような神認識と人間認識との不可分な関係は、人間の生が問われる
世界の現実にこそ神学が必要であり、真の神学は絶えず人間の現実変革を促
すという、世界に開かれた神学的姿勢を醸成するものと言えよう。

文献

カルヴァン『キリスト教綱要』（初版）久米あつみ訳、『宗教改革著作集 9　カルヴ
　　ァンとその周辺 I』教文館、1986 年。
カルヴァン『キリスト教綱要』（最終版）渡辺信夫訳、新教出版社、2007-2009 年。

【吉田　隆】

6　信仰を支える外的手段としての教会

（ジャン・カルヴァン『キリスト教綱要』）

命　　題

我々の愚劣と怠慢……は外的な援助策を必要とする。それによって
こそ我々の内に信仰が生まれ、また成長し、前進し、こうして
目標に至るのである。

カルヴァン『キリスト教綱要』（1559 年）第 4 篇第 1 章 1 節

はじめに

16 世紀の宗教改革者たちは、教皇を頂点としたローマ・カトリック教会
の聖職位階制（ヒエラルキア）を厳しく批判し、聖書に教えられている信仰
者の共同体としての教会とその制度に立ち帰ろうとした。当初、カトリック
教会の内部改革として始められた宗教改革は、プロテスタントとカトリック
との一致が困難になると（一つの普遍的教会を信じつつも）聖書に基づく独自
の教会論を展開するに至った。

しかし、キリスト教世界（Corpus Christianum）における教会の改革は、良
くも悪しくも世俗的統治者の協力なしに為し遂げることはできなかった（そ
の関与を拒否した共同体形成を目指したのが"再洗礼派"と呼ばれた人々である）。
ジュネーヴにおける改革もまた例外ではなかったが、それにもかかわらず、
カルヴァンの強力なリーダーシップの下に進められた教会改革は、世俗的統
治とは全く異なる原理に基づく真に自律的な教会形成のための戦いであった。

ジュネーブ帰還後のカルヴァン（前半生については、前項を参照）

一度は追放されたジュネーヴの教会改革のために再び招聘されて 1541 年
に帰還したカルヴァンは、時を移さず改革に着手した。すなわち、最初のジ
ュネーヴ滞在時に作成した『教会規則』（1537 年）とは比較にならないほど
詳細かつ体系的な規則を作成。以後（若干の修正をするものの）これに沿った
教会運営を徹底して実行し続けた。

後述するように、カルヴァンは、世俗的統治とは別に「長老会」や「牧師

会」を組織し、信徒でもある全市民の信仰や生活を指導する権限（戒規権）を掌握しようとした。これに反発する有力市民との確執が徐々に深まり、セルヴェ（またはセルヴェトゥス、1511–1553）等に対する処遇への批判なども重なって、やがてカルヴァン暗殺計画にまで至る。しかし、これが事前に発覚したため首謀者たちは処刑または国外に逃亡（1555 年）。以後、カルヴァンの理念に基づく教会改革が確立することとなる。

　1559 年には、カルヴァンへのジュネーヴ市民権の付与、初等教育から専門的神学教育までを担うジュネーヴ・アカデミーの設立、そして『キリスト教綱要』最終版の出版など、カルヴァン時代の黄金期を迎える。

　若い時からいくつもの持病を抱えていたカルヴァンは、弱りつつも最後まで与えられた務めを全うし、1564 年に死去。ジュネーヴ市の規定に従い、墓石は建てられないまま葬られた。

背景

　宗教改革第二世代に属するカルヴァンは、ルターに始まる福音主義運動が単なる運動に終わらないために、確固たる制度を作ることが不可欠であることをよく認識していた。この点、法学を習得していたカルヴァンは、社会改革のために法制度が必要であるように——事実、カルヴァンは後に、ジュネーヴ市政についてもしばしばアドバイスを求められた——教会改革にも「規則」に則った秩序の確立が必要と考えたのである。

　ジュネーヴから追放されてシュトラスブルクに身を寄せたカルヴァンは、同地の改革者マルティン・ブツァー（1491–1551）から神学的にも実践的にも多大な影響を受け、とりわけ聖書と古代教会の実践に基づく教会論や信徒訓練（戒規）の必要性についての確信が深められた。ブツァー自身はついにその理論を実現することができなかったが、ジュネーヴ帰還後のカルヴァンがいち早く制定した『教会規則』は、それをモデルにしたものと言われる。市政府の政治を尊重しつつも、これとは別の政治体（長老会・牧師会）と『規則』による堅固な教会制度を確立するに至った稀有な例を、我々はジュネーヴに見ることができるのである。

解題

　カルヴァンは、すでに『キリスト教綱要』初版（1536 年）において、聖書

に基づく教会の権能について簡潔に論じている。それは、神がその民を治めるために定められた、この世の政治的統治とは区別された霊的統治体としての教会の在り方である（この区別は、アウグスティヌスの『神の国』［5 世紀］に展開された"この世の国"と"神の国"との区別に拠る）。

カルヴァンにとって、目に見える地上の教会とは（『綱要』最終版第 4 篇の表題が示しているように）「神が我々をキリストの交わりに招き入れ、かつそこに留め置かれる外的手段ないし支え」である。教会は、消極的には「我々の愚劣と怠慢」という人間の弱さを支えるため、積極的には「我々の内に信仰が生まれ、また成長し、前進し、こうして目標に至る」ための「外的な援助策」（命題）なのである。とりわけ後者の機能について、カルヴァンは、古代教父キプリアヌス（ –258）にならって「母なる教会」と称している。

この『綱要』第 4 篇において、カルヴァンは、聖書の教えと古代教会の模範から堕落腐敗したローマ・カトリック教会の在り方を批判しつつ、職制・教理・規律・礼典などについて広範に論じる。カルヴァンによれば、教会は、神のみが認識する目に見えない教会と、地上における目に見える教会とに区別され、後者が真の教会であることを識別するしるしは、神の言葉の説教と礼典の正しい遵守の二つである。

それは、教皇を教会権威の頂点とするローマ・カトリック教会に対し、神の言葉のみを最高規範として、その福音の説教と聖書に規定された礼典による教会本来の姿を回復するためであった。問題はその「正しさ」をどのように担保するかであるが、カルヴァンは、礼拝における聖書に基づく説教と礼典を重視すると同時に、聖書理解と解釈の基準としての教理教育を牧師にも信徒にも要求。さらに、礼典が真に恩恵の手段となるために信徒訓練（戒規）の必要性を主張した。

しかし、歴史的に重要なことは、カルヴァンが上記のような教会形成を理念だけで終わらせないために、詳細な『教会規則』（とりわけ 1541 年版）を設け、聖書の真理性を保持するための教会職制と運営システムを創り出したことにある。それによれば、教会の職制は、牧師・教師・長老・執事の四つ。これらは、少なくとも名称の上では、ローマ・カトリック教会においてもほぼ同様に存在していた。しかし、カトリックのそれが聖職者の集団であったのに対し、カルヴァンは長老と執事を聖書と古代教会の例にならって信徒から選出。さらに、執事（カトリックでは"助祭"）の職務に病者や貧者への配

慮という本来の機能を回復し、一部に女性の奉仕者をも含む画期的な制度に改革した。

　これらの職制は、カトリックの位階制度とは異なり、教会の働きの多様性を反映したものであり、特定の人物に権威が集中しないように規定されていた。具体的には、ジュネーヴ市政府とは別に教会運営の執行にあたる、ほぼ同数の牧師と長老からなる「長老会」や、全牧師からなる「牧師会」が組織され、これらが教会改革の原動力となった。また、「教師」は、後に設立されたジュネーヴ・アカデミーなどで専心神学教育にあたった。

　通常の礼拝と教育と伝道に関わる事柄には主として牧師会が責任を持ち、市内諸会堂において輪番制による組織的な礼拝と教育活動を始め、牧師候補者の育成・試験・任職、諸外国への牧師の派遣も行われた。

　また、信徒の生活訓練（戒規）は長老会が担当し、その対象は市民生活全体（初歩的な信仰生活の指導から家庭や市井の喧嘩の仲裁まで！）にわたり、身分や人間関係如何にかかわらず全く平等に教会的・信仰的訓練が施され、他に類を見ない道徳的規律をこの町にもたらした。

　かくしてジュネーヴ教会は、その自律的統治による改革によって市民生活の変化をもたらしたプロテスタント教会の理想的モデルとなったが、それを決して完成形とはしなかった。カルヴァンの流れを汲む改革派教会は、神の言葉によって“常に改革され続ける教会（Ecclesia semper reformanda）”を標榜するからである。

文献

カルヴァン『キリスト教綱要』（最終版）渡辺信夫訳、新教出版社、2007–2009 年。
カルヴァン「ジュネーヴ教会規則（1541 年）」倉塚平訳、中村賢二郎ほか編訳『原典宗教改革史』ヨルダン社、1976 年。
出村彰『スイス宗教改革史研究』（第 2 版）日本キリスト教団出版局、1983 年。
渡辺信夫『カルヴァンの教会論』（増補改訂版）一麦出版社、2009 年。
丸山忠孝『カルヴァンの宗教改革教会論——教理史研究』教文館、2015 年。

【吉田　隆】

7　聖餐論争

（マルティン・ブツァー『信仰の提要』）

命　　題

(聖餐には) 二つの事柄があることを告白しよう。すなわち、地上的
要素としてパンとぶどう酒があり、これはその本性においても本
質においても変わることがない……。さらに天的要素としてはキ
リストの真のからだと真の血、すなわち真の神にして真の人であ
る私たちの主キリストご自身全体がそこに臨在するのである。と
はいえ、彼は天を離れることはなく、もちろんパンやぶどう酒と
混ざり合うこともなく、場所的にそれらの中に閉じ込められるこ
ともない。むしろ天的な仕方で幸いなる復活の保証を与えるため
に、自らを永遠の生命のための食物、支えとして私たちにさしだ
しているのである。私たちはこのような単純な聖書にかなう告白
に限定すべきである。これ以外のひまつぶしの問題は主にゆだね、
心を遠ざけ、失望で満たすだけのふさわしくないすべての議論を、
すなわち愛にあって働く真のキリスト教信仰が許すことのない事
柄を、注意深く避けるべきである。

ブツァー『信仰の提要』

はじめに

聖餐における「パンとぶどう酒」の理解をめぐり、宗教改革者たちはカト
リック教会に対して新しい解釈を試みたが、その理解の相違のために「聖餐
論争」が引き起こされ、改革運動内部に対立と分裂をもたらすに至った。そ
の渦中にあって、ブツァーは和解に努め、神学的にも、また教会政治的にも
少なからぬ貢献を行った。彼の聖餐論は、以下に見るように霊性と理性を統
合するバランスの取れた理論であるとともに、人間の認識の限界を示して神
学理論の相対化の必要性を提示し、示唆に富む議論を提供している。

ブツァーの活動と神学

　ブツァーはストラスブールの宗教改革者として知られ、カルヴァンを通じて改革派教会の神学に大きな影響を与えた神学者である。彼は 1491 年にアルザス地方のシュレットシュタットに生まれ、おそらくこの地の有名なラテン語学校で人文主義の古典教育を受けたと考えられている。15 歳でドミニコ会修道院に入ったのも、伝統的なトマス神学よりも、人文主義、とりわけエラスムスに傾倒を示し、ここで培われた人文主義的な思考がのちの彼の神学や活動に影響を与えたとされている。その後、ブツァーは 1518 年のハイデルベルク討論に参加して、ルターに共感し、宗教改革者としての活動に入ってゆく。当初は各地で追放や破門を経験するが、1523 年以後は 25 年にわたってストラスブールの教会改革に携わり、この都市を南ドイツの宗教改革の拠点に成長させた。その一方で、執筆活動も盛んに行い、聖書註解をはじめ、教会論、牧会論など数多くの神学的著作を残している。

　ブツァーの神学の特徴としては、聖書の規範性や全信徒祭司性に加え、義認による「人間の回復（restitutio）」と「社会の回復（創造の秩序の回復）」の理解、また「教会訓練」の提唱が挙げられる。すなわち、回復されながら、なお罪びとであるキリスト者が、教会内部の小さな共同体で教会訓練を通じて養われ、これがやがて教会全体、そして都市共同体全体、さらに世界へと広がることをブツァーは考えた。この構想、特に教会訓練はバーゼルの改革者エコランパディウスの影響を受けたものであったが、世俗権力から自立した教会訓練を主張したため（『牧会論』1538 年）、市政府の警戒を受け、実現には至らなかった。この教会訓練は、当時、ジュネーヴを追われてストラスブールに滞在していたカルヴァンに受け継がれ、やがてジュネーヴの地で実現されることになる。さらにブツァーの「回復」の理解や、以下に見る聖餐論も、カルヴァン神学への影響が見られ、ブツァーの神学はカルヴァンを通じて改革派系教会の神学や制度に繋がったと言うことができる。

　ブツァーはこのような「キリスト教共同体」を世俗権力の協力のもとに実現することを考え、そのために世俗権力が神の戒めに従って統治することを求める一方、世俗権力との関係を否定する再洗礼派を退けた。このキリスト教共同体の構想をもって、ブツァーは聖餐論争の和解に努め、さらには帝国内におけるキリスト教（カトリックとプロテスタント）の一致のための宗教会

談へも参与した（1540、1541年）。しかし後者が妥協的な結末に終わったことから、ブツァーはその期待を捨て、その後は帝国のカトリック化を図った「仮信条協定」（1548年）の導入を拒否し、ストラスブールから追放された。その後、イングランドでケンブリッジ大学欽定教授に迎えられ（1549年）、イングランドの宗教改革に神学的な基礎を与える働きをなしたが、2年後にこの地で生涯を終えた（1551年）。

聖餐論争と和解のための努力

　宗教改革においてサクラメントはきわめて重要な神学問題であり、改革者たちは聖書に基づいて議論と改革を進めた。まず中世期に定められた七つのサクラメント（洗礼、堅信、聖体［ミサ］、告解、終油、叙階、婚姻）を二つに減じた（洗礼、聖餐）。これはルターが、サクラメント（神の恵みを表すしるし）の表す「神の恵み」を「罪びとの赦しの約束」と理解したことによる。またミサを「犠牲」と捉えるカトリックの理解を否定して「キリストの一度限りの犠牲」を唱え、ミサに代わる「主の晩餐（聖餐）」を導入して、それを「恵みの受領」の手段と位置付けた。さらに聖書の制定辞に従い、一種陪餐を退け、信徒へのぶどう酒の配餐を導入した（二種陪餐）。これらの理解は定着していったが、聖餐の「パンとぶどう酒」の解釈をめぐっては、激しい論争が巻き起こされ、宗教改革は分裂の危機に直面することになる。

　宗教改革者たちはカトリックの実体変化説を退け、「パンとぶどう酒」の実体がキリストのからだと血に変化することを否定した。それに代わる解釈として、ルターはパンとぶどう酒にキリストのからだが真に現在すると唱え（現在説）、それに対しツヴィングリはパンとぶどう酒はキリストの死を象徴するに過ぎないと主張し（象徴説）、これが周囲の改革者たちを巻き込み、論争が繰り広げられたのである（1525年〜）。

　ブツァーは分裂を避けるべく、当初より和解に努めていたが、ヴォルムスの勅令（ルターの帝国追放令）の更新により（1529年4月）、改革陣営内の一致が早急に求められ、会談を準備した（マールブルク会談、同年10月）。ドイツのルター派とスイスのツヴィングリ派は、大部分の争点では合意に至ったが、聖餐論についてはルター、ツヴィングリともに譲らず、会談は決裂に終わった。その結果、ドイツとスイスの宗教改革は分裂し、その後、ルター派、改革派という異なる教派を形成したのである。

　一方ブツァーは、象徴説に立つ南ドイツ諸都市とルター派の一致のための努力を続け、1530年には『四都市信仰告白』を起草し、1536年には『ヴィッテンベルク協定』を準備して、両者の合意をもたらした。これによりプロテスタント内部の結束が強化され、宗教改革の拡大が促進されたと言われる。

解題

　ブツァーは当初、ツヴィングリと同様に人文主義法学者ホニウスの影響を受けて象徴説を採り、ルターの現在説を否定していた。しかし再洗礼派、とりわけ聖霊主義者との論争を経て、物質的、肉的な事柄と信仰的、霊的な事柄を統合する理解へと進み、この方法をもって聖餐論の和解を試みた。本命題は晩年の1548年に出された『信仰の提要』に収められたものであり、ブツァーの最終的な神学を表している。

　この命題において、ブツァーはパンとぶどう酒の本質が「地上的（＝物質的）な要素」であり続けることを示し、その一方で、そこにおけるキリストのからだと血の「天的臨在」を示す。すなわち、キリストの臨在（現在）は物質的でなく、霊的なものであるとし、それによりたましいが永遠の生命へと養われるのだとする。この理解は、パンとぶどう酒が物質に留まることを示しつつ、キリストの臨在を維持しようとするものであり、象徴説と現在説の要素を併せもつ中間的な理解である。しかし単なる折衷説ではなく、聖餐の霊的意義を合理的に表現しようとした、理性的認識と霊的認識の融合の試みと評価できるだろう。

　このような説明を示しつつ、ブツァーは、それ以上に立ち入った、聖書から逸脱した思弁を避けるよう警告し、そのような「ひまつぶしの」瑣末な議論は人を失望に導くだけで、「愛にあって働く真のキリスト教信仰」が許さない事柄だという。聖餐論争における諸見解を比較・分析し、調停に努めたブツァーならではの言葉である。いずれの見解も、人間の言葉による信仰の事柄の説明であり、限界性と不完全性を免れない。そのことをわきまえず、自らの見解に固執し、議論を重ねることの無意味さをブツァーは説くのである。たしかにルターの見解は、キリストの受肉（キリストのからだに与ること）を伝えることには優れているが、合理性に欠ける。ツヴィングリの批判を受けたルターは、キリストの現在を説明するために遍在説を持ち出した。一方、ツヴィングリの象徴説は合理的であるが、聖餐を単なる食事に引き下

げ、霊的な養いを説く宗教性に欠ける。彼は、聖餐の霊性を表現しようとするルターの意図を理解せず、「人食い」と非難するばかりであった。その後、カルヴァンもブツァーの線に立って、物質であるパンとぶどう酒を、信仰をもって受けるとき、そこにキリストが霊的に臨在すると説明したが、これも、人間の側の信仰が霊的な存在を規定するという難点をもつ。それぞれに一長一短あり、いずれも完全でないことは明らかであろう。

　神学的営みの限界を示し、相対化する視点を与えるブツァーの神学は、聖餐論の対立が続く今日において、なお生きた示唆を与える。長らく「調停屋」と揶揄されてきたブツァーであったが、福音に確固と立ちつつ、この世の教会の諸問題に対応しようとした彼の神学は、今日、再評価され、日本でも注目すべき神学者と言えるだろう。

文献

マルティン・ブツァー『信仰の提要』、『宗教改革著作集6　ツヴィングリとその周辺 II』教文館、1986 年。

石引正志「解題」、前掲『宗教改革著作集6』。

立山忠浩「聖餐、ミサ」、日本ルーテル神学大学ルター研究所編『ルターと宗教改革事典』教文館、1995 年。

【村上みか】

8 聖霊経験と終末的社会変革

(トーマス・ミュンツァー『プラーハ・マニフェスト』)

命　　題

私は民衆を疑わない。ああ、正しくして貧しくみじめなる民の群
れよ、お前はいかに神の言葉に渇いていることか。……彼ら〔＝聖
職者〕は民衆に、パンである聖書の章句を、聖霊の認識によって割
いて与えることをしなかった。すなわち、彼らは、民衆が自らの
うちに聖霊を認識できるように、民衆の理性を開くことをしなか
った。

ミュンツァー『プラーハ・マニフェスト』

はじめに

　この命題は、16 世紀の宗教改革初期の時代に、教会と社会の急進的な改
革を求めてテューリンゲンの農民戦争に加わったことで知られる宗教改革者
トーマス・ミュンツァーによるものである。ここには、聖霊主義的な救済論
に基づいて当時の聖職者を厳しく批判するミュンツァーの改革思想の中心的
な特徴が示されている。
　聖霊主義ないし神霊主義（スピリチュアリズム）は、ドイツの宗教改革運
動においてその展開を動機付ける一つの大きな力となっていたと思われる。
つまり、魂の内的な次元における神の人への直接的な働きかけを強調する聖
霊主義は、ローマ教会による救いの仲介や伝統的な教会制度に対する反教権
主義的な運動として拡大した宗教改革の諸思想と極めて親和的な関係にあっ
たといえよう。しかし、同時に、また、この時代の聖霊主義は、聖霊の内的
な働きかけによる浄化ないし聖化とそれに基づく新たな生の形成を強調する
点において、恩恵による罪人の義を説くルターの信仰義認論とは決定的に異
なる方向性を持っていたと考えられる。したがって、それは、この時代の宗
教改革運動の中で、まさに、善行ないし秘跡による救済を説くローマ教会の

義認論とも、また、恩恵のみによる救済を説くルターの義認論とも異なる新たな義認論を提示するものであったといえよう。

こういった聖霊主義的な思想は、宗教改革期において再洗礼主義や人文主義あるいは黙示録的な終末思想など、様々な思想と結びついて展開したが、ミュンツァーの場合にも、それは彼独自の改革思想における中心的な基盤となっていたと考えられる。

生涯

トーマス・ミュンツァーは、1489年頃に中部ドイツのシュトルベルクにおいて生まれたと思われる。ライプツィヒ及びフランクフルト・アン・デア・オーデルの大学で学んだ後、ブラウンシュヴァイク、アッシャースレーベンで教師ないし聖職者として働いた。その後、ミュンツァーは1518年頃にヴィッテンベルクに滞在し、1519年には、ボイディッツの女子修道院で聴罪司祭として職に就くが、この時期に、彼は神秘主義に関する著作や教父たちの著作等の読書・研究を通じてその後の活動の思想的基盤を獲得したと思われる。1520年5月にミュンツァーは、ルターの推薦によりザクセン南部の都市ツヴィッカウで司祭に着任し、翌年4月まで市参事会の支持のもとに改革活動を進めたが、その後、ボヘミアのプラーハへ赴いて改革を呼びかけた。このプラーハ滞在中に起草したのが、本命題を含む『プラーハ・マニフェスト』であり、ここには、聖霊主義的信仰思想と黙示録的な現在認識とが結合した彼独自の神学ないし改革思想の基本的な枠組みを見ることができる。

1521年11月、成功を収めることなくプラーハを去ったミュンツァーは、いくつかの都市に滞在した後、1523年3月にザクセン選帝侯領の飛領地アルシュテットで司祭の職に就いた。この地でミュンツァーは、『プラーハ・マニフェスト』で示した独自の改革思想を、礼拝改革（ミサのドイツ語への翻訳やその実施等）や著述の公刊を通じて展開し、会衆が彼の説く真のキリスト教信仰に至るよう精力的に司牧活動を行った。また、こうした中で、ミュンツァーはルターの改革思想から明確に距離を置くようになり、やがて、ミュンツァーの社会変革的な活動の問題性が高まると、信仰思想や世俗権力観をめぐる両者の対立は激しさを増していった。アルシュテットにおいてミュンツァーは、領民に彼の説教を聴くことを禁じた近隣のカトリック系領主

と対立する中で、ザクセン選帝侯に支援を求め、その庇護のもとに改革を進めようとした。1524年7月に選帝侯の弟ヨハン公とその息子ヨハン・フリードリヒを前に行われた説教『ダニエル書第2章の講解』（通称『御前説教』）において、ミュンツァーは、君主たちに、自分の改革の側に立って民衆とともに、現在のキリスト教会の変革を阻む勢力と戦うように勧めているのである。しかし、結果的にこの呼びかけは拒否され、ミュンツァーは、次に活動拠点としたテューリンゲンの帝国都市ミュールハウゼンで組織した軍勢を率いてテューリンゲンの農民戦争——彼は、そこにキリスト教社会の黙示録的な変革の主要な契機を見た——に加わったのであった。1525年5月、フランケンハウゼンの戦いで農民軍は壊滅し、ミュンツァーは捕らえられて、審問を受けた後、斬首となった。

背景

ミュンツァーは、プラーハ滞在中、この都市の主導的な聖職者・神学者たちと対立するようになるが、本命題の含まれる『プラーハ・マニフェスト』はこの対立が激化し、当局から説教を禁じられた状況において、ミュンツァーがこの都市の人々に向けて、独自の聖霊主義的な信仰思想に基づく教会改革への協力を呼びかけるべく起草したものである。

この公開文書には、ミュンツァーの改革思想の基本的特徴が見られるが、その基盤となる思想的背景として注目されるのが、中世の神秘主義思想である。ミュンツァーは、おそらくカールシュタットの影響のもとに、とくにタウラーやゾイゼといった神秘主義者たちの著作を通じてドイツ神秘主義思想を吸収している。

なお、ミュンツァーの思想の黙示録的な特徴の背景として、以前の研究では、しばしば、ヨアキム主義、特にフス派の急進派であるタボル派における千年王国思想との関係が指摘されたが、現在の研究においては、概してこの影響関係は消極的に理解されている。

解題

『プラーハ・マニフェスト』の議論の中心は、「神聖にして何ものにも勝るキリスト者の信仰」を基礎づける根拠である。ミュンツァーは、それを、つまり正しいキリスト教信仰の唯一の根源を、人の心への聖霊の働きかけの経

験に見ており、そして、これに基づく人の内面における神秘主義的な浄化の過程において真のキリスト教信仰が実現するとしている。ミュンツァーによれば、この過程は、人がその「魂の根底」において、神の人への最初の働きかけである「神を畏れる霊」を受け止めるところに始まるのであり、そして、人がこの霊が引き起こす「試練」、すなわち、世俗的な被造物への欲求ないし自然悟性的認識への執着を克服するための苦悩に耐えることで、「魂の根底」は、その周りを取り囲んでいる現世的な関心を取り除かれて「露となり」、そこでの聖霊の働きかけがより十分なものとなっていくのである。

　命題の示す通り、ミュンツァーの反教権主義的な聖職者批判は、この聖霊主義的な信仰思想に基づいている。ミュンツァーによれば、聖職者たちや聖書学者たちは、神が人々の心に「インクではなく、ご自身の生きた指で記される正しく聖なる文書」すなわち「神の生きた言葉」を聞くことを否定するのであり、また、彼らは、決して「神を畏れる霊」を受け止めて、試練と苦悩の内にキリストと同じ形となろうとはしないのである。そして、ミュンツァーは、このように彼らが、外なる聖書を正しく証しする内なる聖書すなわち内なる聖霊の経験を否定し、自ら聖霊の働きかけを試練と苦悩とにおいて受け止めようとしないばかりか、また、彼らが教え導くべき民衆に対しても、この神の生きた語りかけを聞くことを禁じ、人々が真のキリスト教信仰を実現する道を塞いでいるとして厳しく非難するのである。この意味で、ミュンツァーにとって、彼らは、外的な聖書の「文字と試練を知らぬ信仰」とを注ぎかけて「あわれな民を苦しめる災い」であり、「すでに今裁かれ、完全に滅びに定められた極悪人」に他ならないのである。

　また、ミュンツァーのこういった「滅びに定められた」聖職者たちへの批判は、同時に、俗人ないし民衆の中に、内なる聖霊の経験に基づいて真のキリスト教信仰の担い手となるべき「選ばれた人々」を見る彼の期待に結びついている。ミュンツァーによれば、「正しくて貧しくみじめなる」民衆は、「神の言葉に渇いている」のであり、「最善のことをしたいと望むが、それを知ることができない」のである。したがって、彼ら、すなわち「羊たちはすべて神の啓示を得なければならない（ヨエル書 2 章、詩編 86 編のダビデの祈り）」のであり、「正しい羊飼い」によって「神の生きた声を聞く」ように導かれなければならないのである。

　そして、『プラーハ・マニフェスト』では、また、聖霊主義的な信仰思想

に基づくミュンツァーのこういった聖職者への批判と民衆への期待とは、その黙示録的な現在認識に結びついている。ミュンツァーは、当時の社会において、人々を惑わし教会を荒廃させる「滅びに定められた」聖職者たちの業と、真のキリスト教信仰を求める「選ばれた人々」の業がともに明白になっているという認識に基づいて、自分の時代を、「神が麦を毒麦から選り分ける」時、すなわち、「選ばれた人々」が「滅びに定められた者達」から分けられる神の「刈り入れ」の時であり、反キリストに支配される時代の終わりであると理解するのである。また、ミュンツァーは、神がこの「刈り入れ」のために自分を雇われたとして、ボヘミアの人々に、自分を助けて、「信仰の大敵」と戦ってほしいと呼びかけるのであり、それによって、「諸君の国で新しい使徒達の教会が始まり、その後に全地に広がるであろう」と約束するのである。

　ここには、明らかに、現在を、神の審判による終末的変革の時代として位置付ける黙示録的な認識が見られるが、しかし、ここで注目したいのは、この審判が歴史の終焉における万人を対象とする最後の審判を意味するものではないということである。ミュンツァーは、この「刈り入れ」によって、人々を誤った信仰へと導く聖職者たちの支配が取り除かれ、内的な聖霊の経験に基づく真のキリスト教信仰を担う「選ばれた人々」の教会が普遍的に拡大していくことを期待しているのである。そして、ミュンツァーのこの期待の基盤には、人々の心における聖霊の働きかけを、外的聖書の文字と異なり、まさに、異邦人を含め誰もが持ちうる普遍的な信仰の根源として位置付ける聖霊主義的な信仰の理解があるといえよう。

　さて、以上のような反教権主義的な聖職者批判は、聖・俗の権力が結合している当時の社会においては、必然的に社会革命的な性格を帯びることになる。ミュンツァーは、『プラーハ・マニフェスト』の最後において、間もなく、現在の反キリストの支配の後に、「キリストがこの世の国を彼の選ばれた人々に永遠に授けられるであろう」と言っている。この『プラーハ・マニフェスト』では、まだ、この言葉の持つ社会的・政治的な意味は明らかにされていないが、やがて、『御前説教』の後、ザクセン選帝侯権力がミュンツァーの改革への支援を完全に拒絶した時、この言葉は、明確に社会革命的な意味を持って、聖・俗の支配者全体に突き付けられることになるのである。

　ミュンツァーの抱いた急進的な改革の期待は、1525年の農民軍の敗北と

彼の処刑とによって消え去ったわけではなかった。ミュンツァーの聖霊主義的ないし神秘主義的な内的浄化の思想や、あるいは黙示録的な社会変革の思想は、その後、主に、ミュンツァーの影響を受けた中部・上部ドイツの再洗礼主義者たちの運動に受け継がれ、多様な形で展開していったのである。

　　＊ 文中のミュンツァーの引用は、下記の田中真造訳による（若干の変更を含む）。

文献

"Der Prager Sendbrief" (Fassung B), in: Thomas-Müntzer-Ausgabe. Kritische Gesamtausgabe. Hrsg. von Armin Kohnle und Eike Wolgast. Bd. 1: Thomas Müntzer Schriften, Manuskripte und Notizen, unter Mitarbeit von Vasily Anslanov, Alexander Bartmuß und Christine Haustein, Leipzig: Sächsischen Akademie der Wissenschaften zu Leipzig, 2017.

ミュンツァー『プラーハ・マニフェスト』田中真造訳、『宗教改革著作集7　ミュンツァー、カールシュタット、農民戦争』教文館、1985 年。

H.-J. ゲルツ『トーマス・ミュンツァー——神秘主義者・黙示録的終末預言者・革命家』田中真造・藤井潤訳、教文館、1995 年。

木塚隆志『トーマス・ミュンツァーと黙示録的終末観』未来社、2001 年。

　　　　　　　　　　　　　　　　　　　　　　　　　　　　【木塚隆志】

9　初代教会の復興と現世からの隔離
（ミヒャエル・ザトラー『シュライトハイム信仰告白』）

命　　題

洗礼は、悔い改めと生活の改変、および真理への信仰を教えられ、自分の罪がキリストによって取り除かれていることを知っているすべての者、そしてイエス・キリストの復活の中を歩み、彼と共に甦るために、彼と共に死んで葬られることを願うすべての者に……施されるべきである。それゆえに、幼児洗礼は、いっさい除外される。

ザトラー『神の子らの兄弟の一致』（シュライトハイム信仰告白）第1項

はじめに

16世紀にヨーロッパ各地で起こった宗教改革は「教会」のあり方を争点としていた。すなわち聖職者と信徒の関係はどうあるべきか、教会は国家権力とどのように関わるべきか、教会員（信徒）は現世においてどのように行動すべきか、そしてそもそもだれを教会員とすべきか。これらの問いに対する答えは多様であり、カトリック的な普遍教会を改良しつつ維持すべきと考える人たちがいる一方、国家・領邦・都市などの単位で新しい教会を創始しようと試みる人たちがおり、また国家権力との癒着を断って自発的結社の性格を有する純粋な教会共同体を樹立しようとする人たちもいた。ルターやツヴィングリ、カルヴァンが生みだした教会は地縁にもとづく広域的なキリスト教共同体であり、成人だけでなく幼児も含んでいた。そのため彼らは生まれたての幼児に洗礼を施すことを認めていた。一方、ミヒャエル・ザトラーを指導者のひとりとする再洗礼派（アナバプティスト）の教会観・洗礼観は異質であった。再洗礼派にとって教会とは「悔い改め」「生活の改変」「真理への信仰」を自覚し、実践する信徒の共同体であり、自ら願い出て洗礼を受けた者で構成されねばならない。彼らの考えによれば、教会員は幼児を将来の信仰者として大切に育てるべきだが、断じて幼児のうちに洗礼を施すべき

ではない。聖書はそのようなことを教えていないからである。

生涯および背景

　ザトラーの出自に関する情報は少なく、1490 年ごろドイツのブライスガ
ウ地方の都市シュタウフェンで生まれたことがわかっているだけで、家庭環
境については不明である。再洗礼派運動に加わるまでザトラーは西南ドイツ、
シュヴァルツヴァルト（黒い森）のベネディクト会修道院ザンクト・ペータ
ーの副院長を務めていた。彼はフライブルク大学で学んだ経歴をもっており、
聖書の言語に精通する知識人であった。宗教改革との出会いは 1520 年代前
半のことと推測されるが、状況から考えてヴィッテンベルクのルターよりも
チューリヒのツヴィングリ、ストラスブールのマルティン・ブツァーやヴォ
ルフガング・カピト、あるいは彼らの周辺にいた急進的な運動家たちの思想
と行動を吟味していた可能性が高い。彼自身も独自に聖書の研究を行ってお
り、最終的に修道制も聖職者独身制も間違っているという結論に達し、1525
年に修道院を去ることになる。おりしもドイツ農民戦争の嵐がシュヴァルツ
ヴァルトでも吹き荒れ、ザンクト・ペーターでは修道院長さえ襲撃を恐れて
避難していた。

　ザトラーはおそらく事前の計画に従ってチューリヒに向かい、ヴィルヘル
ム・ロイブリンという再洗礼派指導者（元カトリック司祭）と行動を共に
した。ザトラーは逮捕されて追放刑に処せられるが、しばらく農村部に滞在
し、新しい教えを民衆に説いた。彼はこのころすでに元ベギン会修道女マル
ガレータを妻に迎えていた。チューリヒの再洗礼派指導者コンラート・グ
レーベルやフェーリクス・マンツと交流を深めたのもこの時期である。その
間、再洗礼派は独自の改革運動を広域的に展開していた。指導者たちが手分
けしてシャフハウゼン、ザンクト・ガレン、ヴァルツフート、ストラスブー
ルなどを訪問し、それぞれの土地の宗教改革指導者や共鳴者に働きかけ、神
学的な対話や論争を試みていたのである。ザトラーもストラスブールに赴き、
ブツァーらと対面している。1526 年、チューリヒ市当局が再洗礼を行う者
を死刑に処すとの布告を発するなか、信徒たちは散り散りになる。ザトラー
は 1527 年 2 月にシャフハウゼン農村部のシュライトハイムで開かれた集会
に参加するが、そこで得られた合意の内容をまとめたのが『神の子らの兄弟
の一致』（通称シュライトハイム信仰告白）である。それは各地で潜伏と逃亡

の生活を送る仲間たちが同じ信仰を守ることができるようにするための指針
であった。その後ザトラーは西南ドイツに戻り、シュヴァルツヴァルトのホ
ルプ・アム・ネカーの再洗礼派教会の牧者として活動したが、オーストリア
大公の命令で 1527 年に逮捕され、ロッテンブルク・アム・ネカーで裁かれ、
同年 5 月 21 日、舌を切り落とされたうえで火刑に処せられた。数日後、妻
マルガレータも死刑に処せられ、ネカー川に沈められた。

解題

　ザトラーは 30 代で生涯を閉じたが、その思想的遺産は長く保たれた。『神
の子らの兄弟の一致』だけでなく、彼が同じ時期に書いた教会規則やホルプ
の信徒たちへの書簡も密かに印刷され、合本の形で各地の再洗礼派の手に渡
った。16 世紀後半にはオランダ語訳も出ている。ツヴィングリやカルヴァン
は再洗礼派批判のためにザトラーの信仰告白を引用ないし翻訳しているが、
このことでかえって彼の神学は存在感を増した面がある。

　『神の子らの兄弟の一致』は 7 項目からなる簡潔なものであった。その後
の再洗礼主義諸派の信仰告白はたとえばオランダ・メノナイトの『ドルトレ
ヒト信仰告白』（1632 年）のように「神と万物の創造」から始まる体系性を
有する一方、ザトラーの信仰告白は「教会」はどうあるべきか、「信徒」は
どう生きるべきかに集中している。序文では意見の一致を得るまでの困難が
語られ、再洗礼派のあいだでも「大きなつまずき」があったと書かれている。
これは教会改革と社会変革、信仰と暴力の問題をめぐる路線対立、聖書主義
者と心霊主義者の不一致などを背景としている。当時の再洗礼派運動は多
様であり、社会正義のために剣をとる者、都市や領邦単位の再洗礼主義宗教
改革を求める者、聖霊の直接的な働きかけを重んじて聖書の「文字」を軽視
する者もいた。それらの勢力はやがて力を失う一方、ザトラー神学は一定の
軌道修正を伴いつつメノナイト、アーミッシュ、フッター派（ハッタライト）
の共有財産となる。

　『神の子らの兄弟の一致』の第 1 項はイエス・キリストへの信仰を告白し
て悔い改めと生活の改変に取り組むことを願う者だけに洗礼を施し、古い教
会の誤謬である幼児洗礼を忌避すべきこと、第 2 項は洗礼を受けて教会員と
なった信徒が罪に陥った場合にはマタイ福音書 18 章に従い、愛と赦しの精
神で忠告と放逐（破門）を行って教会を純化すべきこと、第 3 項は同じ信仰

を守り「キリストのからだ」としての教会の一致を保つ信徒は「キリストの
流された血を記念する」ために「パンを裂く」べきこと、第4項は悪魔の支
配する現世の闇と悪を避け、自らを「隔離」して教皇派・反教皇派（つまり
プロテスタント主流派）の礼拝、各種の集い、居酒屋などと縁を切るべきこと、
第5項は第一テモテ書に従って神の教会の信徒は牧者を選び、もし彼が問責
に値する罪を犯した場合は複数の証人をたてて裁き、放逐すべきこと、第6
項はキリスト者のあいだでは悪しき者の処罰として放逐のみを用い、神が現
世の悪を懲らすために為政者に委ねた「剣」を避け、為政者の職務にも関与
しない信仰生活を送るべきこと、第7項はマタイ福音書5章に従い、いっさ
い誓うべきでないことを確認している。

　ザトラー神学は新約聖書にもとづいていたが、古い修道制の理想の一部を
再洗礼派運動に持ち込んだものとも言われる。しかしそれが聖書的信仰と初
代教会の忠実な復元を企図していたことに疑問の余地はない。幼児洗礼を中
世の教会から継承し、現世の悪と暴力から信徒を切り離せないままのプロテ
スタント主流派の改革はザトラーにとって改革の名に値しなかった。

　ただし、その後の再洗礼派のなかには『神の子らの兄弟の一致』の内容と
は距離を置く人たちもいた。神の教会と悪魔の支配する現世という二元的世
界観は、たとえば改革派教会の信徒たちがスイスの山間部やアルザス地方に
隠れて暮らす再洗礼派に救いの手を差し伸べたり、西南ドイツの改革派やル
ター派の領主たちがスイス再洗礼派を開拓農民として受け入れたりする状況
のなかで次第に修正され、17世紀末には、アーミッシュの創始者ヤーコプ・
アマンと論争したハンス・ライストのように、異なる教会に属する信徒も魂
の救いに到達しうると説く指導者が現れるのである。

文献

ザトラー『神の子らの兄弟の一致：シュライトハイム信仰告白（1527年）』出村彰
　　訳、『宗教改革著作集8　再洗礼派』出村彰ほか訳、教文館、1992年。
M. アウグスバーガー『燃える巡礼──ミハエル・ザットラー伝』榊原巌訳、平凡
　　社、1979年。
踊共二編『記憶と忘却のドイツ宗教改革』ミネルヴァ書房、2017年。

【踊　共二】

10　聖書と伝承

（『受け入れるべき聖書と諸伝承についての教令』）

命　題

福音は、その昔、預言者によって聖書の中に約束され、まず神の
子イエズス・キリスト自身の口によって公布され、次にその使徒
たちに、すべての救いの真理と道徳律の源泉として「すべての被
造物に」（マタイ 28・19 以下；マルコ 16・15）伝えるように命じられ
たものである。……この真理と規律は書かれた書物と、書かれて
いない伝承とに含まれている。伝承は使徒たちがキリスト自身の
口から受継ぎ、または聖霊の霊感によって、手から手へ渡すよう
にして、使徒たちからわれわれに伝えられたものである。

　　　　トリエント公会議第 4 総会『受け入れるべき聖書と諸伝承についての教令』

はじめに

　マルティン・ルターによって始められた「宗教改革」とそれに対峙して生
じたとされる「カトリック改革」の二つの動きは、現在、どちらも、中世後
期を通じて醸成された一つの「教会改革」の機運という文脈の中で語られる
ことが一般的となっている。しかし、カトリック側がルターをはじめとする
プロテスタント諸派への応答としてトリエント公会議を開催したことは事
実であり、従来のカトリック教会の諸命題を再提示する必要にかられていた。
なかでも、「聖書」と「聖伝」（伝承）について述べた第 4 総会の教令は、宗
教改革期の最も重要な争点となっていた聖書の位置づけに関するものであり、
ここにトリエント公会議はその明確な定義を示している。

トリエント公会議

　カトリックの陣営で「教会改革」に本腰をいれたのは、パルマの名門
ファルネーゼ家出身で最後のルネサンス教皇といわれたパウロ 3 世（在位
1534–1549）である。着座 4 日目にして公会議の召集を表明した教皇は、2 年

後の 1536 年 6 月に公会議召集大勅書『アド・ドミニチ・グレジス』を発布
した。前後して枢機卿団改組に着手し、後に『教会改革建議書』（1537 年）
をまとめあげた 9 人委員会の座長ガスパロ・コンタリーニ、後の教皇パウロ
4 世となるジャン・ピエトロ・カラファ、英国人貴族で英国宗教改革への対
応に尽力したレジナルド・プールなど改革推進派を大胆に登用した。その後、
カトリック教会の内部改革（特に教会指導者の倫理的改善）を推進するととも
に、宗教改革者らによって提起された諸問題についての具体的な答えをだそ
うとしたのがトリエント公会議である。

　1545 年に開幕したトリエント公会議は、二つの「段階」、三つの「会期」、
25 の「総会」という構成で推移し、決定事項としての「教令」を残した。

　第一段階（1545–1552 年）は「第一会期」（第 1 総会～第 8 総会）と「第二会
期」（第 9 総会～第 16 総会）。主としてカトリックとルター派の和解が目指さ
れ、カトリックの主張が確認された段階で、ドイツ皇帝カール 5 世の強い影
響下にあった。

　第二段階（1562–1563 年）は「第三会期」（第 17 総会～第 25 総会）。教皇ピ
ウス 4 世のもと、さらにカルヴィニズムについての考察にあてられた時期と
される。トリエント公会議は、以上、20 年にわたり、ある時は疫病、また
戦乱により場所の変更などの困難の下に継続された。

　25 回にわたる各「総会」において、「宗教改革」に刺激をうけたカトリッ
クの教義を確認する作業が続いた。主な教令としては、第 3 総会でニカイ
ア・コンスタンティノープル信条が信仰の基礎として確認され、第 5 総会で
は、「原罪」に関するペラギウス派的思考が批判された。さらにルターの改
革動機でもあった「義化」の問題が第 6 総会で正面からとりあげられ、「人
間の意志は義化の全過程を司る神の恩寵に協力するもの。それゆえ、人間は
何らかの功徳（meritum）を積む可能性を有する」と結論づけられている。第
7 総会では七つの秘跡を確認するとともに、その効力としての「事効論」が
強調されている。そのほか、聖体の秘跡（「実体変化」の確認）（第 13 総会）、
ゆるしの秘跡（第 14 総会）、両形態の拝領（両種陪餐）（第 21 総会）、ミサに
関する条項（第 22 総会）、司教に関する協議（第 23 総会）、婚姻は 2 名以上
の証人を必要とするとした項目（第 24 総会）、従来のカトリック習慣である
聖人・遺物、および聖画像の崇敬、ならびに煉獄についての教義の確認など
がおこなわれ、その中には本来機能するべき「免償」の規定も加えられた。

解題

　トリエント公会議第4総会の『受け入れるべき聖書と諸伝承についての教令』は、宗教改革の神学的争点の中の最も重要な命題の一つを示すものである。

　宗教改革者マルティン・ルターは、中世の教会の多くの実践について、「人間の伝統」に重きをおき、聖書に書かれていないものをイエスの福音の真理としている（マルコ7章8節）という理由から批判した。「死者のためのミサ」「聖人の唱名」「修道誓願」「司祭の独身制」などとともに、秘跡（聖礼典）についても「洗礼」と「主の晩餐」以外を、聖書に書かれていないとの理由から排除する動きにつながった。宗教改革以後のプロテスタント諸派では「書かれた言葉」である「聖書のみ（sola scriptura）」の原則が徹底された。

　これに対し、トリエント公会議は、福音がイエスの口によって公布され、次に使徒たちが救いをもたらすすべての真理を道徳律の源泉としてすべての人に宣べ伝えるよう命じられた、しかもこの真理と規律は聖書および書かれていない諸伝承にふくまれており、これらの伝承は使徒たちがキリストからうけたもの、あるいは聖霊によって教えられたものであり、使徒たちから手から手へ渡すようにしてわれわれに伝えられたものであるとした。この確信がトリエント公会議第4総会（1546年4月8日）の、『受け入れるべき聖書と諸伝承についての教令』にもりこまれた。

　伝承（Tradition）とは、① 教理や慣行、行動の規範、儀礼や宗教体験の複合体として総体的に捉えられ初めから受け継がれてきた全体をさす場合、② 特定の系統の教理ないし慣行を意味する場合（「贖罪についての伝統」など）、③ 人物または事物についての歴史的情報、または伝統的な情報などに区別されるが、要するに聖書の言葉と正式に区別されるものとしての教会の教えと慣行であり、初めから絶えることなく受け継がれてきた教えと慣行を意味している。この意味で「伝承」とは歴史的キリスト教の不可欠の部分を指すとするのがカトリックの立場である（R. P. C. ハンソン）。

　トリエント公会議の第4総会における教令以後、「文書化されていない伝承」は、「聖書」と並んで情報と教理の第二の源泉であり、聖書から独立した、独創的かつ真正の源泉であり、聖書を補うことができるが、決して聖書と矛盾することはないことが強調されていた。その結果、近現代のカトリッ

ク神学者の間で、「聖書」と「伝承」を、信仰の「二つの源泉」があるかのように考える傾向があった。

　しかし、「二つの源泉」の解釈はトリエント公会議の教令を正しく理解しているものとは言い難い。トリエント公会議教令においてカトリック教会の意図するところは、信仰の唯一の源泉が「福音」だということにつきる。その福音は「聖書」および「使徒たちに遡る伝承」を通して伝えられ、源泉は唯一「福音」である。「福音」が全体として「聖書」を通して、また全体として「使徒に由来する伝承」を通して伝えられることを、トリエント公会議教令は明確に述べている（P. ネメシェギ）。「聖書」と「伝承」双方の意義をあらためて強調したのがトリエント公会議第4総会教令『受け入れるべき聖書と諸伝承について』だといえる。

文献

H. デンツィンガー編、A. シェーンメッツァー増補改訂『カトリック教会文書資料集――信経および信仰と道徳に関する定義集』浜寛五郎訳、A. ジンマーマン監修、エンデルレ書店、1982年（命題の出所はNo.1501）。

『宗教改革著作集13　カトリック改革』教文館、1994年。

H. イェディン『公会議史――ニカイアから第二ヴァティカンまで』（キリスト教歴史叢書1）梅津尚志、出崎澄男訳、南窓社、1993年。

A. リチャードソン、J. ボウデン編『キリスト教神学事典』佐柳文男訳、古屋安雄監修、教文館、2005年。

A. E. マクグラス『現代キリスト教神学思想事典』熊沢義宣、高柳俊一日本語版監修、新教出版社、2001年。

上智学院新カトリック大事典編纂委員会編『新カトリック大事典』研究社、1996年。

【川村信三】

11　聖書のみ

（『和協信条』）

命　　題

すべての教えと教師とが、ひとしく評価され、判断されるべき、唯一の規範と標準とは、旧約聖書と新約聖書の預言的また使徒的な書のみである。

『和協信条』梗概・序

はじめに

上記の文章は「聖書のみ（sola scriptura）」というプロテスタンティズムの聖書原理を表している。「聖書のみ」は、宗教改革者マルティン・ルターに発し、全プロテスタントの共通の神学理念であるが、今日の地点に立ってあえて言えば、表現はともあれ、聖書の決定的重要性という意味では、全キリスト教の共通理念とも言えよう。しかし、ルターの著作にまとまった聖書論があるわけでなく、後年ルターの死後成立した、ルター派の基本信条（信仰告白文書）の一つ『和協信条』の冒頭に、この「聖書のみ」が記されている。

和協信条とは

1517 年のルターの「九十五箇条」によって始まった宗教改革運動は、1546 年のルターの死、そして 1547 〜 52 年のシュマルカルデン戦争後の紆余曲折を経て、1555 年のアウグスブルク宗教和議によって、ドイツでは一応終結した。しかし、その後なおも神学的な混乱・論争が続く（「厳格ルター派」対「［フィリップ・メランヒトンの流れをくむ］フィリップ派」）。そこでルター派内での一致を求めて、J. アンドレーエや M. ケムニッツらの努力によって「トルガウ書」や「ベルゲン書」が起草され、やがてこの両書が一冊となって『和協信条（Konkordienformel）』（1577 年）が成立した。そして、この『和協信条』成立を機に、古典信条や「アウグスブルク信仰告白」など九つの文書をまとめて『一致信条書（Konkordienbuch）』（1580 年）が出版されることとなった。これによってルター派の基本的な教義が確定したのである。

　内容は、当時論争の的となっていた（そしておそらく今でも論争となる）、次のような諸問題が扱われている。「律法と福音」というけれども、そもそも律法とは何か（反律法主義論争）、信仰において何が根本的に大事なのか、それに比し何が二次的なことなのか（アディアフォラ論争）、しばしば「信仰のみ」が強調されるが、それでは救いにとって善行は必要ないのか（マイョール論争）、義認（救済）とキリスト（の神性と人性）との関わりについて（オジアンダー論争）、聖餐におけるキリストの位格をめぐって（クリプト・カルヴァン派の問題）、原罪や自由意志など、神と人間との根本的な関係は何か（フラキウス論争［または神人協力説論争］）などなど。

　こうした諸問題が扱われているのだが、もちろんのこと大前提として、その判断の土台となるもの、それが聖書なのである。したがって『和協信条』の序で、基本命題として「聖書のみ」が冒頭に記されている。しかし、かかるシンプルな「聖書のみ」という言い方には、様々な誤解も生じた。細心の注意が必要だ。つまり「聖書のみ」の真意が大切なこととなる。

「聖書のみ」の真意

　「私の良心は、神の言葉に縛られている」（ヴォルムス国会での発言）と、ルターは聖書の重要性を強調したが、他方次のようにも語った。「ヤコブの手紙は藁の書簡で、福音的な性質をもっていない」（『新約聖書序文』）。聖書に対して、きわめて自由な態度である。またルターは、ある事柄を強調するとき、しばしば「〜のみ（sola）」と表現したので、反対派から「のみ主義者」と揶揄されもした（『ガラテヤ大講解』）。こうしたことを考慮すれば、「聖書のみ」という基本命題も、杓子定規に、聖書だけが神の真理を独占的に記しているとか、他の書物は必要ないといった単純乱暴なことを述べているわけではないことがわかる。では、どういうことか。

　ルターが「聖書のみ」を主張した背景には、当時のカトリックとの論争がある。すなわち、カトリックが聖書の最終解釈権は教皇にあるという教皇の権威を持ち出したことにより論争が先鋭化したのである。つまりカトリックは、聖書はもちろんのことだが、更に教会が培ってきた伝統（教義や、教皇制などの教会制度等々）も、判断の基準になると主張した。すなわち「聖書と伝統」である。実際、聖書と教会（の伝統）の関係は、教会が聖書を生み出し、かつ聖書から教会が生まれた。ニワトリと卵である。しかし、ルター

は、いかなる伝統も、それが人間の織り成す伝統である限り間違いをおかす、現に教皇制は堕落していると主張し、カトリックの「聖書と伝統」に対して、「聖書のみ」と主張したのである。

　したがって「聖書のみ」とは、排他的な聖書絶対主義や、いわゆる逐語霊感論ではない（後のプロテスタントの中にその傾向が生じたとはいえ）。もちろん種々の信条（『和協信条』もその一つ）も、教会の伝統の一つだが、聖書を「規範づける規範（norma normans）」とすれば、信条は「規範づけられた規範（norma normata）」なのである。では、「聖書のみ」が意味するところは何か。

　「聖書のみ」とは強く言えば「聖書の自己権威性」とも言えるが、ルターは聖書を深く読むことを通して、聖書の中に神の真理が明瞭に記されていることを体験した（「塔の体験」）。すなわち「福音には神の義が啓示されている」というローマ書1章17節の言葉の中に、「神の義」とは人にとって「神の恵み（福音）」であるという真理を見出した（『ヴィッテンベルク版ルター・ラテン語著作全集』第1巻序文）。そして、そこに確かな権威を見出したのである。

　つまり、聖書を読むということ、もっと言えば、聖書をどう読みどう解釈するかが鍵である。ルターは次のように言う。「（聖書は）最も明瞭で最も近づきやすく最も理解しやすく、聖書自身が自己の解釈者であり、すべてのことを指示し判断し教える」（『レオ10世の教書によって最悪に判断されたルターの全条項の持つ主張』）。聖書自身が聖書を解釈するという。「聖書の自己解釈性」である。そして自己解釈性が成り立つのは、その内容が明瞭だからであり（「聖書の明瞭性」）、明瞭であるのは中心がハッキリしているからである。そしてその中心とは、それがすなわちイエス・キリストなのである。聖書のキリスト中心性である。ルターは言う、「聖書はその中に、キリストが臥したもう飼葉桶である」（『旧約聖書序文』）。これが「聖書のみ」という命題の真意である。

　なお、聖書論を少し離れるが、「聖書のみ」の真意がキリスト中心性にあるということで、問題がすべて解決するわけではない。その先がある。肝心のそのイエス・キリストとは何か、である。そこが本当の問題である。古典信条の一つ「カルケドン信条」（451年）は、キリストとは「真の神・真の人（vere deus, vere homo）」であるという。つまり「神・人」である。そしてキリストが「神・人」であるというところに、神と人との最深のつながり・関係の鍵、すなわち土台がある。つまり、神と人間とを結ぶキリストが「神・

人」であるがゆえに、つまり一方で「神」であるがゆえに、神の恵みが私た
ち人間の信仰を呼びさますのであり、またキリストが「神・人」であるがゆ
えに、つまり他方で「人間」であるがゆえに、私たち人間の信仰が神の恵み
にこたえ対応しうるのである。ここから、人間の立場に立ってみれば、ルタ
ーの「信仰のみ」の主張も生じてくるのである。

　以上が、ルターが、いやプロテスタンティズムが主張する聖書原理「聖書
のみ」であり、後年、プロテスタント教会の二大原理として「信仰のみ（信
仰義認）」と「聖書のみ（聖書原理）」が挙げられることになったのである。

聖書原理のその後

　「聖書のみ」をめぐるその後のプロテスタントの歩みは、必ずしも一筋と
はいかない。17 世紀に各教派それぞれに教理的基礎が固まるや、聖書の文
言を典拠に枝葉末節にとらわれたスコラ的な硬直したプロテスタント正統主
義が生まれ、またそれに対抗した J. ベンゲルらの敬虔主義もでてきた。

　また 18 世紀啓蒙主義の時代には、理性の働きを重視したイギリスの理神
論やドイツのゼムラーを先駆とする聖書の歴史的批判的研究が始まる。ある
意味、それが今日につづく聖書学の基盤を形づくり、やがてその中から近代
主義的な（人間中心的な、また無神論的な）思想との結びつきも生じたのであ
る。そして、そうした潮流への反動として、逆に聖書の文言に強度に無批判
なキリスト教絶対主義や逐語霊感論（そして、今日のいわゆるキリスト教原理
主義といわれるもの）も出てきたのである。

　しかし、今日、改めて「聖書のみ」の伝統をふまえて聖書を読むとは、ど
ういうことかが問われている。単に歴史的批判的な研究だけでなく、むしろ
人間実存を視野に入れた解釈学が求められている（シュライアマハー、ディル
タイ）。そして 20 世紀になり、ブルトマンらの聖書の非神話化をふまえた実
存論的解釈や、世俗化した世界に向けてのボンヘッファーの成人化論などを
へて、聖書への多様な取り組みが展開されつつあるのである。

文献
信条集専門委員会編『一致信条書――ルーテル教会信条集』教文館、2006 年。
ルーテル学院大学／日本ルーテル神学校ルター研究所編『ルター著作選集』教文館、
　　2005 年。　　　　　　　　　　　　　　　　　　　　　　　【江口再起】

12　自発的契約によるキリストの教会

（ロバート・ブラウン『何者にも期待しないで行われるべき宗教改革』）

命　　題

「教会はこの世の方法によらず、霊的な方法によって統治されるべきである。」「神の国はこの世の王国のような強制によるものではなく、武力や権力によるものでもない。」「主の民は、……（信仰において自ら）契約を結んで主に堅く結ばれよう（とする）。」

ブラウン『何者にも期待しないで行われるべき宗教改革』
文献218、210、211頁

はじめに

　この命題は、ピューリタン分離派の指導者ロバート・ブラウンが、国家から分離した教会のあり方を論じたものである。イングランドの宗教改革はイングランド国教会の成立をもたらしたが、徹底した教会改革を求める人々によりピューリタン運動が起こされ、その中から、国教会から分離して「信仰共同体」としての教会を形成しようとする主張が現れた。信仰共同体としての教会形成は、宗教改革初期より唱えられていたが、プロテスタント主流派の教会はいわゆる国教会制度を採ったため、その実現は叶わなかった。イングランドの分離派は、この信仰共同体としての教会形成のあり方を推し進め、「自発的契約に基づいたキリストの教会」の形成をめざし、そのための戦いを経て、17世紀末にはそれが合法的な形で実現されることになった。そのプロセスの中で、この教会論からさらに各個教会主義や政教分離の主張が現れ、近代的な教会、そして社会のあり方が提起されることになる。以下においては、まずこの命題が生まれた神学的、歴史的背景を概観し、そのうえで命題の神学的、歴史的意義を確認する。

イングランド国教会の成立とピューリタン運動

　イングランドの宗教改革は極めて政治的なものとして始まった。ヘンリー8世（在位1509–1547）の離婚問題をきっかけに、ローマ教会からの独立と、

国王が支配する国教会の形成が図られ、そのなかで宗教改革が導入されるに至った。しかしメアリーの時代（在位 1553–1558）にはローマ教会が復興され、プロテスタントへの厳しい迫害もなされた。揺れ動くイングランドの教会状況を前に、エリザベス 1 世（在位 1558–1603）は「宗教解決」を図り、教義はプロテスタント（聖書の優位性、信仰義認、キリストの犠牲の一回性、教皇至上権や聖人の執り成しの否定など）、礼拝様式や教会制度はカトリック（主教制、聖職者の式服、教会裁判所など）と定め、イングランド国教会が確立されるに至った（国王至上法および礼拝統一法、1559 年、『三十九箇条』、1563 年）。しかし、このような解決はカトリック、プロテスタント双方の激しい抵抗をもたらし、後者の中からピューリタン運動が形成されたのである。

　ピューリタンたちは聖書に基づいた教会形成のために徹底した改革を志し、聖職者の式服をはじめとするローマ教会的な要素の排除を求めた（教会の浄化：ピューリタンの名の由来）。さらに 1570 年代になると、トマス・カートライトらが主教制に代わる長老主義的な教会制度を主張し、長老制による教会規律の維持や、会衆による教職者の招聘、教職者の同格化などを求めた。その実現に向けて、国教会の中で聖書釈義集会や長老会の実践などが試みられたが、教会当局は規定に従うことを求め、ピューリタンの指導者は聖職者の地位を失い、投獄された。

ロバート・ブラウンと分離派

　このような状況下で、上述の教会形成を国教会の中に実現するのか（非分離派）、あるいは国教会から分離して実現するのか（分離派）、ピューリタンたちの中に見解の相違が現れることになる。分離派は、国教会の外に神によって召された者だけから成る信仰共同体の建設をめざし、その最初期の指導者がロバート・ブラウンであった。

　彼は信仰共同体形成のために、ノリッジで会衆を組織したが（1581 年）、その説教のために投獄され、会衆とともにオランダのミッデルデュルヒへ逃れた。この地で彼は『何者にも期待しないで行われるべき宗教改革』（1582年）を出版し、分離派の基礎となる教会論を著した。その後、オランダの彼の教会は混乱し、ブラウンはイングランドに戻り、最終的には国教会の聖職に復帰した。

　イングランドでは、その後も急進的な分離主義が展開されたが、弾圧も厳

しくなり、私的な宗教集会が禁止され、高等宗務官裁判所が設置されて、指導者たち（ヘンリー・バローやジョン・グリーンウッド）は女王の首位権の否定を理由に、処刑された（1594年）。同年には、女王の首位権の拒否者、国教会出席拒否者、秘密集会出席者は国外追放する旨の法令が出され、ロンドンの分離主義者の大部分はアムステルダムへ逃れた。

　長老主義が支配的なスコットランドで育ったジェームズ1世（在位1603–1625）が即位すると、ピューリタンたちは大いに期待したが、ジェームズは王権神授説を主張し、主教制を支持し、ピューリタンへの弾圧を強化したため、オランダの分離派は祖国での教会形成を断念し、アメリカへ移住した（メイフラワー号、ピルグリム・ファーザーズ、1620年）。つづくチャールズ1世（在位1625–1649）の時代にも宗教統制は強化され、さらに多くのピューリタンがアメリカへ渡った（1628年頃より1640年まで、少なくとも2万人）。

　一方、イングランドのピューリタンたちは、政治的、宗教的な圧制に対してピューリタン革命を起こし（1640–1660年）、イングランドの教会に長老主義を導入する態勢を整えた（ウェストミンスター会議、同信仰告白）。この頃より、国教会に長老制を導入しようとする長老派と各個教会の独立を唱える独立派の間に対立が起こり、やがて長老派、会衆派、バプテスト派のグループに分かれていく。その後の王政復古により、主教制の国教会が復活するが、名誉革命後の寛容令（1689年）により、「非国教徒」の礼拝の自由が認められ、上記の教派は「自由教会」として、国教会の外に信仰共同体を形成することが可能となったのである。

　解題

　冒頭の命題は、上記のように国教会から分離した信仰共同体の形成を唱えたもので、近代のキリスト教史のみならず、世界史にも重要な意義と影響力をもつ教会論である。ブラウンは、教会が何者（＝国家）にも強制されず、「召し出された者のみから成る信仰共同体」を形成することを唱えた。その際、彼は、真の教会とは「自発的意思から集まった信仰者より成る」ものと理解する。すなわち、悔い改め、救われた者、そして言葉による告白と誠実な信仰生活により証しする者が、自発的契約によりキリストに結合され、また相互に結合されるものとして教会を説明する。そしてキリストをかしらと

するその教会は、キリストの定める役職、すなわち牧師、教師、長老、執事、やもめから成る教職制度をもって治められるとしたのである。

　この教会論には明らかにカルヴァンの教会論の影響が読み取れるが、ここではそれに加えて、召された者が自ら契約を通して信仰共同体に入るという人間の側の自発的、主体的な参与が示されている。ここでは聖書の契約概念を用いつつ、自由意思による教会加入の理解がなされており、ここに近代の社会契約論の萌芽を見る見解もある。その意味で、この教会論は宗教改革的な教会論に新しい近代的な要素を加えたものと位置付けることができよう。

　信仰共同体としての教会形成は、ルター以来、宗教改革初期から唱えられ、ツヴィングリやカルヴァンらも主張したプロテスタントの基本的な教会理解である。しかしプロテスタント主流派の教会はいわゆる国教会（領邦教会、都市教会）として形成されることになり、宗教改革者たちは、国家と教会が協力してキリスト教共同体（corpus christianum）を形成する構想を打ち出した。宗教改革急進派（ミュンツァーや再洗礼派）はこのようなあり方を批判し、信仰共同体の形成を目指したが、いずれも異端として退けられ、離散を余儀なくされた。このように大陸では実現困難であった教会論が、200年近くの時を経て、イングランドにおいてようやく合法的に実現可能となったのである。

　ブラウンの教会論はさらに、各教会の自主独立を謳い、上位機関の権威や支配を否定する各個教会主義、会衆主義を生み出した。この思想は会衆派やバプテスト派に受け継がれ、前者においては規範としての信仰告白の否定、後者においては幼児洗礼の否定により、信仰共同体形成がより厳密な仕方で展開された。さらにアメリカに渡ったバプテスト派のロジャー・ウィリアムズにより、ロードアイランドで政教分離の社会の建設と信仰の自由の保障が試みられ、これが合衆国憲法修正第1条（1791年）の政教分離規定に繋がった。ここに、ブラウンの教会論が近代史に対してもつ意義と影響が確認されるのである。

文献

ロバート・ブラウン「何者にも期待しないで行われるべき宗教改革」村井みどり訳、
　　　『宗教改革著作集12　イングランド宗教改革Ⅱ』教文館、1986年。
八代崇「解説」、および「解題」、前掲『宗教改革著作集12』。

【村上みか】

第三部
近代・現代

概　　要

　この第三部においては、近現代のキリスト教神学の動向が、この時代を代表する神学者たちの著作から取られた命題を手がかりに描かれる。まず、第三部に前後する部門との関係について、つまり、近現代の範囲について説明したい。

　第三部の対象となる近現代であるが、これは第二部で取り扱われる宗教改革・近世に後続し、現代に至る時代を意味している。具体的には、17 世紀（後半）から 19 世紀まで（1910 年代まで）の近代と、20 世紀以降（1920 年代から）の現代が、第三部の時代的な守備範囲である。また、第四部が「北米・倫理」を扱うのに対して言えば、第三部が扱うのはヨーロッパ（英国と大陸）神学となる。

　では、ヨーロッパの近現代神学をどのように捉えるべきだろうか。近現代の神学は、近代以降のキリスト教が置かれた状況とそこで直面した課題とによって規定されている。近代は、アメリカ独立、フランス革命に象徴される社会システムの大変動・転換の時代であり、知的世界においても啓蒙主義や実証主義が進展し、その影響は日常世界の隅々にまで及んだ。キリスト教が根付いていた社会とその日常性が変容し、キリスト教的伝統が解体・再編される中で、近現代のキリスト教神学は、一方では近代化の動向に対して批判的に抵抗し、他方ではこの動向に適応しそれを促進するように試みた。こうした試みは、近代以降の状況下においてキリスト教神学の多様な形態を生み出したが、それらは、キリスト教と近代の総合をめぐる可能な諸形態として解釈できるだろう。

　以上の視点から、第三部で取り上げる神学者たちの位置を、やや図式的ではあるが、以下のような仕方でまとめてみよう。

　1. 近代への抵抗あるいは対抗　近代キリスト教の基調として指摘できるのは、近代への適応である。近代的システムを構成する議会制民主主義、資本主義的市場経済、近代的科学技術といった主要なサブシステムが、いずれもキリスト教（特にプロテスタンティズム）との密接な関わりにおいて成立したと考えられることからわかるように、キリスト教と近代との間には強い結びつきが存在しており、キリスト教が近代へ積極的に適応するように促されたのも当然と言える。それは、理神論、ニュートン主義の自然神学、神学の

倫理化など多方面にわたっている。こうした基調に対して、17世紀の神学においてすでに近代への抵抗あるいは対抗というべき動きが確認できる。その代表として敬虔主義（シュペーナー）やメソディズム（ジョン・ウェスレー）が挙げられる。

2. 近代への批判的適応あるいは総合　17世紀から18世紀の近代をめぐるキリスト教思想の展開は、19世紀において新しい動向へと受け継がれる。それは、近代への批判や懐疑を内包しつつも、キリスト教と近代との総合をめざし、しばしば自由主義神学（神学の実定主義に対する神学の自由主義）と呼ばれるものである。この動向の発端に位置するのは、プロテスタント神学の父と呼ばれるシュライアマハーであり、シュライアマハーによって生み出された新しいキリスト教神学の構想（キリスト教的伝統と近代の諸動向との総合）は、続く世代の神学者たち、ハルナック、トレルチ、アルベルト・シュヴァイツァーらにおいて学問的神学（近代聖書学と歴史神学を基盤とした）の伝統として展開された。

3. 近代に対する別の選択肢を求めて　学問的神学の伝統は、20世紀の初頭（第一次世界大戦期）までの神学教育に多大な影響力を及ぼしていたが、第一次世界大戦を経たキリスト教神学において、19世紀的な学問的神学の伝統に対する強烈な批判の声があがり、それは1920年代の弁証法神学という神学運動へと結集されることになった。バルトはその中心に位置し、それにブルトマンらが加わり、その外縁にはティリッヒらが存在していた。この新しい神学動向は、ボンヘッファーらに受け継がれたが、1930年代以降の神学を規定した要因として忘れることができないのは、全体主義、ナチズムへの対応・対決であり、ユダヤ人問題であった。

4. 現代、近代の問いは継続する　第二次世界大戦後の神学は、弁証法神学運動に連なる神学者たちによってリードされたが、1970年代になるとキリスト教を取り巻く状況は急速に変化しはじめる。現代のキリスト教神学は、近代以降の問題状況を引き継ぎつつも、アフリカなど世界各地での植民地独立、東西冷戦体制、宗教的多元性や差別・抑圧の意識化、環境問題の顕在化、原子力や生命科学などの進展に起因する諸問題など、多様な問題連関の中で、さまざまな展開を示すことになる。この状況は、モルトマン、パネンベルク、ヒック、ラーナー、キュングらの神学思想において確認することができる。

【芦名定道】

1　キリスト者の完全

（ジョン・ウェスレー『キリスト者の完全』）

命　　題

問　キリスト者の完全とは何か。

答　心を尽くし、思いを尽くし、力を尽くして神を愛することである。これは、悪しき気質や愛に反するいかなるものも魂のうちに残存していないこと、そしてすべての思いと言葉と行動が純粋な愛によって支配されていることを意味する。

ウェスレー「キリスト者の完全についての考察」『キリスト者の完全』§19

はじめに

「キリスト者の完全」はウェスレーの専売特許ではない。彼は、この著作の中で自分に直接的に影響を与えた神学者として、トマス・ア・ケンピス、ジェレミー・テイラー、ウィリアム・ローの三人を挙げている。1725年、ウェスレーはテイラーの『聖なる生と死との規則と実践』を読み、その魂が覚醒し、漫然と学問の世界に身を浸していた日常生活は一変してしまった。神は瞬時に見渡す目をもって信仰者の一挙一動、心の中に至るまで見ておられることを意識し始めた。23歳の出来事である。次の年にウェスレーはトマス・ア・ケンピスの『キリストに倣いて（Imitatio Christi）』を読んだ。この書から聖化とは、自己の欲求を捨てて、神を愛することに他ならないこと、愛における「心の完全」であることを学んだ。数年して、ウェスレーはローの『キリスト者の完全』から、聖化は救いの過程そのものであり、キリスト者の完全こそが、救いの目標、福音の極みである、と理解した。

ウェスレーの神学的遍歴

ウェスレーは、心と生活の聖潔（holiness）を求めて、大学の有志たちとホーリー・クラブを結成し、聖書を学び、週に2回断食し、頻繁に聖餐にあずかり、慈善活動にも熱心で、子どもたちを教え、囚人を慰め、病人と

祈る日々を送っていた。あまりにも霊的・慈善的実践が規律的であったので、「メソジスト（几帳面屋）」というあだ名をつけられてしまう。これが後に、ウェスレーが率いる信仰復興運動の名称となる。

1735年、彼は大学での営みではキリスト者の完全には至らないと感じ、弟チャールズと共にアメリカの入植地の牧師として大西洋を渡った。だが、渡航中に大きな変化を体験することになる。嵐で大波にのまれそうになる船の中で死の恐怖におびえたことが彼にはショックな現実であった。救いの確信のかけらもない自分が露呈してしまったように思えたのだ。かたや、北ドイツからジョージアを目指していたモラビア派（ドイツ敬虔主義）の一行は、小さな子どもまでも平安のうちに賛美歌を歌っていた。

彼はアメリカ滞在期間、モラビア派から信仰義認の教理を学び、罪の赦しを実感できる救いの確証を追い求めた。かつて唯一必要なものは「聖」であると信じて疑わなかった彼が、3年後に帰英した船の中で次のように記している。「キリストに見いだされて、自分自身の義ではなく、キリストを信じる信仰による義を得ることだけが私の希望である」（『日誌』1738年2月1日）。その年の5月24日、ロンドンのアルダスゲイト通りで開かれた聖書研究会で、彼は「私は自分の心が不思議に熱くなるのを覚え……ただキリストのみに信頼し、神が罪を赦してくださり、罪と死の律法から救ってくださったという確証が与えられた」（『日誌』）。

だが、ここで「聖」・「キリスト者の完全」という目標が、ウェスレーから取り去られたわけではなかった。むしろ彼は「生ける信仰は愛へと働き出る」（ガラテヤ5章6節）ことを確信し、信仰を起点にして、以前にもまして聖化を強調し、キリスト者の完全を説いた。

解題

自分の義を捨てて、ただキリストの贖いに信頼を傾けるという「生ける信仰」は、神の愛を実感し、その愛に応答する生き方へと信仰者を押し出す。愛なる神は御子を送り、御子は私を愛するがあまりに十字架の上でご自身のいのちを注ぎだした。信仰がこの事実を実感するのなら、その愛に応えて、キリストのように生きることを願うはずだ、と。また信仰が、キリストのいのちと交わることを意味するのなら、信仰者からキリストの心と行動があふれ流れる、と。

　この命題は、英国国教会からは批判されることはなかった。驚くことに批判は、ウェスレーを義認に導いたドイツ敬虔主義や、信仰復興運動の一翼を担っていたカルヴァン派からやって来た。彼らにとって、義はあくまでも「外なる」義、キリストの義である。それが衣のように信仰者に着せられたとしても、神が評価してくださるような「内なる義」がキリスト者に形成され、実質的に神の像が回復されるということには懐疑的であった。ましてや、聖化されていく信仰者の中にも罪の性質はこびりつき、罪の汚点は聖人にもつきまとうという。それをウェスレーは、冒頭の命題で、キリスト者の完全とは「悪しき気質や愛に反するいかなるものも魂のうちに残存していない」状態であると定義したからである。

　ウェスレーは、完全とされた者のうちにも弱さは残り、弱さが偏見やつまずきとなり、結果、完全から落ちていく可能性が十分にあることを認めている。ただ彼は、罪を「知っている神の御心に意図的に背くこと」と狭く定義してしまったため、現実には、人は意図せずに他者を傷つけ、利己主義に気がつかないまま振る舞うことが多々あるという事実を、この命題には含めなかった。

　さて、冒頭の命題の真意は、命題の最後の文章にある。キリスト者の完全は「すべての思いと言葉と行動が純粋な愛によって支配されていることを意味する」。どういうことであろうか。ウェスレーはキリスト者の完全を「全き愛」と定義することが最も多い。「聖霊によって神の愛が心に注がれ」（ローマ5章5節参照）、その愛に応えて、賛美と共に身も心も神に捧げる。この一意専心な思いがキリスト者の完全である。

　しかしウェスレーは、こうした純粋によって愛が心情的・実存的体験に終わる危険性を強く意識していた。そこでメソジストの会話、金銭の使い方、服装、時間の使い方、互いの魂のケア、慈善活動への積極性、等々多くの説教を残している。全き愛は神秘体験ではない。具体的に外に実を結ぶものである。その実が変わらずに結ばれていくとき、その人物の人格までも変貌させ、生活の隅々にいたるまで愛の労苦で満たしていく。最初に挙げた、ア・ケンピス、テイラー、ローらの影響は、「日常生活のホーリネス（holiness of common life）」と呼ばれていた。愛は具体的な言行に現れ、対人的であり、世に向かうものである。そうすることで、神の愛に満たされた人物が形成されていく。その過程に当然、終わりはない。

その意味で言われることは、ウェスレーの完全論は西方教会が考える完全にされた状態（ラテン語の perfectus）ではなく、ニュッサのグレゴリオスなどに顕著な東方教会の完全（ギリシア語の teleiosis）であるという。「perfected」ではなく、「perfecting」であると。

完全論の強調は、メソジスト運動の中で、1760 年を前後に一変していった。全英から「全き愛」を体験した、神の愛によって魂が全的に満たされているとの膨大な数の報告がウェスレーのもとに届く。聖霊によって神の愛が圧倒的に注がれ、瞬時にすべての不義よりきよめられたというのである。当初、懐疑的であったウェスレーも証しの数に圧倒された。「人がもし、私はいま愛以外の何も感じていないと言い、もし彼が正直な人であるなら、私は彼の言葉を信ずる」（『日誌』1763 年 6 月 7 日）。完全とは、罪を犯す可能性がないということではない。道徳的に人格的に不完全な者であっても、神の愛に圧倒的に包まれて、悪しき思いや利己的な執着から解放される、という体験であった。

だが、キリスト者の完全の体験が大衆化すると、ウェスレーが思い描いていた「完全」と落差が生じていく。ウェスレーは 1760 年以降、瞬時的・意識的な完全を強調しつつも、初期の自己否定や敬虔の修練、あるいは慈善の重要性から離れることはなかった。彼が真実に求めたのは、「体験」ではなく、キリストのように変貌していく「人」、つまり人格形成であった。

19 世紀、米国のホーリネス運動や大覚醒の中では、キリスト者の完全は、人格形成論の欠けた「瞬時的体験」として一人歩きをはじめていく。聖霊体験か敬虔の修練か、心情的な愛か自己否定をもって他者を愛することか、この二つの流れは、ウェスレーにあっては一つに統合されていた。しかし、この教えが広がれば広がるほど、地道な修練と実践を忘れて、聖霊の働きにのみ依存するような傾向が生まれていった。

文献

ウェスレー『キリスト者の完全』藤本満訳注、インマヌエル綜合伝道団出版事業部、2006 年。

【藤本　満】

2　ドイツ敬虔主義

（フィリップ・ヤーコプ・シュペーナー『敬虔なる願望』）

命　　題

あなたは神のみことばを聴いている。それは正しい行為である。しかし、それを耳で聴くのでは充分でない。みことばをあなたの心に内面的にも滲透させなさい。そしてそこからあなたが活気を得るように、これらの聖なる糧を消化しなさい。そうでないと、みことばは一方の耳に入って他方の耳から出て行ってしまうであろう。

シュペーナー『敬虔なる願望』

はじめに

キリスト者の生における信仰と行いの関係についての問題は、キリスト教思想において重要な課題であり、神学思想史の中で繰り返し問われてきた問題である。この問題は、特にプロテスタントにおいては「義認」と「聖化（sanctification、「成聖」とも）」の問題として顕在化した。信仰義認を中核とするプロテスタントにおいては、基本的に「義認」に重きが置かれ、神の恩寵によって、ただ信仰を通してのみ救われるという点が重視される。

しかし、この点のみが強調されればされるほど、「義認後の信仰生活において、キリスト者はいかにあるべきか」という問いが、背景へと退いて行くこととなる。こうした状況を危惧した人々は、キリスト者としての生き方や行為、およびその倫理性の問題をプロテスタント神学の重要問題として位置づけ、キリスト者として神の御前で聖い者となる必要性を説いた。17 世紀に始まり 18 世紀にその最盛期を迎えたと言われる「（ドイツ）敬虔主義（独：Pietismus）」は、上記のような問題意識に基づいて、信仰の内面化による宗教的敬虔の実践を重視し、それによって神学・教会・社会・文化全般の改革運動へと発展して行くこととなった。

生涯

　敬虔主義において最も重要な人物と目されるフィリップ・ヤーコプ・シュペーナー（Philipp Jakob Spener, 1635–1705）は、1635年、アルザス地方ラッポルツヴァイラーで法律家・宮廷官吏の息子として生まれた。ストラスブール大学などで学んだ後、1666年からフランクフルト・アム・マインのルター派牧師会の主席牧師に就任するが、1670年8月、シュペーナーやヨハン・ヤーコプ・シュッツらによって、このフランクフルトの主席牧師館の書斎で「敬虔の集い」と呼ばれる対話グループが結成された。この集いでは、信仰書や正統主義の教義学概説書などが読まれ、議論されるなど、メンバーの積極的・主体的参画が奨励されていた。この集いは、結成の5年後には50名、1680年代には100名を超えるまでに成長した。結局、この試みは、集いの主唱者であり、結成当初から重要な役割を演じていたシュッツの離脱によって終焉を迎えるが、ドイツのルター派における敬虔主義の萌芽となった。

　その後もシュペーナーは、ドレスデンやベルリンで著作活動や文通などを通して精力的に活動し、敬虔主義を擁護しつつも、正統主義と敬虔主義の対立を調停するために尽力した。

背景

　正しき教理から敬虔な生活へという問題意識の移行は、すでに1600年ごろ、宗教改革第二世代の時代には起こり始めていた。この点において特に重要なのは、『真のキリスト教についての四書』（1605–1610年）を著したヨハン・アルント（1555–1621）であり、彼は個人的・内的な宗教性の獲得とそれに基づく敬虔な生活の重要性を説いた。アルントは17世紀後半以降の敬虔主義者たちにも大きな影響を及ぼしており、ルターが教理の改革者であるのに対して、アルントは生活の改革者として、敬虔主義者たちから評価された（アルント自身を敬虔主義に含める見方もあるが、今では17世紀後半から18世紀のドイツ・ルター派内の改革運動としての狭義の敬虔主義とアルントらを含む広義の敬虔主義を区別する見方が一般的である）。

　また、三十年戦争（1618–1648年）による戦禍も、このような問題意識の強化に拍車をかけることとなった。戦争による惨状を目の当たりにした人々は、それを自分たちの罪に対する神の裁きとして解釈し、悔恨と回心が必要であると考えた。こうして17世紀後半には、各地で教会と社会の再生を目

指す、さまざまな試みがなされていた。

　このような時代状況の中で現れたのが、シュペーナーの『敬虔なる願望』であり、この著作は敬虔な生活による教会・社会改革を目指す各地の取り組みを、同じ目的を持った一つの運動として結合・連携させた。それゆえ、『敬虔なる願望』は敬虔主義の綱領とみなされるようになったのである。

解題

　『敬虔なる願望』は三つの部分からなる。第一部において、シュペーナーは当局・説教者・信徒それぞれの腐敗した状況を指摘し、宗教改革以降に整えられた教理の純粋性にもかかわらず、人間の行為と生活が腐敗していると主張する。当局については教会を自らの私的な目的のために利用していること、また説教者については生き生きとした敬虔な信仰生活が欠如しており、ひたすら無益な神学論争に明け暮れていることが批判される。さらに一般信徒についても、真の信仰と敬虔が失われていると言う。

　以上のような現状分析の後、第二部では教会の改善が必要であると同時に、神によって約束されたものとして可能であることが主張され、より善い時代への希望が論じられる。第三部ではその具体的プログラムとして、① 個人による聖書読解とその促進のための小集会の結成、② 教会における一般信徒の役割や責任の重視（万人祭司の実現）、③ 隣人愛の実践の重視、④ 過度で無益な神学論争の自重、⑤ 実践に方向づけられた神学研究・神学教育の必要性、⑥ 一般信徒の敬虔に貢献するための説教の重視の六つが提示される。

　以上からも明らかなように、『敬虔なる願望』において、シュペーナーは「信仰」による救済およびそれを体系化したプロテスタントの教義の確立だけではなく、それによる敬虔な信仰生活、すなわち「聖化」の重要性を説いている。また、後の敬虔主義の中心思想となる多くのものが、すでにこの『敬虔なる願望』の中に現れている。

　そして、このようなシュペーナーの提言は、多くの賛同者を得、これをきっかけに敬虔な信仰生活が必要だと考える多くの人々が、次第にネットワークを形成して行った。さらに、シュペーナーと彼の世代以降の敬虔主義は、アウグスト・ヘルマン・フランケ（1663–1727）を中心とするハレ敬虔主義やツィンツェンドルフ（1700–1760）によるヘルンフート兄弟団のように、多様な展開を見せることとなった。

文献

シュペーナー「敬虔なる願望」堀孝彦訳、『世界教育宝典　キリスト教教育編Ⅴ
　　シュペーナー、トレルチ、ブルンナー他』玉川大学出版部、1969 年。

ヨハネス・ヴァルマン『ドイツ敬虔主義——宗教改革の再生を求めた人々』梅田
　　與四男訳、日本キリスト教団出版局、2012 年。

デイル・ブラウン『敬虔主義——そのルーツからの新しい発見』梅田與四男訳、
　　キリスト新聞社、2006 年。

M. シュミット『ドイツ敬虔主義』小林謙一訳、教文館、1992 年。

山下和也『カントと敬虔主義——カント哲学とシュペーナー神学の比較』晃洋書房、
　　2016 年。

【南翔一朗】

3 絶対的依存感情

（フリードリヒ・シュライアマハー『キリスト教信仰』）

命　　題

敬虔の多様な表現にもかかわらず、それらすべてに共通な要素
——それによって敬虔は同時に他のいっさいの感情から区別され
る——、したがって敬虔の変わらない本質は、われわれがわれわ
れ自身を絶対的に依存するものとして、もしくは同じことである
が、神と関係するものとして意識することである。

シュライアマハー『キリスト教信仰』第 4 項

シュライアマハーについて

　フリードリヒ・シュライアマハーは 1768 年 11 月 21 日にブレスラウ（現
在のポーランドのヴロツワフ）で生まれた。父のヨハンは改革派の従軍牧師で、
父方の家系からは多くの牧師が出ている。シュライアマハーは初等教育を終
えて、当時父が信奉していた敬虔主義のヘルンフート兄弟団の学校に学んだ。
このヘルンフートの敬虔主義的な教育の影響は生涯にわたりシュライアマハー
の信仰と神学に影響を及ぼした。

　しかし彼は次第に兄弟団の偏狭な信仰に懐疑的になっていき、1787 年に
ハレ大学神学部に入学し、在学中はカント哲学とギリシア古典哲学の研究に
いそしんだ。

　1789 年シュライアマハーは第一次神学試験に合格し、東プロイセンのシ
ュロビッテンのドーナ伯爵家の家庭教師となった。1793 年に彼は教育方針
をめぐって伯爵と対立し、この職を離れたが、伯爵家での家庭生活と社交の
経験は後年まで大きな財産となった。

　1796 年にシュライアマハーはベルリンのシャリテ慈善病院の牧師として
招聘された。この時代に彼はベルリンのサロンに出入りするようになり、そ
こでヘンリエッテ・ヘルツと友情を結び、さらにフリードリヒ・シュレーゲ
ルらドイツ初期ロマン主義者との友好を深めた。その中で 1799 年彼は処女

作『宗教論』を上梓する。この書でシュライアマハーは哲学と道徳から宗教を区別して、その本質は宇宙の「直観」と「感情」であると規定する。さらに翌年の1800年に彼は『独白録』を出版し、そこで個性原理に立脚した道徳論を展開した。

1802年シュライアマハーはポメルンのシュトルプという小さな町の宮廷牧師に転任した。そこでの日々は不遇ではあったが、1803年に『従来の倫理学説批判綱要』を公刊し、さらにはプラトンのドイツ語翻訳に励んだ。

1804年彼はハレ大学に招聘され神学部の員外教授となり、そこから本格的にアカデミックな活動が始まる。1806年ハレ大学はナポレオンによって閉鎖されてしまうが、シュライアマハーはプロイセン政府高官と連携して、フィヒテとともにベルリン大学開設の準備に携わり、その過程で『ドイツ的意味における大学論』を発表している。1809年、彼はベルリンの三位一体教会の牧師に就任し、翌年には開学したベルリン大学の神学部長となり、1815年には学長にもなった。

シュライアマハーをハレ大学、そしてベルリン大学に招聘したのはプロイセン王フリードリヒ・ヴィルヘルム3世の意向であるが、それは王が推進していたルター派と改革派の教会合同政策を推進するためであった。シュライアマハーは礼拝改革と合同聖餐式の実現に尽力し、あわせて教会合同の神学的基礎付けとして1821/22年に教義学の書『キリスト教信仰』を出版する。この革新的な神学書は大きな反響を呼び、あわせて各方面からさまざまな批判が寄せられた。シュライアマハーはこれに対し友人の神学者リュッケへの公開書簡という形でひとまず批判に答えることにした。『キリスト教信仰』の改訂は1828年に入ってからようやく着手され、1830/31年に第2版が刊行された。1834年2月12日彼は死去し、葬儀にはベルリン中の市民が参列し、彼の遺体は三位一体教会墓地に葬られた。

『キリスト教信仰』について

シュライアマハーの『キリスト教信仰』は、まったく新しい構想と内容をもつ教義学の書である。彼によれば、中世のスコラ神学や18世紀のヴォルフ哲学に依拠する教義学はもはやキリスト教会を指導する力をもたず、それゆえ啓蒙主義以降の近代において教義学の刷新ないしは再建が喫緊の課題である。そこで新しい教義学としての『キリスト教信仰』は、従来の教義学の

ように聖書や信条を解説したり、教理を哲学的に解釈し、再構成するのではなく、キリスト教会で共有されている宗教的意識の内実を教義学の命題の形で明らかにしようとする。つまりシュライアマハーはすでに客観的に確立した教理や信条ではなく、信仰という主観的な自己意識の省察こそが教義学の目的であるとするのである。したがって本書は伝統的な「教義学 Dogmatik」ではなく、「信仰論 Glaubenslehre」と呼ばれるのがふさわしい。

『キリスト教信仰』は序論と本論から成り、本論が二部に分かれ、さらに第二部が二面に分かれる。つまりそれは序論、信仰論第一部、第二部一面、第二部二面と全部で四つの部分から構成されている。シュライアマハーの学問体系は、① 人間一般、② 敬虔一般、③ キリスト教的敬虔という三層構造をもつが、『キリスト教信仰』では序論で宗教的敬虔一般が論じられ、本論でキリスト教的敬虔についての議論が展開されている。

序論は教義学体系の外に位置づけられ、第3項から第6項までの「教会の概念について」は倫理学からの借用命題、第7項から第10項までの「敬虔な共同体一般の相違について」は宗教哲学からの借用命題、第11項から第14項までの「敬虔なキリスト教の叙述」は弁証学からの借用命題とされる。哲学あるいは学問的思考は教義学を補助する役割を担っており、そのために神学は近代においても学問性を維持できるとシュライアマハーは考えていた。

信仰論の第一部では神による創造、世界の保持、さらに永遠、遍在、全能、全知といった神の属性が取り上げられる。第二部は罪と恩寵に規定されているキリスト教的に敬虔な自己意識についての議論が展開される。その第一面は罪の意識の展開であり、原罪と現行罪について論じられる。第二面は恩寵の意識の展開であり、キリスト論、聖化、愛といったテーマが取り扱われる。シュライアマハーのキリスト論の特徴は、キリストの「原型性 Urbildlichkeit」を強調する点にあるが、それはキリストこそ敬虔を完全に実現した人間の原型、人間とはいかにあるべきかの典型であるという考えである。結論部の第170項から第172項にかけてわずかに三位一体論に言及されるが、この伝統的教義はシュライアマハーの神学においては重きをなしてはいない。

解題
シュライアマハーは教会共同体の基礎をなす敬虔な自己意識を知識

Wissen や行為 Tun ではなく、感情 Gefühl であるとする。ここでシュライア
マハーが敬虔を感情に割り当てるのは、知識と行為が自発性から成るのに対
し、感情の特徴が受動性にあるからである。とはいってもすべての感情が敬
虔なのではない。彼は感情をさらに精密に規定するために「直接的自己意識
das unmittelbare Selbstbewußtsein」という用語を導入して、敬虔な感情が人間
の内奥を規定する、最高にして根源的な自己意識であることを明らかにする。

　さらにシュライアマハーによれば、敬虔な感情は神への「絶対的依存感
情 das schlechthinnige Abhängigkeitsgefühl」である。依存感情は他者を前提と
した自己意識のことであるが、中でも「絶対的な」依存感情は自己を自己な
らしめる他者である神との関係において成立する。シュライアマハーは神に
ついて、「私たちの受容的かつ自発的な現存在が『どこから Woher』きたか、
それがこの自己意識の中に包含された場合には神という表現によって示すべ
きであって、これこそ私たちにとって神という語の根源的意義である」（『キ
リスト教信仰』第 4 項 4）と述べている。

　また絶対的依存感情は、個人の内面にとどまることなく他者と共有され、
やがてそれが共同体である教会にまで発展する。「敬虔な自己意識は人間本
性のあらゆる本質的な要素と同様、その発展において必然的にまた共同体と
なる。しかも一方では不均等に流動的な共同体になり、他方では明確に限定
された共同体、すなわち教会となる」（『キリスト教信仰』第 6 項）。

　そしてキリスト教的敬虔については、イエスによる救済への信仰という形
をとるとされ、他の宗教であるユダヤ教やイスラム教との差別化が図られる。
「キリスト教は敬虔の目的論的方向に属する唯一神教的信仰方法であり、そ
してこの信仰方法においては、いっさいがナザレのイエスによって成就され
た救済に関係づけられることによって、他の唯一神教的信仰方法とは本質的
に区別される」（『キリスト教信仰』第 11 項）。

　絶対的依存感情はシュライアマハー神学の中枢概念であるが、その意義を
正確に捉えることは容易ではない。絶対的依存感情にはさまざまな批判が寄
せられたが、その代表はベルリン大学の同僚であり対立関係にあったヘーゲ
ルの反応である。ヘーゲルは 1824 年の宗教哲学講義で依存感情を次のよう
に非難する。生けるものはその生を外部に依存しており、制約の意識を抱い
ている。それは例えば恐怖、不安、空腹、渇きといったものである。それゆ
えもし宗教が依存感情に基づいているとすれば、依存性を感じている動物も

宗教をもたなければならない、と。シュライアマハーは、絶対的依存感情が「直接的自己意識の最高段階」であり、その「直接的で内的な表明が神意識」であると規定しており、このようなヘーゲルの捉え方は明らかに悪意を含んだ歪曲にすぎない。しかしながら絶対的依存感情の特異性ならびに概念的明晰性の欠如が、こういった誤解を生む一因になっていることも否定はできない。

シュライアマハーは19世紀の神学に大きな影響を与え、彼は「19世紀の教会教父」と呼ばれた。しかし第一次世界大戦後、それまでの世界観や価値観が大きく変化を迫られる中で、全く新しい神学運動である弁証法神学が台頭した。弁証法神学者たちは、人間の敬虔な自己意識を記述するシュライアマハー神学に対し宗教を人間の宗教体験に還元する内在主義として激しく非難して、神の絶対的主権と超越を説き、神の啓示であるキリスト中心主義の「神の言葉の神学」をかかげる。弁証法神学は20世紀の神学を長らく支配したので、克服すべき近代神学の代表者としてシュライアマハーは否定的にしか評価されてこなかった。

ところが1980年から批判版全集（Kritische Gesamtausgabe, KGA）の刊行が始まり、1996年に国際シュライアマハー協会が設立されるなど、今やドイツやアメリカを中心にシュライアマハーの再評価が進んでいる。批判版全集の刊行によってシュライアマハーの学問活動の全貌が明らかになりつつあり、今後はますます従来のシュライアマハー像の刷新が求められると言えよう。

文献

シュライアマハー『キリスト教信仰』（キリスト教古典叢書）安酸敏眞訳、教文館、2020年。

シュライアマハー『『キリスト教信仰』の弁証――『信仰論』に関するリュッケ宛ての二通の書簡』安酸敏眞訳、知泉書館、2015年。

【伊藤慶郎】

4　福音のギリシア化

（アドルフ・フォン・ハルナック『教義史教本』）

命　　題

教義は、その構想においても、その拡充においても、福音の地盤
の上でなされたギリシア精神のわざである。

ハルナック『教義史教本』第 1 巻 20 頁

はじめに

　3 世紀初頭にテルトゥリアヌスは「それではアテナイとエルサレムに、〔プラトンの〕アカデメイアと教会に、異端とキリスト教徒に何が〔共通のものとして〕あるだろうか」と述べ、哲学に唆された異端者たちと正統信仰の間に明確な区別を提示した。ここでは、旧約聖書の父祖たちの神と哲学者の神とを峻別するパスカルにおいても垣間見られるような、哲学とキリスト教の間の緊張を看取することが可能である。初期のキリスト教は、地中海世界に拡大していく中で、自らの信仰を典礼の中で保持しつつ、理性的な手段によっても詳説し、複数の公会議などを通じて教義として確立した。その教義形成の過程では、例えばロゴスに関する議論などにおいて、プラトン主義やストア主義などのギリシア精神による哲学的思弁が用いられることもあった。ユダヤ人フィロンなどによって、この手法が確立していたアレクサンドリアの教父たちは概ね肯定的に哲学と信仰の関係を論じたものの、先述のテルトゥリアヌスのように異端発生の原因を哲学の影響と見なした西方の一部の教父たちは両者の関係を否定的に捉えようとした。近代の歴史的な神学研究によって提示された「福音のギリシア化」の問題は、上述のような哲学と信仰の関係に光を投げ掛けるものとなっている。

生涯

　のちにドイツ文化プロテスタント主義の中心的人物の一人となるアドルフ・ハルナック（1914 年から叙爵によりフォン・ハルナック）は、1851 年にルター研究者のテオドジウス・ハルナックの第 2 子としてバルト海沿岸の街ド

ルパト（現エストニア・タルトゥ）で生まれた。幼い頃に家族はエアランゲン
へ移り、ハルナックもドイツで初等教育を受けたが、1866 年に家族が再び
ドルパトへ戻ると、彼はドルパト大学へ入学した（1869 年）。ここでの学生
時代に、彼はマルキオン研究において優れた研究を既に残していたが、その
後 1872 年にライプツィヒへ移り、当地の大学でグノーシスに関する研究に
よって博士号を授与された（1873 年）。翌年にはマルキオンの弟子アペレス
に関する論文によって大学教授資格も得て、すぐに同大学の私講師として教
育・研究活動を始めた。その後、ギーセン、マールブルクと活動の場を変え、
1888 年にベルリンのフリードリヒ・ヴィルヘルム大学（現フンボルト大学）
へ招聘された。ベルリンでは、プロイセン科学アカデミーや王立図書館、カ
イザー・ヴィルヘルム協会（現マックス・プランク研究所）など大学外の重職
に関わる傍ら、『キリスト教世界』など多くの研究誌の創刊に関わった。大
学の定年後も精力的に活動したが、1930 年に公務の滞在先であるハイデル
ベルクで客死した。

　彼は 1,600 点以上とも言われる非常に多くの著作を刊行したが、その中で
も重要なものとして挙げられるのは、古代から宗教改革までの教義の歴史を
扱った全 3 巻の『教義史教本』（1886 年 – 、第 4 版 1909 年 – ）、神学生に限定
しない幅広い聴衆に向かってキリスト教の核心について論じた『キリスト教
の本質』（1900 年）、そして彼が 10 代の頃から情熱を捧げた 2 世紀の異端的
思想家に関するモノグラフ『マルキオン』（1920 年、第 2 版 1924 年）などで
ある。

背景

　教義の中に哲学的要素を見出し、それを純粋なキリスト教信仰から区別
し、場合によっては排除する思考（非ギリシア化）は、神学史の中に様々な
かたちで見出される。2006 年に教皇ベネディクト 16 世は、かつて自身が教
義学と教義史の教授として教鞭を執ったレーゲンスブルク大学での講演の
中で、上述の非ギリシア化の最初の潮流が宗教改革において現れたと主張し
た。彼によれば、哲学によって規定された信仰の体系であるスコラ神学に対
し、宗教改革者たちは本来の純粋な信仰の原型を聖書の中に見出そうとした。
そして、その二つ目の潮流が、19、20 世紀初頭のドイツにおける自由主義
神学であり、特にハルナックは、表面的な哲学的要素からキリスト教を解放

し、宗教的発展の真の頂点であるイエスの福音に立ち戻ることを説いたと見なされるのである（因みに、三つ目の最後の潮流として、現代の文化の多元性における文化適応への反対の動きが挙げられている）。自由主義神学に多く見られた教義史観では、基本的に古代キリスト教は社会的にも文化的にも時代の制約を受けて教義を形成してきたと捉えられ、そこでは福音もまたギリシアの学問やローマの文化と結び付いたと見なされるのである。

解題

「福音のギリシア化」とは、古代における教義の形成を、最初期のキリスト教信仰がギリシア精神ないしは哲学的思弁と一体化する過程として捉えることを指し示している。尚、ハルナックは『教義史教本』の第1巻の中で、「ヘレーン（ヘレネス）化（Hellenisirung）」と「ギリシア化（Gräcisirung）」の二つの表現を福音と結び付けているが、彼の用法は時代的な限定をもつ「ヘレニズム」（B.C.323–B.C.30年）の意味よりは、広く「ギリシア的なもの」を指し示している。この「ギリシア化」の議論の前提となるのは、イエスの福音を核心と捉え、ギリシア精神の外皮を身に付けることによって教義が形成されるという思考である。ただし、ハルナックは福音をキリスト教の純粋な核と見なしつつも、それが旧約の基盤における黙示的使信であり、また律法と預言者の実現であることは認めている（『教義史教本』第1巻48頁）。しかし、そこにはイエス・キリストの人格と結び付いた新しいものが包含されており、それは、民族宗教に留まらず、普遍的宗教として全世界への伝道を可能にするものであって、その点でユダヤ的なものとは区別される。そして、その民族の垣根を越え、地中海世界に拡大した時に、必然的に思弁的な弁証と結び付かなければならず、それゆえに教義の形成は、一方では純粋な福音の頽落と見なされる余地を残しつつも、他方では発展的な過程と考えることも可能なのである。尚、その変遷の具体的な時期について、彼は『教義史教本』第1巻の宣伝文の中で次のように述べている。「教義は、新約聖書正典と同様に、予備段階を持っていたが、それが決定的になり、教会的に市民権を得るのは3世紀の後半であった。そしてそれ〔教義〕は、その構想においても、その拡充においても、福音の地盤の上でなされたギリシア精神のわざである」（『神学書評』第26号）。

この命題に基づくハルナックの『教義史』は、出版当初から、福音の頽落

史および教義の衰退史を記述するものと捉えられることがあった。確かに、それは教会の世俗化や信仰の疎外につながる側面もあるが、恐らくそれは彼の議論の一面的な理解であり、ハルナックは教義の歴史の中にアウグスティヌスのような優れた霊性を見出し、また世界宗教となるための発展的な変革をも認識しているのであって、単なる悲観主義的な教義史観ではないであろう。古代世界における非ギリシア化の動きや、初期ユダヤ教に関する一面的理解など、ハルナックにおいて十分に議論されていなかった側面が指摘されることもあるが、彼が提示した議論的枠組みは、今日でも十分に顧慮されるべきであり、単純に時代遅れのものとして否認することは困難であるだろう。

文献

A. von Harnack, Lehrbuch der Dogmengeschichte, Band I, 4te Auflage [1909], Tübingen, Darmstadt: WBG, 2015.

ハルナック『教義史綱要』山田保雄訳、七旺社、1997 年。

水垣渉「アドルフ・ハルナックにおける『キリスト教のギリシア化』の問題」、『途上』第 11 号、1981 年、67–91 頁。

ヨハン・ヒンリヒ・クラウセン「アドルフ・フォン・ハルナック」、『キリスト教の主要神学者・下』安酸敏眞訳、教文館、2014 年、173–190 頁。

加納和寛『アドルフ・フォン・ハルナックにおける「信条」と「教義」——近代ドイツ・プロテスタンティズムの一断面』教文館、2019 年。

戸田聡『古代キリスト教研究論集』（北海道大学大学院文学研究院研究叢書 31）北海道大学出版会、2021 年。

【津田謙治】

5　キリスト教信仰と歴史学的方法

（エルンスト・トレルチ『キリスト教の絶対性と宗教史』）

命　題

キリスト教を絶対的宗教として構成することは、歴史学的な思考
方法によっても、歴史学的な手段をもってしても不可能である。

トレルチ『キリスト教の絶対性と宗教史』第 2 章

歴史学的な思考方法はそれ自身から、私たちにとって有効な最高
の宗教的真理として、すなわち、宗教的信仰に基づく価値体系が
そこから組織されうる宗教的真理としてキリスト教を承認するこ
とを排除しない。

同書第 4 章

はじめに

キリスト教の歴史的な変化をたどる営みには、エウセビオスに始まる「教
会史」や、近代では A. ハルナックが提唱した「教義史」がある。どちらの
試みにおいても、人間の営みの産物である教会や教義は歴史的な記述の対象
となるにしても、キリスト教の絶対的な（＝他の宗教とは比較不可能な）真理
性の主張は保持されていた。しかしながら、歴史学の方法とは、徹底的にキ
リスト教に適用されるならば、「すべてを一変させ、ついには神学的方法の
これまでの形式すべてを破裂させるパン種」（トレルチ「神学における教義学
的方法と歴史学的方法」）のようなものなのではないのか。そのような意識か
ら、「宗教史」の考察に基づきキリスト教の絶対性と真理性について考察し
たのがエルンスト・トレルチだった。

生涯

トレルチは 1865 年にアウクスブルクの医者の家に生まれた。地元のギム
ナジウムを卒業後、エアランゲン大学、ベルリン大学、ゲッティンゲン大学

で神学を学ぶ。ゲッティンゲンではアルブレヒト・リッチュルに学ぶも、その神学思想への不満を共有する仲間たちと「宗教史学派」と呼ばれる神学者の一団を形成した。教授資格論文『ヨーハン・ゲルハルトとメランヒトンにおける理性と啓示』では、宗教改革の中世的性格を指摘した。

　1892年にボン大学の員外教授、1894年にはハイデルベルク大学神学部の正教授に着任する。ハイデルベルクでは新カント派（西南学派）の哲学と本格的に取り組み、心理学・認識論に基礎づけられた宗教哲学を展開すると同時に、マックス・ヴェーバーと「専門家どうしの友情」を結び、『キリスト教会と諸集団の社会教説』に結実する宗教社会学分野での豊かな業績を生み出した。同書の重要な成果の一つとして、近代のキリスト教における神秘主義類型の重要性を明らかにしたことが挙げられる。

　第一次世界大戦中の1915年、トレルチはベルリン大学哲学講座に転出する。敗戦による帝政の終焉、そして共和国の成立という社会の激動を首都ベルリンから見つめ、『観察者書簡』などの時事評論を発表する一方で、歴史哲学の研究に打ち込み、その結果は未完の大著『歴史主義とその諸問題』にまとめられた。1923年2月、58歳の誕生日を迎える直前に急逝した。

解題

　キリスト教が視野に入る唯一の宗教であるとき、キリスト教を「絶対的」な宗教だとみなす発想は出てこない。むしろ、近代になり宗教史と比較宗教学の研究が進んだことで、キリスト教以外の宗教にも「相対的」な真理を認めながらも、キリスト教は他の宗教との比較を絶した真理を持つとする弁証論に基づく「キリスト教の絶対性」という考え方が生じた。しかし、トレルチが「神学における教義学的方法と歴史学的方法」で指摘するように、歴史学的方法の基礎には歴史現象の同質性という考え方があり、キリスト教だけをあらかじめ比較検討の対象から外すのは、古き教義学的方法の残滓である。歴史学の思考方法と研究手段を全面的に適用すると、キリスト教を絶対的な宗教だと主張することは不可能になる。

　それでは、あらゆる宗教の真理主張は相対化されてしまうのだろうか。そうではないとトレルチは述べる。「相対主義か、それとも絶対主義かの二者択一ではなく、二つの化合、すなわち、相対的なものから絶対的な目標への方向づけが現れてくることが歴史の問題」であり、キリスト教を現時点で最

高の価値を持った宗教だと認めることができるというのである。

　この判断を導くのは、「キリスト教は事実、偉大な諸宗教のうちで、人格主義的な宗教性の最も強く、最も集中した啓示である」という評価である。しかしここには一つの循環が隠れている。なぜなら、トレルチによれば西欧近代が育んできた歴史学的な思考は、その核心に、歴史を考察する主体自身が人格性の担い手であるという前提を持ち、「自分自身の人格性と同じように、人間の歴史を規範化し判定する」ものであるからである。したがって、歴史学的な思考態度をとる主体は、自らの人格性に照らして、人格主義的な宗教であるキリスト教に最高の価値を認めることになる。

　『キリスト教の絶対性と宗教史』を、後年のトレルチは、その後の自分の思想展開の「萌芽」と呼ぶ。人格の根底に宗教性を見出そうとする宗教的アプリオリ論、歴史の中でキリスト教がどのような形態を取ってきたかを整理する『キリスト教会と諸集団の社会教説』、近代的な歴史意識の展開を批判的に検討する『歴史主義とその諸問題』はいずれも、歴史の流れの中でキリスト教の規範的価値を見出す努力であった。

　遺稿となった「世界宗教のなかでのキリスト教の位置」では、そのような思索の過程を経て、「キリスト教の絶対性」の問題が改めて論じられる。そこでは、「どんな論証の出発点も、各文化圏の一定の特性とすでに結びついている。人格性の理念すらも東洋と西洋で異なっており、それゆえ、人格性理念というこの土台から出発する論証もこちらとあちらとでは異なった結論に到達するほかない」と述べられ、人格性理念の歴史的負荷への自覚が深まっている。その結果、遺稿においては、キリスト教は「私たちに向けられた神の顔」であるとされ、キリスト教信仰を保持することの妥当性と同時に、他の宗教の真理性により開かれた態度が示されている。

　バルトによる啓示の神学の影響の下、トレルチの神学思想は直接的な後継者を持たなかった。しかし、1980年代以降、「トレルチ・ルネサンス」と呼ばれる再評価が進み、トレルチの現代的意義が見直された。この時期には、「宗教」に関する近代の言説を対象にいわゆる宗教概念批判がなされたが、トレルチの思想はそれによって色褪せるものではない。なぜなら、『キリスト教の絶対性と宗教史』で「絶対性」という概念について、そして翌年の論考「《キリスト教の本質》とはなんのことか」で「本質」という概念について実践されているように、考察の前提となる概念を反省的に分析するト

レルチの考察方法は、宗教概念批判を先取りするものであると言えるからである。トレルチが目にしていたよりもさらに多元化の進む現代社会においてキリスト教の意味を考えようとする者に、トレルチの問題設定と解決に向けた試みは、今なお重要な示唆を与え続けている。

文献

トレルチ「キリスト教の絶対性と宗教史」高野晃兆訳、『現代キリスト教思想叢書2』白水社、1974 年。

トレルチ「世界宗教のなかでのキリスト教の位置」大坪重明訳、『歴史主義とその克服』理想社、1968 年。

近藤勝彦『トレルチ研究　上・下』教文館、1996 年。

安酸敏眞『歴史と探求──レッシング・トレルチ・ニーバー』聖学院大学出版会、2001 年。

小柳敦史『トレルチにおける歴史と共同体』知泉書館、2015 年。

【小柳敦史】

6 生への畏敬の倫理

（アルベルト・シュヴァイツァー『文化と倫理』）

命　　題

生への畏敬の倫理は、なんら相対的倫理を承認しない。生の保持
と促進のみを善として認める。あらゆる生の破壊と損傷は、いか
なる事情のもとにもあれ、悪と呼ぶ。倫理と必然との妥協という
でき合い品は手持ちにしていない。つねに新しく、つねに独創的に、
生への畏敬の絶対倫理は、人間のなかで現実と対決する。この倫
理は人間のために葛藤を処理することをしない。

シュヴァイツァー『文化と倫理』1923 年

はじめに

　本命題は、アルベルト・シュヴァイツァー（Albert Schweitzer, 1875–1965）
が、『文化と倫理（Kultur und Ethik）』において「生への畏敬（Ehrfurcht vor dem
Leben）」の倫理を構築する際に述べられたものである。「生への畏敬」とは、
私たちが、人間の生命はもちろんのこと、人間以外の生きとし生けるものす
べての生命を尊ぶことを旨とする主張である。シュヴァイツァーは、「生へ
の畏敬」の倫理を構築するために、本書において、主として、古代から現代
に至るまでの西洋の倫理思想を検討し、その思想を、自己完成の倫理と他者
献身の倫理に類型化して論じるのである。シュヴァイツァーによれば、これ
までの倫理思想には優れた要素が多々存在するものの、一面的な自己完成の
倫理、一面的な他者献身の倫理に偏っており、両者を媒介することができな
いことを批判する。シュヴァイツァーは、自己完成の倫理と他者献身の倫理
を媒介しうるものとして「生への畏敬」の神秘主義を示し、それを基礎に倫
理を構築するのである。

生涯

　本命題を唱えたシュヴァイツァーは、ドイツの神学者、哲学者、医師、音

155

楽家である。彼は、1875年1月14日、当時ドイツで、その後フランス領となったアルザス（ドイツ名：エルザス）地方のカイザースベルクで、プロテスタントの牧師の長男として生まれた。1893年、シュトラースブルク大学に入学し、そこで哲学と神学を同時に学修した。1899年、カント哲学の論文にて博士学位を取得し、1901年、神学の論文（聖餐論）にてリツェンチアート（神学得業士）の学位を取得した。そのかたわら、パイプオルガンの巨匠、C.-M. J. ヴィドールに師事し、オルガニストおよびJ. S. バッハの研究者として名声を得た。1905年、講師在任のままシュトラースブルク大学医科に入学、1911年に医師国家試験に合格、1913年、医学の博士学位を取得した。その間、『イエス伝研究史』を公刊した。同年、大学および教会の職を退き、当時のフランス領赤道アフリカ（現在のガボン共和国）のランバレネに赴き、医療活動を開始したが、第一次世界大戦が勃発し、1918年、捕虜交換により帰国し、1923年、『文化と倫理』を公刊し、「生への畏敬」の倫理を構築した。1952年、ノーベル平和賞を受賞し、世界的に知られる存在となり、世界平和、核廃絶の問題についても発言するようになった。1957年および1958年にノルウェーのオスローで「戦争か平和か」、「核実験を中止せよ」という題目で、それぞれ講演を行っている。1965年9月4日、ガボンのランバレネで90歳にて死去、同地に葬られた。

背景

シュヴァイツァーが「生への畏敬」の倫理を構築した背景には、第一次世界大戦による文化の危機的状況を看取したことにある。とりわけ、大戦において敗戦国となったドイツでは、深刻な文化の危機として強く受け止められた。彼は、文化の衰退の主要な要因を、物質的進歩と精神的進歩（倫理性を主軸とする）とのアンバランスに見るのである。この不均衡を克服し文化を再建するために、「生への畏敬」の倫理をシュヴァイツァーは構想するのであるが、そのために、彼は、自己完成の倫理と他者献身の倫理との関係性を主軸に考察する。自己完成とは、簡単に言えば、自己の思いを実現することに主眼を置くことである。それに対して、他者献身とは、他者のために奉仕することに主眼を置くことである。しかし、現実において、自己の思いの実現を貫徹しようとするならば、他者の思いを損ねることとなり、専ら他者のためにのみ奉仕するならば、自己の思いを実現することが困難になると考え

られる。この一見すると相互に矛盾する自己完成と他者献身をどのように媒
介することができるのかという問いは、人類にとって普遍的な問いであると
言えよう。このような問いに果敢に挑戦し、その解答として、シュヴァイツ
ァーは「生への畏敬」の倫理を提唱する。

解題

　「生への畏敬」の倫理の中心命題は、「生きとし生けるものの命のかけがえ
のなさを尊ぶ」ことであるが、シュヴァイツァーは、私たちがこの倫理を身
につけるためには、私たちが、各々の生への意志について思索しなければな
らないと考える。シュヴァイツァーによれば、私たちが自己の生への意志に
ついて考えるならば、それが、エゴイズム的な意志であることは容易に見て
取れるとされる。というのも、私たちは、自己の生存を確保するために、他
の生存を犠牲にせざるを得ないという生の現実を認めないわけにはいかない
からである。このように、シュヴァイツァーは、私たちの生への意志につい
て悲観的な見方をするのであるが、彼は、そのような見方にとどまることは
しない。悲観的な見方を克服するために、シュヴァイツァーは、自己を超え
た何者かによって、自己の存在が贈与されたことへの不思議に思いを馳せる
こと（「生への畏敬」の神秘主義）を提唱する。つまり、存在しなくてもよか
ったにもかかわらず、ほかならぬ自己を存在させてくれた何者かに対して
畏敬の念を抱くことによって、自己の存在がかけがえのないものであること
が感じられ、自己の生が真に肯定されることを彼は考察する。このように、
「生への畏敬」の神秘主義によって、自己の生が肯定されるのであるが、自
己の生の肯定を起点に、シュヴァイツァーは、他者の生のかけがえのなさを
感得し、他者の生を肯定し、他者に対する実践的な献身を導くことができる
と考える。ここでの他者とは、人間だけに限られず、動植物等すべての被
造物へと拡張されうるのである。そして、シュヴァイツァーは、他者に対す
る実践的な献身への原動力について以下のように考える。すなわち、彼は、
「生への畏敬」の神秘主義を起点に、自己が他者に対して罪責（負い目）を
感得することが、献身への原動力となり、罪責を克服することへの努力（要
求）が生ずるとされる。彼は、自己完成の倫理と他者献身の倫理を、生への
畏敬の神秘主義に基づく自己の罪責の感得、罪責を克服することへの努力に
よって媒介しうると考える。シュヴァイツァーにとって「生への畏敬」の倫

理とは、自己完成の倫理に属する事柄だけではなく、他者献身の倫理に属する事柄でもある。

　このようなシュヴァイツァーの「生への畏敬」の倫理は、一見すると純粋に哲学的な立場から構築されたものであると考えられるが、彼の神学的な立場と密接に関係しているのである。彼は、「生への畏敬」の倫理を、イエスの愛の精神と重なるものであり、それを徹底化するならば、献身の対象はすべての被造物へと拡張されうると考える。しかし、このようなシュヴァイツァーの主張に対しては、いわゆる正統的な神学的立場から異論が唱えられた。とりわけ、カール・バルトは、『教会教義学』の第3巻、「創造論」において、「生への畏敬」という表題で、シュヴァイツァーの「生への畏敬」の倫理について批判的に考察している。バルトは自らの倫理学を「神学的倫理学」、シュヴァイツァーのそれを「哲学的倫理学」と規定し、彼は、シュヴァイツァーが、生を倫理学における支配的原理とみなすことを批判する。確かに、バルトは、シュヴァイツァーの「生への畏敬」の倫理が、人間だけでなく、全被造物へと適応していることを一定程度評価する。しかし、バルトにとって倫理とは、神の戒めの支配的原理の下での生なのである。バルトの主張には傾聴する点も多々あるが、シュヴァイツァーの倫理を、純粋な「哲学的倫理学」と考える点に関しては疑義を持たざるを得ない。すなわち、シュヴァイツァーの「生への畏敬」の倫理は、純粋な哲学の立場からのみ構築された倫理ではなく、イエス論、パウロ論（キリスト神秘主義）、終末論思想、説教等、彼の神学的立場と密接に連関して構築された倫理でもあるのである。その点を考えるならば、バルトのシュヴァイツァー批判には行き過ぎの面もあると思われる。

　最後に、シュヴァイツァーの「生への畏敬」の倫理の現代的意義に触れておく。今日の地球規模での生態学的な危機的状況の下で、聖書の伝統的な解釈が改めて問い直されている——もちろん、「生への畏敬」の倫理についての聖書的な根拠を首尾一貫した形で指摘することは容易ではない——。とりわけ、エコロジーの神学において、倫理の配慮の対象を生態系にまで射程を及ぼすことが提唱されている。その点において、「生への畏敬」の倫理からの影響を読み取ることができる。シュヴァイツァーが提唱した「生への畏敬」に私たち一人一人が思いを馳せることは、私たちの生の自己中心的な欲望のあくなき追究が、他のあらゆる生の犠牲の上に成立していることを知ら

しめ、私たちの生き方を再考させることとなり、現代の環境危機を克服しう
る一助となると思われる。

文献

シュヴァイツァー『文化と倫理　文化哲学第二部』氷上英廣訳、『シュヴァイツ
　　ァー著作集 第 7 巻』白水社、1957 年（原著 Albert Schweitzer, *Kultur und Ethik*,
　　München: Beck, 1923）。

笠井恵二『シュヴァイツァー──その生涯と思想』新教出版社、1989 年。

金子　昭『シュヴァイツァー──その倫理的神秘主義の構造と展開』白馬社、
　　1995 年。

森田雄三郎『シュヴァイツァー』日本キリスト教団出版局、1973 年。

岩井謙太郎『シュヴァイツァーの倫理思想──哲学・宗教・実践をつなぐ「生へ
　　の畏敬」の倫理』三恵社、2018 年。

【岩井謙太郎】

7　神の人間との無限の質的差異

（カール・バルト『ローマ書講解』）

命　　　題

「神は天にあり、汝は地上にいる」。この神のこの人間に対する関係、この人間のこの神に対する関係が、わたしにとっては聖書の主題であり、また哲学の全体である。哲学者たちは、この人間の認識の危機を根源と名づけた。聖書はこの十字路にイエス・キリストを見る。

バルト『ローマ書講解』第2版への序

背景

1914 年に勃発した第一次世界大戦は、それまで世界の中心であったヨーロッパの文化的・世界史的な破局と、ヨーロッパの文明が無限に進歩し続けるかのように信じられた歴史の終焉を意味する深い断絶を生み出した。そして、この大戦は、そのようなヨーロッパ世界を精神的に支えていた当時の近代神学全体を根底から揺るがした。

　近代神学とは、一般的に 19 世紀のシュライアマハーから始まる神学を指す。近代の時代精神の影響を受けたこの神学は、人間中心主義・楽観主義といった、近代に共通する性格を色濃く帯びていた。

　シュライアマハーの神学は、キリスト者の自己意識を体系的に叙述するものであり、従ってその神学的体系は本質的に人間中心的なものであった。無論、シュライアマハーにおいても、神、および神と人間との関係が、神学の問題の中心ではあった。だが、「人間性」に大きな信頼を置くシュライアマハーは、神と人間との関係を論じる際に、人間性から、すなわち人間の宗教的体験から始めるという、下から上へと至る道をたどった。シュライアマハーの神学に見られる、敬虔な宗教的人間の人間性において自らを方向付けるような神学の人間中心的性格は、近代神学の顕著な特徴であった。

　また、ドイツ観念論の影響を受けた近代神学は、特にリッチュルに顕著に

見られるように、「歴史」を聖性によって導かれる完成へのプロセスとして観念論的に捉えた。リッチュルは「神の国」を、イエス的・終末論的に理解するのではなく、カント的な道徳性の概念として解釈した。この道徳性において「神の国」は、神が人間に啓示した最高善として、人間が達成すべき倫理的目標概念となり、この地上に道徳的な理想社会を実現することこそが、「神の国」を実現する人類の共通課題であるとされた。

　この時代の神学の基盤となっていたものは、近代の進歩と共に常に発展・拡大を続けるかに見えた「キリスト教世界」への信頼であった。このような進歩的な歴史観が、近代という時代の情熱の源であったのだが、第一次世界大戦がもたらしたヨーロッパ世界の決定的な文化的・歴史的破局によって、無限に発展する「キリスト教世界」というものが幻想であったことを自覚させられるに至った。大戦は、人間性や世界を完成へと導くはずであった理性や文明の力に対する信仰を砕いた。近代的な理性や道徳は戦争を食い止めることができず、進歩し続ける文明はかえって世界史上類を見ない破滅をもたらした。歴史の持続的・恒久的な進歩発展と、理性の道徳的・宗教的な力とが決定的な仕方で疑問視されたとき、神学を人間性ではなく「神の言葉」を土台として構築し直すということ、バルトによれば神学が「聖書の事柄そのもの」に立ち返って、神と人間との関係を厳しく捉え直すということが、改めて神学の課題として示唆された。そのようにして、近代神学を克服すべく現れてきたのが、バルトを筆頭とするいわゆる弁証法神学であった。

　バルトもはじめは近代神学の学徒であり、熱心な自由主義神学の信奉者であった。しかし、バルトが近代神学を決定的に疑うこととなる出来事が起きる。第一次世界大戦の勃発に際し、ハルナックをはじめとする当時の代表的な神学者を含む、ドイツの多くの自由主義的知識人が、皇帝ヴィルヘルム2世の戦争政策を支持する「知識人宣言」に署名したのである。バルトはこの署名人たちの中に、彼が師事したほとんどすべての教師の名前があることを見て、それまで信用に足ると思っていた神学の釈義、倫理、教義学、説教のすべてが根底から動揺し、崩れていくのを感じた。この体験はバルトにとってあまりに深刻であった。自らが拠って立つべき神学の基盤を見失ったバルトは、神学の新しい根拠を求めて、改めてまったく新たな仕方で聖書を深く読み、解釈することに取り組んでいった。そうした中で著されたのが、初期の代表作『ローマ書講解』である。

解題

　「神は天にあり、汝は地上にいる」ということ、すなわち「神は神であり、人は人である」ということ、これはバルトが『ローマ書講解』の中で繰り返し主張し、この書物全体を通じて通奏低音のように響いている主題である。バルトはここで、神と人間との領域を厳格に区別し、両者の領域が無媒介に繋がるような直接性を完全に否定した。近代神学は、近代の学問的批判にさらされた「信仰」を、19世紀の文化・文明がもつ活力に匹敵するような力であるとし、またキリスト教とその信仰こそが当時の文化の最高の表現形態であるとして弁証しようとした。そして、キリスト教信仰が一般に受けいれられる妥当性のあるものとなるために、その時代にとって不快で躓きとなるものをキリスト教から取り除こうとした。だが、そうした試みは本来のキリスト教とは異なる何かを創り出すことになってしまう。シュライアマハーとその当時の人々が関心をもったのは、人間の外にあり、人間を超える存在である超越の神ではなく、人間性の中にあり、精神に内在する永遠なるものであった。バルトが近代神学を批判したのは、彼らの関心が宗教的な自意識、すなわち人間についての関心であって、神についての関心ではなかったからであった。神学が神について考えず、人間についてのみ考えるということが起きていた。キリスト教の使信、すなわちバルトが「聖書の事柄そのもの」とした神と人間との真正の関係というキリスト教の本質的な問題は、単なる人間の問題の一側面、あるいはそもそも問題にすらならないものとして片付けられてしまう危険にさらされていた。バルトはそのような神認識の直接性・単純明快さを徹底して否定した。バルトは聖書に改めて向き合う取り組みの中で、パウロが見つめていた神が、近代神学の述べていたようなものとはまったく違うものであることを見出し、近代神学が見失っていた「神」を発見する。パウロにとって神は、人間の自意識に内在する存在ではなく、人間にとって徹底的な「否」として、この世の此岸に対して断絶した「彼岸」として、無限に横たわる「深淵」として、「絶対的他者」として存在している。近代神学はこの神と人間との断絶を軽視し、あるいは無視してきた。

　「神は天にあり、汝は地上にいる」。神と人間との間に絶対的な質的断絶が横たわっており、従って人間性の延長上に神を認識しようとする試みは必ず失敗に終わるという「認識の危機」が存在する。バルトはまずこのことを確

認する。しかし、それにもかかわらず、この断絶を超えて、神と人間との領域が交わるような「十字路」が聖書に示されている。それが、イエス・キリストである。バルトによれば、時と永遠、人間の義と神の義、此岸と彼岸といった神と人間の二つの領域は、イエス・キリストにおいて明確な仕方で分けられ、出会い、交わる。「イエス＝キリスト」、この「名」の真実の意味と、十字架と復活において、人間の罪と限界性、神の恵みと超越性がはじめて真正に認識される。イエスがキリストであることによって、神が無限の差異と断絶を超えて人間に啓示している事柄を知ることができる。「イエスがキリストであること」、これがすべての認識の根源であり、すべての神学の根拠である。バルトはこのように、イエス・キリスト以外に神と交わる場、すなわち神認識の場はないとして、「キリスト論」に集中していく。シュライアマハーをはじめとした近代神学が最も薄弱だった点は「キリスト論」であった、とバルトは指摘している。イエスが真の意味でキリストであるということもまた、近代においては躓きとなるものとして、近代神学が敢えて語ろうとしなかったものであった。

　バルトが新たに見出した「ローマ書」の主題は、次のようなものである。絶対的な断絶の前で「神と世界との質的差異」を意識しながら神を愛すること、「世界の転回」としての復活を肯定すること、「神の否」をキリストにおいて肯定し甘んじて受け入れる畏敬を持つこと、そのような畏敬において自らを誇ることのない「空洞への意志」を持つこと、人間性の否定の中に動揺しつつ踏みとどまること、そのような信仰が、「ローマ書」の主題である。

　神に対する人間の可能性を一切断念し、人間に対する神の可能性に一切を任せるとき、人間が罪人である「にもかかわらず」、恵みによって人間の信仰が考慮に入れられて罪が赦されるという、「不可能な可能性」が見えてくる。人間が神から断絶した罪の状態にあり、人間の側から神に対して働きかける可能性がまったくないということを意識するとき、神と人間との領域の断絶線上の一点であるキリストの前でまったく停止し、自らにその恵みを受ける根拠がないにもかかわらず、恵みが与えられることを希望し得ないのに希望する信仰、この「キリスト信仰」がパウロの「ローマ書」の核心である。バルトはここで、このような信仰によって特徴づけられた人間を、「新しい人間」と呼ぶ。この「新しい人間」は、信仰以前の「古い人間」の廃棄として、すなわち信仰における「古い人間」の死と復活によって立ち現れてくる

存在者である。人間と神との間に横たわる断絶、人間の限界において立ち止まり、救われる価値がないにもかかわらず救われるかもしれないという「不可能な可能性」、人間に対する神の可能性に一切を任せるという不条理な信仰の冒険を回避しないとき、人間は「新しい人間」として、神と人間との新たな関係における「新しい世界」の入り口に立つ。このようにバルトは、神と人間との無限の質的差異という断絶を語りながら、イエス・キリストという「根源」における両者の出会いと一致を語る。

　バルトは、「新しい世界」と接していながらも直接的には交わることのない「古い世界」の限界状況を「終末」と言い表した。バルトにとって「終末論」は、『ローマ書講解』の主題である神と人間、および時と永遠の「無限の質的差異」の論理そのものであり、聖書の主題として欠くことのできないものである。バルトは、近代神学が古代思想に過ぎないとして引きおろした終末論を、信仰の論理として自らの神学の中心に置いた。バルトにとって終末とは、未来にやってくるかもしれない世界の滅亡の時のことではない。永遠に属する「新しい世界」が、時間に属する「古い世界」の転回点として、あらゆる瞬間的「現在」に接しているのである。不可能の可能性を信じる信仰による転回によって、今この「瞬間」において、「古い人間」と「古い世界」の終わり、「新しい人間」と「新しい世界」の創造が立ち現れてくる。すなわち、終末は未来ではなく、既に今ここにある。バルトによれば、再臨が遅れているのではなく、人間の目覚めが遅れているのであって、待望するのは人間ではなく神である。

　このようにバルトは、終末論を信仰の論理として、「神の人間との無限の質的差異」の体系の基盤として、自らの神学の中心に置いた。バルトは「完全に徹底的に終末論でないようなキリスト教は、完全に徹底的にキリストと関係がない」と断言している。

　『ローマ書講解』におけるバルトの神学的な試みは、次のようにまとめられよう。神を人間の延長線上に捉え、人間の環境改善を求めて神に働きかけるかのような当時の神学に対して、徹底的な神の「否」を投げかけ、人間が終末論的な限界状況にあることを示すこと、そして「神の人間との無限の質的差異」を強調することによって、徹底的に上からの神学、人間が神に対して働くのではなく神が人間に対して働く神学を構築することであった。それは神学が、大きな声で「人間について」語るのではなく、あくまで「神につ

いて」、「神の言葉について」語るべきであることの表明であった。バルトは聖書と真摯に向き合う取り組みの中で、イエス・キリストという「根源」に集中することにより、神学の本来の対象である「神」を発見したのであった。

　バルトは以上のような『ローマ書講解』における「神の発見」の後、後期の主著『教会教義学』に至る過程で、「断絶」の弁証法から発展して、神と人間との積極的関係、すなわち「神の人間性」を論じ、『ローマ書講解』では否定的に論じられていた「教会論」を積極的に展開していくことになる。それでも、「神は天にあり、汝は地上にいる」という主題は、バルト神学全体を貫くテーマであり続けた。バルトの神と人間との関係に対する鋭い視点は、後の告白教会のナチスとの教会闘争においては「バルメン宣言」というかたちで闘いに神学的基盤を与え、また冷戦下の東西対立にあっては特定の政治的イデオロギーに加担することなく平和の道を歩んでいく教会に指針を与えた。

文献

カール・バルト『ローマ書講解』上下、小川圭治訳、平凡社ライブラリー、2001年。

佐藤司郎『カール・バルトの教会論──旅する神の民』新教出版社、2015年。

E. ブッシュ『カール・バルトの生涯 1886–1968』小川圭治訳、新教出版社、1989年。
大木英夫『バルト』講談社、1984年。

【阿久戸義愛】

8 新約聖書神学の前提としてのケリュグマ

（ルドルフ・ブルトマン『新約聖書神学』）

命　　題

イエスの告知は新約聖書神学の諸前提に属するのであって、新約
聖書神学自体の一部ではない。なぜなら、新約聖書の神学は、キ
リスト教信仰がその対象、根拠、帰結をたしかめていくその思想
の展開の中に存するのである。そして、キリスト教信仰というも
のは、キリスト教のケリュグマ（宣教）、つまりイエス・キリスト、
しかも十字架につけられし者、甦りし者を神の終末論的な救いの
業として告知するケリュグマが存在してのちに、初めて存するの
である。

ブルトマン『新約聖書神学』第 1 部「イエスの告知」緒言

はじめに

　神学は、キリスト教思想の中心に位置しており、通常キリスト教固有の学
問と解されている。しかし、神学はその歴史的起源に即して言えば、古代ギ
リシアの哲学思想に由来するものであって、このギリシア起源の学問をキリ
スト教が自らの学問として受容したことは、その後のキリスト教神学の学問
性と無関係ではない。特に、近代以降の思想状況において、神学がいかなる
意味で学問なのかという問題は、神学と歴史学あるいは聖書学との関係を争
点に展開されてきた。およそ 100 年前の自由主義神学と弁証法神学との論争
――たとえば、ハルナック-バルト論争――はこの争点をめぐっていたと解
釈できる。この問題状況において神学の学問性に関して重要な思索を行った
神学者としてブルトマンが挙げられる。

生涯

　ルドルフ・ブルトマン（Rudolf Bultmann, 1884–1976）は、1884 年 8 月 20 日

にルター派牧師一家の長男として、北ドイツのヴィーフェルステーデで生まれた。1903 年にテュービンゲン大学神学部に入学し、1905 年にはベルリン大学に移ったが、当時のベルリン大学では、ハルナックらの著名な神学者が教鞭をとっていた。その後、ブルトマンはマールブルク大学に移り、ユーリヒャー、ヴァイスから新約聖書学を、そしてヘルマンから組織神学を学び、マールブルク大学で博士論文と就職論文を執筆した。ブルトマンは 1916 年までマールブルク大学の新約学の私講師として教えたが、バルトやトゥルナイゼンと出会ったのはこのマールブルク大学においてである。ブルトマンは、ブレスラウ大学助教授を経て、1921 年、マールブルク大学に新約学教授として戻り、その後 30 年あまりの間、新約学を担当した。マールブルク大学は、ブルトマン、バルト、ティリッヒらの交流の舞台となり、その中には、ハイデガーやガダマーが加わった。ブルトマン自身は、様式批判の方法を福音書研究に適用し、実存論的解釈、非神話論化を提唱するなど、ドイツの新約学を牽引する役割を果たす。また、多くの高名な弟子を輩出し（ブルトマン学派）、この弟子たちは第二次世界大戦後の神学思想をリードすることになる。

背景

　19 世紀以降の近代キリスト教神学は、啓蒙主義の台頭、世俗化の進展を背景とした、新しい問題状況に直面した。近代的思惟を特徴づける自然主義と歴史主義がキリスト教思想に対応を迫ったということである。自然主義（自然の出来事は超自然に訴えるのではなく自然の因果連関の内部で説明する）は、ニュートン力学をモデルとした実証主義的な自然科学や哲学的な実証主義として進展し、キリスト教思想は、形而上学や存在論、宇宙論、生命論といった分野からの後退を余儀なくされた。これは神学の倫理化を促進することになる。また、歴史主義（歴史の出来事は超歴史的なものに訴えるのではなく歴史的な因果連関の内部で理解する）は、キリスト教思想が近代歴史学を自らの学問的基盤として受け入れるよう促した。ブルトマンらが直面した神学の問題状況は以上のように描くことができる。自由主義神学と弁証法神学との論争は、こうした背景の中で生じたのであり、ブルトマンは、新約聖書学者として自由主義神学の立場と方法論に依拠しつつも、バルトらの弁証法神学に共感しそれに加わったのである（「自由主義神学と最近の神学運動」1924 年。『著

作集』所収）。ここに 20 世紀前半のキリスト教思想の問題状況が典型的に表れている。

解題

　冒頭の命題は、新約聖書学者にして神学者というブルトマンの思想的立場を明確に示している。たとえば、イエスのメシア意識はブルトマン以前の新約聖書学における争点であり（メシアの秘密）、それは聖書学の方法論的な限界に関わっている。ブルトマンによって福音書に適用され 20 世紀の新約聖書学の基本的方法となった様式批判も、共同体における伝承過程を扱うものであって、それによってイエス個人の内面性に遡及するには限界がある。この聖書学の方法論的な限界においてなおもイエスとキリスト教との関係を論じるには、神学的視点を明確にしなければならない。ブルトマンは、イエスのメシア意識には懐疑的であるが（『イエス』1926 年。『著作集』所収）、これは新約聖書神学にとって副次的な事柄であって、新約聖書神学の成立はそれに依存しないとブルトマンは考える。「新約聖書の神学は、キリスト教信仰がその対象、根拠、帰結をたしかめていくその思想の展開の中に存する」とは、ブルトマンの神学的判断であり、一見すると、イエスは新約聖書神学に属さないという否定的な命題を帰結する──もちろん、イエスは新約聖書学の対象であり、神学の前提である──。しかし、神学とは、ケリュグマと信仰の存在に立脚する学問であり、信仰から理解へという過程こそが神学の営みにほかならない。ブルトマンの神学論文集（全 4 巻。『著作集』所収）の表題「信仰と理解」はこの点を端的に示しており、これは弁証法神学の神学者たちによって広く共有された神学理解にほかならない。

　ブルトマンについては、実存論的解釈や非神話論化という議論が有名であるが、次に、これと以上の神学理解との関係を論じたい。ブルトマンにおいて、神話と神話論との関係規定には曖昧さが残るものの、両者は概念的に区別されており、Entmythologisierung は「非神話化」ではなく「非神話論化」と訳すべきである。この区別を行わないと、「神話論は素朴な仕方で彼岸を此岸に対象化する。……Entmythologisierung の試みは、これに対して神話の本来的意図を貫徹させようとする」（「非神話論化によせて」1963 年。『著作集』所収）といった議論は理解不可能になる。非神話論化とは、自然主義の衝撃を受けて、キリスト教の伝統的（聖書的）な世界観と近代人のそれとの乖離

が顕在化したことに対して、世界観的表象（神話論）が信仰の聖書的で伝統的な表現形式であったとしても、それと信仰内容とは区別できる、さらに言えば両者は分離可能であるとすることによって応える試みである。神話論は素朴な客観化・対象化の営みであり、信仰は主体性の事柄である。

　ブルトマンは、この非神話論化と対になる聖書の実存論的解釈において、マールブルク大学での同僚であったハイデガーの哲学（『存在と時間』）を参照しており、神学論文集『信仰と理解』（第1巻、1933年。『著作集』所収）に集録された1920年代の論考には、実存論的解釈の形成過程がハイデガーとの関わりとともに確認できる。「神を語ることは何を意味するのか」（1925年）における実存概念の使用、「ヨハネ福音書の終末論」（1928年）における神の言葉への聴従（決断）としての信仰理解などである。神の語りかけ（啓示、説教など）において、信仰者は永遠の生と永遠の死が決せられる危機に直面させられ、決断が迫られる（終末論的今）。これは客観的な世界観の問題ではなく、信仰の実存的決断の事柄であり、この信仰理解が、冒頭の命題に示された神学理解に結び付いているのである。聖書学が解明しようとするイエスに関わる学問的で客観的な事柄は、神学の前提ではあっても、神学が存立するにはそれだけでは十分ではない。ブルトマンにとって、神学はケリュグマに直面した実存的主体が自己理解へ至る過程として存在するのであり、ブルトマンは、パウロとヨハネの中に自らの神学の指針を見出している。たとえブルトマンの聖書学的な釈義は古くなったとしても、彼の信仰理解と神学は遙かに長い射程をもっているのである。

文献

『ブルトマン著作集』全14巻、新教出版社、1980–1994年。

熊澤義宣『増補新装　ブルトマン』日本キリスト教団出版局、1987年。

【芦名定道】

9 実存的不安と勇気

（パウル・ティリッヒ『生きる勇気』）

命　題

生きる勇気は信仰の一つの表現である。

ティリッヒ『生きる勇気』

はじめに

　現代人は不安に苛まれ、絶望に襲われ、出口なき混迷を生きている。閉ざされて、圧せられて、息苦しさを覚える。この魂の枯渇を潤し、癒し、実存の窮境から私たちを救うものとは何であるのか。この切実なる信仰的な課題を哲学と神学の境界線上で追い求めたのがパウル・ティリッヒである。彼は人間の実存状況から問いを取り出し、それに呼応する答えを聖書の啓示から導き出す、いわゆる問いと答えの相関（correlation）をもって、伝統的なキリスト教的使信の現代的解釈を目指す。したがって、問いの射程は現代人のあらゆる文化的、社会的、政治的状況に及び、その学際的な特徴から彼の神学は文化の神学、弁証神学、哲学的神学などと呼ばれる。その中で信仰という概念にも新しい解釈が施されていくが、その試みの一つが「生きる勇気は信仰の一つの表現である」という命題に集約される。

生涯

　ティリッヒは 1886 年にドイツでルター派の牧師の息子として生を受ける。ベルリン、テュービンゲン、ハレの大学で学びを修める。この間にフリッツ・メディクスからドイツ観念論（シェリング哲学）を、マルティン・ケーラーからルター神学（信仰義認）の手ほどきを受けるが、この時期から既に哲学と神学の関係論への強い関心が見て取れる。ブレスラウとハレでの学位取得後、彼は聖職者の道を歩み始める。第一次世界大戦時には従軍牧師として出征するが、戦時下の惨状を目撃した衝撃は圧倒的であり、表層的な信仰心は打ち砕かれ、彼を不安と絶望に陥れる。この経験を経て、彼は「神なき信仰」の逆説を説き、通俗的な有神論を超克するため「神を超える神」を着

想する。帰還後、ティリッヒはベルリン大学の私講師を皮切りに、マールブルク、ドレスデン、ライプツィヒ、フランクフルトで教鞭をとる傍ら、関心領域を芸術論、技術論、精神分析学などへと広げ、学際的な神学研究に取り組み、さらに政治論として宗教社会主義の立場を鮮明にした。その理論書にあたるのが1933年に刊行された『社会主義的決断』であるが、同年に誕生したナチス政権によって発行停止の処分となり、彼はアメリカへの亡命を余儀なくされる。ラインホールド・ニーバーの尽力によって、ニューヨークのユニオン神学校で職を得て、主著『組織神学』第1巻（1951年）を完成させることになるが、これと同時期の著作が『生きる勇気』（1952年）である。その後、ハーバード大学でユニバーシティ・プロフェッサーとして活躍し、シカゴ大学でミルチャ・エリアーデと共同演習を開くなど、1965年に生涯を閉じるまで多彩な活動を見せた。

背景

ティリッヒが亡命したアメリカでは、キェルケゴールの不安の概念やフロイトのリビドーの概念が注目され、実存的精神分析も脚光を浴びていた。ティリッヒは1940年から「ニューヨーク心理学グループ」の月例集会に出席するようになり、実存心理学のロロ・メイや牧会カウンセリングのスワード・ヒルトナーらと交流を持った。フランクフルト時代から親交のあったエーリッヒ・フロムも同じ亡命知識人として、ここに参加していた。ティリッヒはフロムの『心理分析と宗教』と『正気の社会』に関する2本の書評をパストラル・サイコロジー誌に発表し、また臨床心理学者カール・ロジャーズとの対話を精力的に行うなど、神学と心理学、精神医学、心理療法との協働に先鞭を付けた。1950年にイェール大学で行われた連続講義に基づく著作『生きる勇気』は、その象徴的な業績と見なされ、カレン・ホーナイやウェイン・オーツといった心理学者たちにも影響を与えた。

解題

一見すると「生きる勇気」という言葉は、くよくよしないで元気を出そう、一生懸命に頑張ろうといった一般的な励ましに似て、情緒的な印象を与えるように思う。このように訳された原文の英語は The Courage to Be であるが、ドイツ語訳では Der Mut zum Sein であり、直訳すれば「存在への勇気」とな

る。ティリッヒの議論には存在論的な含意が深く潜んでいるので、それを考慮すれば「存在への勇気」の訳語の方が意図に即しているのかもしれないが、ここでは「生きる勇気」としておく。

　人間は事物を有らしめる「存在の力」によって存在しているが、絶えず非存在に脅かされた「存在と非存在の混合」である。存在が非存在になり得る可能性を意識した状態、すなわち無を実存的に自覚した状態が不安である。ティリッヒの「不安の存在論」によれば、「運命と死の不安」が人間の存在的な自己肯定を、「罪責と断罪の不安」が倫理的な自己肯定を、「空虚と無意味性の不安」が精神的な自己肯定を脅かし、虚無に陥らせる。これは神経症的、精神病的な不安とは異なり、実存そのものに属した実存的な不安であるから除去することも回避することもできない。

　対象を持たない不安の根源的な脅威、敷衍すれば、人間実存における本質的な自己肯定に反逆する諸要素に立ち向かって自分自身を肯定する行為、それをティリッヒは「生きる勇気」と呼ぶ。勇気という概念には、人間の価値付与行為としての倫理的意味と、本質的な自己肯定としての存在論的意味が含まれている。「勇気とは非存在の事実にかかわらず、存在が自己を肯定することである」。

　ティリッヒはルター的伝統における信仰義認の教説と心理療法における「受容」の概念を用いて、不義なる者が義とされるということは、受容され得ない者が受容されることだと解釈し、それにもかかわらず「生きる勇気」に神学的逆説を洞察する。そして、現代において信仰の意味を求めるならば「生きる勇気」を通して解明されなければならないと主張する。「生きる勇気とは、受け入れられ得ない者であるにもかかわらず受け入れられた者として自分自身を受け入れるという勇気である」。

　さらに、この「生きる勇気」は「絶望する勇気」にも転じる。つまり、神の存在に対する懐疑や生の意味への喪失に直面したとしても、その絶望状態を引き受けることが信仰なのであって、生きる意味は「絶望する勇気」の形をとって逆説的に肯定される。現代人が実存的な不安と絶望を「生きる勇気」の中に取り込み克服するためには、いわゆる有神論的な神概念や相対的信仰の在り方を超越していかねばならず、その限りで「神を超える神」と「絶対的信仰」が求められる。「絶対的信仰とは、受け入れてくれる何者かあるいは何らかのものがなくとも、受け入れられていることを受け入れている

ことである」。かくて信仰を表現する「生きる勇気」とは「存在自体」に根差した根源的な経験であり、決して抽象的な空理空論ではないと言える。

　　＊以上のティリッヒの引用は下記の大木英夫訳を参照しつつ私訳による。

文献

ティリッヒ『生きる勇気』大木英夫訳、平凡社、1995 年（原著：Paul Tillich, *The Courage to Be*, New Haven: Yale University Press, 1952）。

大島末男『ティリッヒ』（人と思想 135）清水書院、1997 年。

ティリッヒ『宗教と心理学の対話』相澤一訳、教文館、2009 年。

近藤剛『哲学と神学の境界』ナカニシヤ出版、2011 年。

【近藤　剛】

10 高価な恵みとキリストへの服従
（ディートリヒ・ボンヘッファー『キリストに従う』）

命 題

信ずる者だけが服従し、服従する者だけが信ずる。

ボンヘッファー『キリストに従う』

はじめに

　キリストへの服従はキリスト教信仰にとって重要な鍵となる主題である。キリスト教の歴史において服従の理解は殉教を終局とする受難、禁欲と修道、清貧、苦難の内面化等、実に様々な仕方で現れてきたが、宗教改革においてはマルティン・ルターが恵みと信仰義認の教説をもって人間がみずからの功績のわざによって神からの疎外を解消する可能性を否定した。それゆえ彼において服従はしばしば自己義認の試みとして否定的に現れるが、他方では自己救済の圧迫から解放されて個人的・社会的な枠組みで具体化する道をも付けられた。ルター派に属した神学者であったディートリヒ・ボンヘッファーがその著書『キリストに従う』（以降『服従』）において提示したのは、ナチス・ドイツの歴史的状況のもとで、信仰と服従の分離を射程の一つにして取り組まれた、ルターの恵みと信仰の教説から発出する服従思想の展開にほかならない。

生涯

　ボンヘッファー（1906–1945）は、ブレスラウに生まれ、テュービンゲンとベルリンで神学を学んだ。1928 年にバルセロナにて牧師補となり、30 年よりニューヨークのユニオン神学校に留学、31 年に帰国後はベルリン大学私講師、牧師として働き、国際的友好活動のための教会世界連盟の働きにも従事する。33 年よりロンドンのドイツ人教会の牧師を務め、35 年に帰国後はナチスの宗教政策に抵抗する告白教会が牧師養成を目的に設けた牧師研修所所長となる。ニューヨーク短期滞在（39 年）からの帰国を経て、国防軍内部の抵抗運動に参与するようになり、43 年に逮捕され、2 年間の拘留の後 45

年4月にフロッセンビュルク強制収容所において処刑された。

背景

1937年に出版された『服従』の背景には1933年1月末のヒトラー政権の成立とそれによって生じた種々の状況、とりわけボンヘッファー自身も参与したドイツ教会闘争の現実がある。34年4月の時点で、彼は、ある友人への書簡において教会闘争の経過と課題に触れた後、次のように述べた。「君がどんなふうに山上の説教について説くか、一度書いてくれないか。僕は今まさにそれを試みつつある——全く率直かつ単純に。そこで問題になるのは戒めを行うことであり、その回避とは正反対なのだ。キリストに従う——それが何であるかを僕は知りたい」。35年春以降には、彼は古プロイセン合同教会信仰告白会議が開設した牧師研修所の所長の任に就き、牧師補たちを教えることになり、服従をめぐる彼の思索はそこで集中的に展開する。彼は授業において服従とそれに関連する主題を継続して取り上げ、その積み重ねから『服従』が生み出される。37年の出版時点で、ナチスによる弾圧と、それにより生じた内部分裂により、告白教会は骨抜き状態であった。非政治主義と権益擁護を意図するグループの侵食の中で、当時のルター派の一部による分派行動が生じ、さらにマルティン・ニーメラーをはじめとする指導者たちへの弾圧はその衰勢を決定づけた。

解題

命題の前部「信ずる者だけが服従する」について、ボンヘッファーは先ず信仰があってそこから後で服従が生ずると見る向きを指摘し、そこに信仰と服従の分離への契機を見出す。そこで、命題の前部を後部「服従する者だけが信ずる」なしに済ますのは真理の阻害となると警告する。彼の『服従』の鍵の一つとなるこの命題はルターの恵みと信仰の教説の否定ではなく、むしろその有効化であり解釈であると見られる。

ボンヘッファーは『服従』の思索を安価な恵みと高価な恵みの議論をもって開始し、その対照において恵みのみ、信仰のみの教説に立つ者にとっての陥穽を指摘する。「安価な恵みとは投げ売り品としての恵みであり、投げ売りされた赦し、慰め、聖礼典のことである。……対価不要の、コストのかからない恵みのことである。……安価な恵みは罪の義認であって罪人の義認の

ことではない。恵みがまったくすべてをひとりでやってくれるゆえに、すべ
てが旧態にとどまることができる。……安価な恵みは服従なしの恵み、十
字架なしの恵み、人となられた生けるイエス・キリストなしの恵みである」。
神の恵みがその本来の内容と値打ちを忘れ去られ、神の名のもとに人間の誤
りに満ちた現状をただ安易に肯定し、イエス・キリストへの服従を併せ持
たないものに成り果てることを訴える。対して、高価な恵みはこうである。
「高価な恵みは畑に隠された宝であり、そのためには人間は出かけて行って
自分の持ち物をすべて喜んで売り払う。……それはイエス・キリストの招き
であって、それを聞いた弟子たちは網を捨て、従うのである。……それは服
従へと招くがゆえに高価であり、イエス・キリストに対する服従へと招くが
ゆえに恵みである。……恵みが高価であるのは、何よりまずそれが神にとっ
て高価だったから、それが神に御子のいのちを支払わせたからである」。神
の恵みが教理・原理・体系といった観念的なものとしてのみ受け止められる
ところで服従を伴う新しい生を生み出し得ないとすれば、翻って人格的な出
会いのうちにその本来的な内容と価値が受け止められてイエス・キリストへ
の服従がなされる時、恵みは言葉の十分な意味において高価であることを実
証する。

　そして、ボンヘッファーによればこのような高価な恵みの再発見こそルタ
ーに生じた出来事であった。「彼〔ルター〕に賜物として与えられたのは高
価な恵みであり、それが彼の全存在を打ち砕いた。……最初修道院に入った
時、彼はすべてを捨てたが、ただ自分自身、彼の敬虔な自己だけは捨ててい
なかった。今やこの自己も彼から取り去られた。彼は自分の功績によってで
はなく神の恵みによって従った」。この点を踏まえ、ボンヘッファーは、ル
ターにおけるこの恵みの再発見がイエス・キリストへの服従と不可分であっ
たということを、ルターの追随者が陥った誤りの指摘と共にさらに明らかに
する。「それにもかかわらず宗教改革史において勝利者として留まるのは純
粋で高価な恵みに関するルターの認識ではなく、恵みをもっとも安価に仕入
れる場を敏感に嗅ぎつける人間の宗教的本能であった。……恵みだけがすべ
てをなす、とルターは語った。そして、彼の弟子たちも言葉ではそれを繰り
返したが、ただ一つ違ったのはルターがいつも自明のこととして併せて考え
ていたこと、つまり服従を、早々に省略し、併せて考えず、語らなかった点
である」。ルターとその教説との積極的な対話の中で、高価な恵みによって

信仰と服従は切り離し難く結び付けられる。ボンヘッファーによればルターの教説から服従の免除を引き出すことほどのルターへの致命的誤解はないが、人間の宗教的本能はルターが再発見した神の恵みを服従なしの安価なものに変転させる。

　この認識のもとに、命題前部「信ずる者だけが服従する」に後部「服従する者だけが信ずる」が接続される一つの必然がある。その前部への固執が安価な恵みへの埋没を招来する事態の中では、前部が無意味化されることはないとしても、後部への転回が新たに起こらねばならないとされ、強調されるのは服従への一歩目の重要性であり、信仰の前提としての服従である。「信仰が敬虔を装う自己欺瞞や安価な恵みにならないために服従の最初の一歩が踏み出されねばならない。……この新しい、服従によって作られた実存においてこそ信じられることは可能である」。もちろん、このわざは恵みのための前提なのではなく、イエス・キリストの招きに向けてなされる応答と解される。ボンヘッファー自身、この議論に関連して「あまりにもプロテスタント的に抗議する者」を想定し、それが安価な恵みへの弁護でないかを問う必要性があると述べて、さらにこの命題の両部が共に存在することの意味を注意深く明かしている。「第一の命題がそれのみで留まるなら、信ずる者は安価な恵みのとりこになり、第二の命題がそれのみで留まるなら、信ずる者はわざのとりこになり、何れも言わば永遠の罰にわたされる」。命題両部の併置の中で相互の対照から信仰と服従の一致を拓かんとするのである。

文献

ボンヘッファー『キリストに従う』森平太訳、新教出版社、1972 年。

宮田光雄『ボンヘッファーを読む――反ナチ抵抗者の生涯と思想』岩波書店、2019 年。

E. ベートゲ『ボンヘッファー伝Ⅲ』雨宮栄一訳、新教出版社、1974 年。

森平太『服従と抵抗への道――ボンヘッファーの生涯』新教出版社、2004 年。

【橋本祐樹】

11 キリスト教的終末論と希望

(ユルゲン・モルトマン『希望の神学』)

命　題

終末論的なものは、キリスト教に付属している何かではなくて、キリスト教信仰をまさしく媒介するもの、すべてを調律する音色、すべてを照らし出す、待ちに待った新しい一日の朝焼けの彩りである。なぜならばキリスト教信仰は、十字架につけられたキリストの復活によって生かされ、キリストの普遍的未来の約束へと向かって身を伸ばすからである。

モルトマン『希望の神学』緒論「未来についての瞑想」

解説

『希望の神学——キリスト教的終末論の基礎づけと帰結の研究』(1964年)は、モルトマンの最初期の著作であると同時に、生涯を貫く代表作となった。同書の中心思想は、「終末論」がキリスト教およびキリスト教神学の全体を貫くものだということ、そしてキリスト教において失われかけた「希望」を再発見するということである。

モルトマンは1926年にドイツのハンブルクで生まれた。第二次世界大戦の空襲で辛くも生きのびた後、イギリスとスコットランドで3年間戦争捕虜となった。モルトマンはその間に聖書を読み、決定的な霊感を得て、キリスト教神学を学ぶ決意をした。

当時のドイツ語圏の神学においてはカール・バルトの影響が圧倒的だった。だがモルトマンは様々な神学的要素を取り入れることによって、バルト以後の思想を切り拓く画期的な『希望の神学』を完成させたのである。

その際モルトマンが影響を受けたのは、以下のような様々な思想である。改革派教会に特徴的な、終末まで耐え抜く信仰。牧師ブルームハルトが抱いた神の国への待望。旧約学者ゲアハルト・フォン・ラートの「約束」概念。アルノルト・ファン・リューラーによる「使徒職の神学」と「前進の終

末論」。ルドルフ・ブルトマンの時間理解に対立するエルンスト・ケーゼマンの黙示録解釈。哲学者エルンスト・ブロッホの『希望の原理』。ヴォルフハルト・パネンベルクらの「歴史としての啓示」論。キング牧師のワシントン演説が語った「前進の希望」。これらの様々な要素を独自に統合しながら『希望の神学』は完成した。

『希望の神学』は合計5章から成り立っている。第1章「終末論と啓示」は組織神学的な章である。第2章「約束と歴史」は旧約聖書をめぐる考察である。第3章「イエス・キリストの復活と未来」は新約聖書をめぐる考察であり、同書の中心をなす一章でもある。第4章「終末論と歴史」は、キリスト教史における終末論的な歴史理解を辿る。第5章「脱出する会衆」は教会にとっての実践的倫理的な考察である。

さらに第3版以降の巻末には「『希望の原理』と『希望の神学』——エルンスト・ブロッホとの対話」という補遺が加えられた。これはブロッホの『希望の原理』との共通点および相違点を論じたものである。唯物論者ブロッホにとって、世界のプロセスが閉じられていないことが、人間や宇宙が未来の理想へと向かい得るという希望の根拠となる。ブロッホはいわば「希望という神」を見出したのだが、モルトマンはそれを「希望の神」、聖書において出エジプトと復活をもたらした神として捉え直す。

さて終末への待望、つまりメシア到来への信仰は、ユダヤ・キリスト教に共通する根本的なものである。だが現実のキリスト教史においては、終末を待ち望みつつ現実の苦難に耐え忍ぶ姿勢は絶えず忘れ去られる傾向にある。その忘却は、キリスト教がローマ帝国の国教となった時に決定的なものとなった。帝国と教会が一体となった西欧キリスト教世界（corpus christianum）において、神は地上の社会にいわば垂直に現臨する、永遠かつ絶対的な超越者として表象されるようになった。西欧世界はメシアの到来を待ち望んで苦悩する場所ではなく、キリストの栄光を教会のサクラメントを通して開示する場所となった。現存する社会秩序と来るべき神の国が緊張関係をなす闘争的な歴史理解は失われた。そしてそれに代わって、永遠なる超越者があらゆる時点に現臨すると考える現在終末論が定着した。キリスト教は現実の政治社会的構造に対して謙遜に同意する宗教となってしまったのである。

これと本質的に同じ問題が、近現代のキリスト教においても繰り返される。例えばヨハネス・ヴァイスとアルベルト・シュヴァイツァーは、イエスや弟

子たちが持っていた終末待望に注目しつつ、それは現代人にとってはもはや幻想に過ぎないと見なした。近代啓蒙主義やプロテスタンティズムを批判して終末論に光を当てたカール・バルトでさえ、『ローマ書講解』第2版において終末を「永遠」あるいは「原歴史」、つまりあらゆる時間の超越的な意味と見なした。モルトマンによれば、シュヴァイツァーもバルトも原始キリスト教的な未来待望の終末論を見失ったのである。

　こうした傾向に抗って、モルトマンは旧新約聖書の神が未来への脱出と約束をもたらす神、「出エジプトと復活の神」であることを明らかにしようとする。パスカルも主張したように「アブラハム、イサク、ヤコブの神、イエス・キリストの父」は、「永遠の今」（パルメニデス）や「イデア」（プラトン）や「不動の動者」（アリストテレス）といった哲学的な神性とは異なっている。

　旧約聖書において神ヤーヴェが顕現する時、その出来事は未来を指し示す。神はイスラエルの民に対してまだ存在しない現実を約束し、現状からの脱出へと導く。民は今いる土地に順応することを許されず、まだ見ぬ地平へと出発する。約束がつくり出す時間は、円環のように周期的に繰り返す時間ではなく、前方へと開かれた未完で暫定的なものとなる。

　新約聖書において、イエスの十字架と復活は旧約の歴史からつながっている。使徒パウロによれば、神のアブラハムへの約束は、律法の実行による救いではなく、信仰による救いをもたらした。モルトマンはこれに基づいて、約束を「福音」の同義語と見なす。旧約における約束の歴史はキリストの福音へとつながってゆく。

　イエスの十字架と復活は、相反する二つの出来事であるが、後者は前者を超える「剰余価値」を持つ。それは死を克服する生、罪を克服する義、苦難を克服する栄光、分裂を克服する平和である。このような十字架と復活の差異をモルトマンは「終末論的な差異」と呼び、それによって既存の秩序に対する抵抗を動機づける。

　モルトマンはさらに復活伝承に含まれる派遣（missio）と約束（promissio）という二重のモチーフに注目する。「派遣（ミッション）」は狭義においては伝道や宣教を意味する。だが広義においては、約束と希望によって活性化される実践、すなわち罪悪に抗う正義の回復、死をもたらす暴力に抗う生命の回復となる。

影響

　『希望の神学』は刊行直後から世界的な反響と論争を巻き起こした。1960年代から80年代に至るまで、政治神学や様々な解放運動に思想的な土台を提供した。ドイツ語圏においてはヨハン・バプティスト・メッツやドロテー・ゼレといった神学者がモルトマンと論争を展開した。この頃に発展を遂げたフェミニスト神学や解放の神学も、『希望の神学』をはじめとするモルトマンの著作群と対話や対決を繰り広げた。アジアにおいてもモルトマンは積極的に受容され、例えば韓国のペンテコステ派から積極的に評価された。

　またモルトマンの終末論を研究する博士論文が多数執筆された。2004年には『希望の神学』刊行40周年を記念する国際会議がアトランタやバート・ボルで開催された。モルトマンは世界各地の大学から様々な名誉博士号を贈られた。

　『希望の神学』から始まったモルトマンの神学は、エキュメニカルな聖書的信仰と同時代の政治社会文化を媒介し対決させる実践的な思想であり続けてきた。

文献（各書の巻末解説を併せて参照）

モルトマン『希望の神学』高尾利数訳、新教出版社、2005年。

―――――『十字架につけられた神』喜田川信ほか訳、新教出版社、2006年。

―――――『神の到来』蓮見和男訳、新教出版社、1996年。

―――――『わが足を広きところに――モルトマン自伝』蓮見幸恵、蓮見和男訳、新教出版社、2012年。

―――――『希望の倫理』福嶋揚訳、新教出版社、2016年。

【福嶋　揚】

12 神学の学的基礎を求めて
（ヴォルフハルト・パネンベルク『組織神学入門』）

命　　題

神学の課題は、キリスト教信仰および教会の教理の起源とそのも
ともとの内容、あるいはそれらが歴史の経過の中で経験した変化
を研究するだけでなく、その伝統のうちに含まれている真理を正
確に決定することにある。神学の各分野がこの課題を共有してい
るが、それを特に自らの課題としているのは組織神学である。

パネンベルク『組織神学入門』

歴史はキリスト教神学の最も包括的な地平である。すべての神学
的な問いと答えは、ただ歴史という枠の内部にあって初めてその
意味を持つ。その歴史とは、神が人類とともに、また人類を通し
て自らの被造物全体と共有している歴史であり、世界に対しては
まだ隠されているが、イエス・キリストにおいてすでに啓示され
ている将来へと向かっている歴史である。

パネンベルク「救済の出来事と歴史」

神学は無神論的な宗教批判に対して、人間学の分野で論証すると
きにのみ、まさに神についての自らの言明の真理性を主張するこ
とができる。そうでなければ、神の神性の優位性についてのどん
なにすばらしい主張もすべて、普遍妥当性に対する真剣に受け止
められるべき要求をもたない単なる主観的な確言にすぎないもの
になるからである。これが弁証法神学の、特にカール・バルトの
神学の悲劇であった。

パネンベルク『人間学』

はじめに

　思想史の流れを大まかに見ると、蛇行する大河のように、あるときは右側に大きく揺れ、その次には左側に旋回し、そこからまた右側に振り戻すということを繰り返しているのが分かる。政治の世界では保守の流れが強くなった後で、その反動としてリベラルが勢いを増し、さらにその反動で保守的な傾向が強くなったりする。神学の世界では、右と左というよりは、上と下との入れ替わりが繰り返されていると言うべきかもしれない。すなわち、神から始める「上からの神学」と、人間から始める「下からの神学」が、時代ごとに交互に勢いを増しているのが読み取れる。もっとも、このような見方はあまりにも単純化したものであり、実際には上と下を調停するような動きがその間に無数に認められるだろう。しかし、一旦は単純化して神学の傾向を大きくこの二つに分類して、その両極を基準として個々の神学者を位置づけていくことは、全体の見通しをよくするためにも必要な作業である。

　この基準で言えば、パネンベルクは「下からの神学」の方に寄った神学者だと思われている。それは、前の世代のバルトの影響下にある「上からの神学」に対する反動と考えるのが分かりやすいからである。しかし、この分かりやすさには注意しなければならない。実際には、この「上から」と「下から」の間を調停しようとする努力がパネンベルクの神学全体を特徴づけているのである。それはバルト批判から始まった彼の神学が、その後は自己批判を繰り返しながら展開していったことを示している。バルトは 20 世紀前半に、パネンベルクは 20 世紀後半に、それぞれ神学者としての活躍の頂点に達した。これは第二次世界大戦の前と後という区分で考えることもできる。パネンベルクは同世代のモルトマンとともに、終末論を基軸とした神学を展開している。それは二つの原爆投下による世界的な破局が人類の滅亡という終末を予感させるものであったという時代背景と無関係ではないであろう。

生涯

　ヴォルフハルト・パネンベルクは 1928 年 10 月 2 日、東プロイセンのシュテティン（現ポーランドのシュチェチン）に生まれた。ルター派の教会で幼児洗礼を受けたが、少年時代には教会から離れた生活を送っていた。しかし 16 歳のときに彼自身が後に「光の体験」と呼んでいる強烈な宗教体験をし

たことで、哲学や宗教に興味を持ち始めた。高校の文学の教師の勧めでキリスト教を学ぶようになり、それが彼にとっての知的回心となり、第二次世界大戦後、大学で神学を専攻することになる、ベルリン、ゲッティンゲン、バーゼル、ハイデルベルクの各大学に在籍したが、ゲッティンゲンではニコライ・ハルトマンの下で、バーゼルではカール・バルトとカール・ヤスパースの下で、ハイデルベルクではゲアハルト・フォン・ラート、エドムント・シュリンク、ハンス・フォン・カンペンハウゼンとカール・レーヴィットの下で学んだことが彼の神学思想を形成する上で大きな影響を与えている。ハイデルベルクにおいて「ドゥンス・スコトゥスの予定説」で学位を取得（1953年）、その2年後に大学教授資格論文として『類比と啓示』を執筆した（1955年）。これは神認識の教説における類比の概念について考察したものである。また、ハイデルベルクでは「パネンベルク・サークル」と呼ばれる研究会を形成して研究を行っている。そこでの成果はパネンベルクの名を広く知らしめた『歴史としての啓示』（1961年）に見ることができる。その後、ヴッパータール神学大学（1958–1961年）、マインツ大学（1961–1968年）、ミュンヘン大学（1968–1994年）で組織神学の教授を歴任した。ヴッパータールにおいては同世代の神学者モルトマンの同僚であり、その後も互いに影響を与え合っている。また、マインツ時代にはジョン・カブ・Jr.の影響を受け、プロセス神学についての知見を得ている。1994年にミュンヘン大学を退官した後も、精力的に執筆、講演、礼拝説教を行っていたが、2014年9月4日、ミュンヘンにて死去した。

解題

パネンベルクの神学は全体を網羅する組織神学としての特徴を持つ。その業績の中で最大のものは『組織神学』全3巻（1988–1993年）であるが、それ以前にも彼は主著と呼ぶべきものを著している。それは、ほぼ10年おきに出版された、『キリスト論要綱』（1964年）、『学問論と神学』（1973年）、『神学的観点における人間学』（1983年）の3冊である。それぞれキリスト論、学問論、人間論をテーマとしているが、これらはそのままパネンベルクの神学思想全体を特徴づけるものになっている。すなわち、「下からのキリスト論」、「神の学としての神学」、「神学の基礎としての人間学」がパネンベルクの神学の主要テーマである。この三つのテーマは相互に関連しており、『組

織神学』で詳細に論じられる彼の神学的方法論によって統一されている。その中心には神学を厳密な学的営みとする思想がある。

彼にとって神学は、哲学、歴史学、さらに自然科学との批判的な対話を含むものでなければならない。そうでなければ、フォイエルバッハが指摘したように、神学は人間学に還元され、神は人間の投影にすぎない単なる幻想ということになってしまうからである。神を幻想としないためには、神学が人間だけではなく、すべての被造物の経験を解明する力を持っていなければならない。それによって神学は学問としての普遍妥当性を主張することができるのである。しかし、その主張に正当性を認めるには問題がある。というのも、神学は他の学問と異なり神の啓示という学問の対象になりえないものを出発点としているからである。したがって、この前提をどのように捉えるかが、学問としての神学が最初に明らかにしなければならない点である。

パネンベルクの啓示理解はヘーゲルとバルトを融合したものである。ヘーゲルは歴史を精神と自由が開示される過程として捉えたが、パネンベルクはここにバルトの上からの啓示の概念を結びつける。すなわち、歴史を神の自己啓示とするヘーゲル的な理解を採用しつつ、キリストの復活はその歴史が開示していく啓示の先取りであることを強調する（この点で、同じくヘーゲルの影響下にあるモルトマンが、ヘーゲル左派のマルクス、ブロッホを哲学的な基盤として、歴史に対する応答としての希望を強調したのとは異なっている）。ここでなぜ先取りが必要なのかと言えば、啓示の神は万物の創造者であるが、人間は有限な存在であるためにその万物を認識において捉えることができないからである。つまり、先取りがなければ人間は神の啓示を十全な形で受け取ることもできないことになる。神の啓示は歴史として人間に与えられるが、それを人間が先取りによって受け取ることで初めてキリスト教信仰が可能となり、神学の出発地と目的地が据えられるのである。

神学は神の学として、神の存在を前提にするのであるが、それは信仰の対象としての神とは区別されなければならない。神の存在は世界のあらゆる対象において間接的に与えられるという前提のもとで、神の学としての神学は可能となる。もちろん「神との出会い」のように、神を直接的に経験する可能性はある（パネンベルク自身の「光の体験」がまさにそれである）。その可能性があることは人間の持つ超越性に関わっている。しかし、それについても神学は単なる主観的な経験が間主観的な妥当性を持つようにしていかなけれ

ばならない。

　それとは別に、人間のあらゆる経験が神の痕跡として考察されうる。つまり、経験を理解するときの究極的根拠としての神の存在を確かめることが必要である。そこでの神は、万物を規定する現実在という意味を持つ。ここで「万物」というのは、それ自体で存在する個物の総体ではなく、あらゆる他者との連関において存在する個物の総体のことを指している。ただし、神学も人間の営みである以上、個物の総体を捉える人間の認識と経験を介しての考察とならざるをえない。したがって、媒介者としての人間の自己省察つまり人間学が神学の基礎となる。

　パネンベルクの人間学は教義学的人間学とは区別される。教義学的人間学とは聖書の記述に基づいて人間を解釈するもので、神の似像としての人間と原罪を持った人間という二重性において捉えており、神の存在を前提として人間について考察する。それに対してパネンベルクの人間学は基礎神学的人間学と呼ぶべきもので、生物学、心理学、文化人類学、社会学などによって研究される人間存在の諸現象を研究対象としている。そこで用いられる方法論としては歴史学が優位に置かれる。なぜなら、歴史学が人間の生の具体的現実に最も接近できるからである。それ以外の学問は人間の現実の一部を扱うものとして歴史学の中に止揚される。人間存在を歴史的に捉えるとは、人間の本質を不変的なものとして静的に理解するのではなく、歴史の中で変化するものとして動的に理解するということである。つまり神学もこの動的な歴史を土台としているのである。

　その一方で、神学は体系的でなければならない。個々の神学的命題は互いに整合性を持つ必要がある。その整合性は静的なものではなく時間の経過とともに絶えず組み替えられる。つまりパネンベルクが構想する組織神学は静的な体系ではなく、歴史の吟味に開かれた動的な体系である。神学が学問としての真理性を主張できるのは、それが永遠不変の真理であるからではなく、歴史の中で変化する真理、すなわち人格的な神についての学問だからである。

影響

　パネンベルクが世界の神学界に与えた影響は計りしれないが、特に英語圏での影響は大きい。以下に、影響を受けた神学者の名前を挙げるが、これは一部にすぎない。ジョン・カブ・Jr.、カール・ブラーテン、ロバート・ジェ

ンソン、ジョン・ポーキングホーン、アーサー・ピーコック、スタンレー・グレンツ、ロジャー・オルソン、エルジン・タッパー、テッド・ピータース。このような英語圏への影響は、パネンベルクの神学の可能性を大きく広げることになった。ティリッヒがドイツ語で厳密に考察したことをアメリカ亡命以後は英語で最初から考え直すことによってその影響力を増したように、パネンベルクもアメリカのいくつかの大学で教鞭をとることで、自らの神学構想の中にあった普遍性を実践的に示す努力を重ねた。特に初期のキリスト論でイエスの復活の史実性を主張しているために、アメリカの保守的な福音派の人々にも歓迎された。また哲学と神学との関わりにおいてカトリックのカール・ラーナーと比較されることもある。そのような超教派的な影響に加えて、学際的な影響も大きい。特に物理学の場の理論を聖霊論に応用したことや、物理学者フランク・ティプラーのオメガ点の理論を終末論的に考察したことは、神学と自然科学の対話の可能性を広げた。また、シュリンクの影響によりハイデルベルク時代からエキュメニカル運動に携わっていたが、世界教会協議会（WCC）においても重要な役割を果たしている。

文献

パネンベルク『組織神学の根本問題』近藤勝彦・芳賀力訳、日本キリスト教団出版局、1984年。

―――――『組織神学入門』佐々木勝彦訳、日本キリスト教団出版局、1996年。

―――――『人間学』佐々木勝彦訳、教文館、2008年。

―――――『学問論と神学』濱崎雅孝・清水正・小柳敦史・佐藤貴史訳、教文館、2014年。

―――――『組織神学　第1巻』佐々木勝彦訳、新教出版社、2019年。

【濱崎雅孝】

13　宗教多元主義
（ジョン・ヒック『神は多くの名前をもつ』）

命　　題

諸宗教の宇宙では神〔究極の実在 the Real〕が中心にくるのであって、キリスト教でもなければ、他のどの宗教でもないという事実に到達しなければならない。神〔究極の実在 the Real〕は光と生命の根源である太陽なのである。そしてすべての宗教はそれぞれ異なる方法によって、この神〔究極の実在 the Real〕を反射しているのである。

ヒック『神は多くの名前をもつ』邦訳110頁、〔　〕は筆者が補った

はじめに

今日「多元主義」という言葉は、民族多元主義、文化多元主義、言語多元主義、政治多元主義等々、さまざまな文脈において使用されている。これらは現代社会における多様性をそのまま肯定し、容認しようという時代の趨勢でもある。ヒックの提唱する「宗教多元主義（religious pluralism）」は、宗教においても多元性が存在するという事実をどのように理解すべきか、また宗教におけるこの多元化状況をどのように解釈して、意味づけをしたらいいのか、という重要な現実的課題から出発している。つまりヒックの宗教多元主義は、世界宗教の全体を大きな枠組みで捉えるために大胆に世に問いかけられた一つの仮説理論なのである。

生涯

ジョン・ヒック（John Harwood Hick, 1922–2012）は英国スカーボロで弁護士の息子として生まれた。法科学生のときに強烈な福音主義的回心を経験し、長老派（合同改革派）教会の牧師になるために神学を志した。第二次世界大戦中は良心的兵役拒否者としてフレンド派の救援隊に与し、エジプトの難民キャンプで仮設学校を建設、また内戦のギリシアでは救援活動の奉仕に参与した。戦後はケンブリッジのウェストミンスター神学院で研鑽を積み、牧師

に就任した。その後も移民問題、反アパルトヘイト活動、AFFOR（All Faiths for One Race）の議長を務め、人種差別との戦いの先頭に立って実践的に諸宗教の人々と活動を共にした。

　熟年の活動期を多人種・多文化・多宗教の社会へと変貌していく英国の工業都市バーミンガムで過ごしたヒックは、種々の多元化現象を身をもって体験した。英国は20世紀初頭、近代化の流れのなかで国内の経済発展を進めるためにアジア、アフリカ、中東諸国から移民を受け入れた。シーク教徒、ヒンドゥー教徒、ムスリム、仏教徒等々を労働者として国内に迎え入れ、主要な工業都市はもはや白人キリスト教徒中心の町として安住することが許されなくなった。この現状に不満を募らせる白人キリスト教徒たちの間で、ヒックは諸宗教が混在する現状のより良い理解のために、またそれぞれの宗教にコミットしている人々が平和裡に共存できるようになるために、諸宗教の情報源としての「まちの図書館」作り、多人種・多民族の集う地域の「コミュニティー・センター」の設立に尽力した。

　地域における社会・教育・宗教の諸問題に実践的に関わるなかで、ヒックは「宗教多元主義」という新しい研究領域を構築・提唱して、オックスフォード、ケンブリッジ、さらにはアメリカの諸大学で神学、宗教哲学を講じた。1986–87年には英国エディンバラ大学で神学・宗教学のノーベル賞ともいわれる栄誉ある「ギフォード・レクチャー」を担当した。さらにはインド、スリランカ、アフリカ、東洋などでも講演活動をおこない、その成果を20冊以上にも及ぶ著書に残した。その多くは16か国語にも翻訳されて知名度を高く残した。ちなみにヒックは1987年と89年の二度にわたり訪日し、東京と京都の諸大学で講演している。『自伝』の第24章には来日のメモワールが記されており、京都の禅寺で交わした老師たちとの対話、作家の遠藤周作や神学者の八木誠一、さらには宗教哲学者でヒックの良き理解者である間瀬啓允とその家族たちへの言及も見られる。

　2012年2月20日の葬儀では、香典のすべてはヒックが生前サポートしていたアムネスティ・インターナショナルに寄付された。また聖書朗読は「コリントの信徒への手紙二13章8節」、これに続いて氏が愛したクェーカー教徒のウィリアム・ペンとジョージ・フォックスの言葉、ノリッジの聖ジュリアンの言葉、イスラーム神秘主義者ルーミーの言葉、そしてマハトマ・ガンジーの言葉が、親戚や友人によって朗読された。こうしてジョン・ヒックは、

キリスト教信仰者としての 90 年の尊い生涯を終えたのである。

背景

1900 年代の西洋社会では保守的なキリスト教（カルヴァン主義、正統主義、根本主義）が主流であった。青年ヒックの周囲は、福音派の学生運動が盛り上がっていて、信仰を揺るがす可能性のある問いはすべて抑圧されて直視されることはなかった。けれども、このような背景のもとでも伝統的な「宗教寛容」は重要な現実問題であった。キリスト教にコミットする者が他宗教をどのように理解して受けとめるべきかという問題意識がふつふつと沸きあがっていた。そこで見落とされてはならない重要な思想的立場が、以下の三つのパラダイムである。

1. **排他主義**：「教会の外に救いなし（カトリック）」、「キリスト教の外に救いなし（プロテスタント）」という断定のもと、他宗教には救いはないというキリスト教の原理主義的特色を頑固に主張する立場。

2. **包括主義**：キリスト教徒以外はキリスト（救い主）を知らない無自覚的な信仰者であり、他宗教者はキリストの名における救いに未だ気づいていない信者であるから、「匿名のキリスト教徒」であると柔軟に主張する立場。この立場は第二バチカン公会議（1962–1965 年）で認可された主張である。

3. **多元主義**：キリスト教の絶対主義を超え出て、他宗教の存在をそのまま認めようとする寛容な立場。つまり「神の普遍的救済の意志」を宗教的真理として前提し、神は「究極の実在（the Real）である」と理解する。その上で、キリスト教もまた諸宗教のうちの一つであるから「宗教のこの多様性をどのように理解すべきか」と問い質し、多元主義的な宗教理解に立ち至るのである。この展開が、今日で言う「宗教のエキュメニズム」に他ならない。

上記の三類型は、仏教を信仰する者にとっても、ムスリムにとっても、またそれ以外のどの宗教信仰者にとっても、「他宗教理解の前提」として、また「諸宗教間対話の考慮すべき基本的な類型」として重要視されている。

解題

① **イエス中心から神（究極の実在 the Real）中心への救済論の転回**　この転回は、キリスト教神学においては「宗教理解におけるコペルニクス的転回」と称される（天文学における天動説〔プトレマイオス〕から地動説〔コペル

ニクス〕への大胆な発想の転回より命名された）。宇宙の中心は地球（キリスト教）ではなく、太陽（究極の実在 the Real）である。キリスト教もまた周囲をめぐる天体の一つ、つまり諸宗教の一つでしかない。

②　**究極の実在（the Real）を経験する様式の差異**　世界において人々がさまざまな宗教にコミットし、さまざまな形で応答しているという現実から帰納的にヒックは「カントの認識論」を応用して、「神的実在・究極の実在・実在そのもの（the Real an sich）」を要請した。レンズがどのような方向から光を受けても一点に収斂するという事実に即して、現象界における「多」に対する叡知界の「一」という帰納的構図を宗教多元主義の仮説モデルとして提唱している。

③　**啓示体験の差異**　その上で、現代の分析哲学者ウィトゲンシュタインの「何かを何かとして見る（seeing–as）」という理論を援用して、異なる伝統や環境、文化に生きる人々の宗教的経験は神的／究極的／本体的な実在を「具体的な何かとして経験している（experiencing–as）」という理解の仕方を提唱する。つまり、それぞれの文化形態に則して体験され、解釈された「究極の実在（the Real）」が、人格的／非人格的、超越的／内在的等々と、多様に語られるという理解に至った。

④　**普遍的救済構造から実践へ**　それぞれの宗教において神的実在は「究極的真理」として追究されるが、その全体像は相互補完的に受容される。偉大なる世界の諸宗教において救済とは「自我中心から実在中心への人間存在の変革」を意味する、とヒックは主張した。

要するにヒックの宗教多元主義は、「究極の実在（the Real）への応答者」として自身の信仰に立脚しつつ、他者の宗教／他者の信仰を理解するために宗教間の対話へと出向き、ひいては宗教間の協力関係のもとで実践的に世界平和に資するものだと了解することができるのである。

文献

J. ヒック『神は多くの名前をもつ』間瀬啓允訳、岩波書店、1986 年。

————『ジョン・ヒック自伝』間瀬啓允監訳、トランスビュー、2006 年。

————『宗教多元主義』間瀬啓允訳、法蔵館、1990 年、増補新版 2008 年。

間瀬啓允編『宗教多元主義を学ぶ人のために』世界思想社、2008 年。

長谷川（間瀬）恵美『深い河の流れ』春風社、2018 年。　　**【長谷川（間瀬）恵美】**

14　人間の超越と神の自己譲与

（カール・ラーナー『キリスト教信仰の小定義』）

命　　題

キリスト教とは、私たちの存在を例外なしに内からまた上から統べる神と呼ばれる絶対的な神秘が、私たちをゆるしながら、神化させながら、自由な精神の歴史のうちで自らを私たちに伝え、そしてイエス・キリストにおける歴史的で不可逆的な勝利において神の自己譲与が現れた事実を、明確に、また社会（教会）的に構成して告白するものである。

ラーナー『キリスト教信仰の小定義』Schriften VII, 66-70

時代と環境

　カール・ラーナーは 20 世紀カトリック神学の代表者の一人であるが、二つの世界大戦など混乱と暗黒の時代をくぐり抜けながら、第二バチカン公会議というローマ・カトリック教会の大転換を準備し、導いた神学者であった。

　19 世紀後半から約 100 年間、カトリック神学は「新スコラ主義」という枠組によって支配された。すなわち、観念論、主観主義、実証主義の哲学など「近代主義」からカトリック教会を護るために、トマス・アクィナスの哲学と神学を公式の規範とした。神学校教育は、人間の経験から離れた抽象的でマニュアル化されたトマス神学に基づいてなされた。

　ラーナーと同時代のアンリ・ド・リュバック、イヴ・コンガール、ハンス・ウルス・フォン・バルタザールなどの神学者たちは、こうした統制を根本から批判し、その神学のシステム、およびそれと結びついた教会の構造をも刷新する第二バチカン公会議を導いた。

ラーナー神学の特質

　ラーナー神学の魅力は、キリスト教の伝統に対する批判的な敬意と、現代

人の問題に対する特別な感受性を統合するところにあると言えよう。ラーナーは一般に、時代の趨勢に敏感で進歩的な神学者だと見られたが、その神学の営みは、実のところ、新しいことを言おうというよりも、伝統の「忘れられた真実」を新しい問いから生き返らせること、教義学の定義に埋もれていた福音の本来のビジョンと知恵を現代人に語ることに向けられていた。

　すなわちラーナーは、キリスト教信仰が何であるかを学術的に説明するだけでなく、それを信じる理由と、人々が自らそれと結びつくことを促す言葉を語った。彼にとって人間であることは、神との関係であることに他ならず、彼の神学研究のすべては、この関係を人生の具体性において解明することに向けられていた。

生涯と神学の形成

　ラーナーは 1904 年、西南ドイツのフライブルクで、教員の父、信仰深い母のもと、7 人の兄弟姉妹の真中に生まれた。兄のフーゴー・ラーナーはイエズス会員となり、後に歴史家として活躍したが、弟のカールも兄に続いて 1922 年、同会に入会した。司祭に叙階されると、1934 年よりフライブルク大学で、マルティン・ハイデッガーの講座にも参加しつつ、哲学を研究した。しかし、彼が提出したトマス・アクィナスの認識論に関する哲学博士論文は、「新スコラ」の視点に合致しないとして主任教授から受理されなかった。それゆえ彼は方向転換して、短期間に神学博士と教授資格を得た。不合格とされた論文は、後に『世界の中の精神』（1939 年）として出版され、もう一つの宗教哲学『言葉を聞く者』（1941 年）と並んで、ラーナーの思索の哲学的基礎を示す著作としていまだに読み継がれている。その哲学は、カントを踏まえてキリスト教信仰を理解しようとしたベルギー人イエズス会員ジョセフ・マレシャルの影響の下、トマス・アクィナスのビジョンを源泉から汲みとろうとするものである。

　1937 年より、ラーナーはインスブルック大学で教え始めた。その最初の科目は「恩恵論（キリストの恵み）」であったが、恩恵を神学の基礎的視点に据える立場は、その後の彼の神学を一貫する。それはトマス・アクィナスの「恩恵は自然を前提し、これを完成する」との命題の現代的展開とも言えよう。自然と超自然が分割された二階建て構造に起因する閉塞から教会を解き放つことが目指される。

　ラーナーは、兄フーゴーの影響もあり、オリゲネスをはじめとする教父や中世の神学者たちの著作を綿密に研究した。またこれと並んでラーナーの神学形成の土台となったのは、ナチスがインスブルック大学神学部を閉鎖したため、ウィーンで司牧活動に従事したことである。彼はそこで、現実世界のさまざまな問題に直面する人々と出会い、信仰者の具体的な問いに答えようとする司牧的感覚を養ったことだろう。

　さらにラーナー神学のもう一つの源泉は、イエズス会の創立者ロヨラのイグナチオの霊性である。それは、イグナチオによる黙想指導書『霊操』に基づき「すべてのもののうちに神を見出す」ことを日々の祈りの指針とするイエズス会員としての生活実践の表出であるが、ここから『沈黙への言葉』（1938 年）をはじめ、多くの霊的著作が生み出されている。

　ラーナーの神学は戦後、続々と発表される著作、大小のカトリック神学事典の編集などにより多くの人々の共感を得、やがて彼は、第二バチカン公会議（1962–1965 年）の議論をリードする役割を担う神学者になっていく。

　1964 年からミュンヘン大学で、ロマノ・グァルディーニの後任として「キリスト教世界観と宗教哲学」を講じ、さらに 1967 から 1971 年までミュンスター大学の教義学教授を務めた。晩年は、ミュンヘンのイエズス会哲学院で過ごし『キリスト教とは何か』（原題『信仰の基礎課程』1976 年）などを残して 1984 年に帰天した。

神学の輪郭

　ラーナーの神学は、人間を「超越」の存在であると見るところから始まる。人間は、あらゆることに先立って「神秘」と呼ばれる絶対存在（神）を感知し、そこに向かう志向そのもの、無限の地平に自分自身を開き、絶えず「超越」しながら意味の充足を探求し続ける精神である。この知と愛における開放性と超越は、自己、世界、歴史に関する認識、意志行為の原動力、道徳的責任の源である。

　こうしたビジョンのもとには、創造のすべてが「恵み」に包まれているとのラーナーの確信がある。人間は「自然」のうちに生きているが、その自然は「超自然」すなわち「恩恵」によって成り立ち支えられている。人間は、この神との関係を神の無償の贈り物として受けているが、そこには（伝統的には「聴従能力（potentia oboedientialis）」と言われる）啓示を聴き取る実存構造

がすでに据えられているとされる。暗黙のうちに神に恵まれたこの人間の本性をラーナーは「超自然的実存規定」と呼んだが、ここからいわゆる「匿名のキリスト者（anonymer Christ）」論も語られる。

　イエス・キリストとの関係もここに浮上する。創造と啓示は、同じ神の恵みのうちにあるが、イエス・キリストにおいて実現した啓示は、創造の完成である。イエス・キリストは、神の歴史的な約束と人間の心の内なる憧れが出会った人格的な場であり、人間となった神、神となった人間である。神は自分のすべてをこのイエスに与え、イエスはその生涯のすべてにおいてこれを体現し、全うした。イエスにおいて人間の超越は、遂にその頂点に達し、人間は真に人間になった。ラーナーのキリスト論は人間論と表裏一体だとされるが、それゆえその神学の核心は「受肉」だと言われる。

　神は、この創造と受肉による啓示において、他の何かではなく、自分自身を与えられた。それゆえラーナーは、恩恵を「神の自己譲与（Selbstmitteilung Gottes）」と表現する。人間は、このキリストの恵み、神の自己譲与において三位一体の神の愛の交わりの出来事のうちに取り込まれる。そこでは、日常の一つひとつが、キリストの恵みに与る場なのである。

教会における受肉の継続

　ラーナーにとって、イエス・キリストにおける神の自己譲与が、全人類の歴史の到達点であり、目標である。そして「教会」は、キリストの受肉の働きの継続である。教会は、人類の救いの秘跡（見えない神の恵みの目に見えるしるし）だからである。この視点からラーナーは、聖書、伝承、秘跡、職制、諸宗教など、現代社会と教会に喫緊の諸問題に数多くの神学的貢献をなした。

文献

ラーナー『キリスト教とは何か——現代カトリック神学基礎論』百瀬文晃訳、エンデルレ書店、1981 年。

カール・ラーナー古稀記念著作選集『日常と超越——人間の道とその源』田淵文男編、南窓社、1974 年。

上智大学神学会神学ダイジェスト編集委員会編「神学ダイジェスト」、特に 57 号と 100 号「ラーナー特集号」上智大学神学部、1984 年、2006 年。

【光延一郎】

15 世界倫理と人間性

（ハンス・キュング『世界倫理計画』）

命　題

諸宗教の間に平和なくして、諸国家の間に平和なし。諸宗教の間
に対話なくして、諸宗教の間に平和なし。神学的な基礎研究なく
して、諸宗教の間に対話なし。

キュング『世界倫理計画』135 頁

はじめに

　本命題は、スイス出身のカトリック神学者ハンス・キュング（Hans Küng,
1928–2021）が、1990 年に自ら提唱した「世界倫理（Weltethos, Global Ethic）」
の一環で述べたものである。すなわち本命題は、宗教間対話の目的が世界平
和の実現にあり、対話を進めるために比較宗教学的な、かつ史的な基礎研究
が必須であるという主張である。世界倫理における対話とは、その名前の通
り、諸宗教による倫理をめぐる対話である。宗教間対話は、当初、本書の
ジョン・ヒックに見られるように教義を中心とするテーマで議論されたが、
1980 年代後半から世界平和などの実践的課題の解決を目指す対話が注目さ
れるようになった。その変化を作った人物の一人がキュングであり、世界平
和の実現には世界に共通の倫理が必要だという発想のもと、世界倫理が提唱
されたのである。なお、上記の命題の細部は、第三文の「神学的な」が削除
されて「諸宗教についての基礎研究なくして」となるなど、後に少しずつ変
遷した。

生涯

　本命題を唱えたキュングは、スイスのルツェルン州ズールゼー出身の神
学者であり、1960 年から 1996 年まで、ドイツのテュービンゲン大学で教え
た。第二バチカン公会議（1962–1965 年）には顧問神学者として参加し、カ
トリック教会の改革やエキュメニカルな対話に尽力した。ところがキュング
は、教皇の不可謬説などに関する主張が問題視され、カトリック信仰の真理

を十全に保った著述をしていないとして、1979 年 12 月に処分を受けた。カトリック神学者として教える資格を取り消され、それによりカトリック神学部の教授職を失った。しかし、翌年 3 月にはカトリック神学部からは独立した、同大学のエキュメニカル研究所にて続けて教鞭をとることになった。その後、宗教間対話に活路を見出し、『世界倫理計画』（1990 年）を出版した。世界倫理の具体化として、シカゴで開催された 1993 年の第 2 回万国宗教会議にて採択された「世界倫理宣言」の原案を執筆した。退職後、1995 年に自ら設立した「世界倫理財団」を拠点にして、世界倫理の研究と普及に努めた。1997 年に採択された第 15 回インターアクション・カウンシルの「人間の責任に関する世界宣言」の文書作成にて、主要な役割を果たした。2001 年の第 56 回国連総会では、諸宗教と諸文明間の対話をテーマに演説し、「文明間の対話のためのグローバル・アジェンダ」の決議に影響を与えた。そして 2013 年には、自伝の出版を最後に第一線の著作活動から身を引いた。その後もメディアなどを通じて発言を続けていたが、惜しくも 2021 年 4 月 6日に 93 歳でテュービンゲンの自宅にて死去した。

背景

　キュングが宗教間対話に注力した背景は、彼の神学的出発点に辿ることができる。キュングは、義認論をめぐる博士論文を通してカール・バルトの神学を学び、キリストにおける神の言葉とそれ以外における神の言葉の関係に、バルトにおいて残された問題だとして関心を持った。またラーナーなどを通して、カトリックの「新神学」において議論された、信仰を持つ以前からの人間存在を肯定する恩恵論の影響を受けている。さらに 1970 年代終わりごろから、諸立場とキリストの言葉の関係を理解するために、キュングはティリッヒの「相関の神学」に着目し、これを「批判的」相関関係に展開して世界倫理の理論的基礎に応用した。もう一つの背景が、現代社会に開かれた教会改革を目指した第二バチカン公会議である。キュングは、『現代世界憲章』に象徴されるように、民主主義社会や人権思想、諸宗教などに向き合おうとした公会議の精神の実現を終生の神学的な基軸にしていた。なお、テュービンゲン大学にて、モルトマンと終生の友情を築いた点も忘れてはならないだろう。

解題

　世界倫理の中心命題は、「どの人間も人間らしく扱われなければならない」という人間性の原理である。世界倫理をめぐる対話の参加者には、諸宗教だけでなく、世俗的な立場の人々も含まれており、ともに普遍的な人間性を探求する。その際、新しい人間性の倫理を作り出すのではなく、世界の諸宗教・諸文化にて営まれる多様な倫理の中に、共通の人間性に関する規範を見出す。この共通の倫理が世界倫理であり、世界の政治・経済的な課題解決のために一定の倫理的な連帯を人々に与えるのである。この人間性は、具体的には、世俗的な人権思想と諸宗教の黄金律である。人権思想が権利を中心とする一方で、黄金律は義務の教えである。それらが総合されることで、より深く人間性が明らかとなり、その方向に人々は人間らしくあるように促されるのである。

　この対話におけるキュングの立場は、ヒックのような宗教多元主義とは異なる。キュングによれば、諸宗教は共通の究極的存在に基づいておらず、個別の営みのまま、それぞれの信仰対象が普遍的な真理を教えているという確信を持つ。キリスト教においてはキリストによる啓示であり、それに沿って諸宗教の教えが判断される。この確信は、内在的視点という実存的な視点から生じる。しかし同時に、諸宗教を対等に眺める、比較宗教学・史的な視点を重視して、この視点を諸宗教の信仰者に自らの信仰への確信とともに求める。これが外在的視点である。それゆえキュングは、一面では、諸宗教が相互に包括的な関係にあると考えている。諸宗教の信仰者は、共通の何かの視点から諸宗教を平等に説明するのではなく、互いに自らの信仰の伝統に立って他宗教を理解する。しかし同時に、他面では、外在的視点から共通の対話のテーマを掲げる。すなわち諸宗教に固有の倫理的伝統の間に、人間性をめぐって重なり合う普遍的な部分を発見しようというのである。その対話の過程で、諸宗教は、人間性を基準に相互批判し、内在的視点から自己変革を行う。そのため、キュングにおいて二つの視点は弁証法的に結びついており、対話は、各々の伝統のなかでより深い人間性の発見へと至る道筋となるのである。

　しかしながら、世界倫理の探求は課題に直面している。人間性は、人権思想と密接に結びついて理解されており、そのため諸宗教を信じる対話者は、世俗的な立場を対等に承認して、人間性をめぐる言葉に自らの教えを翻訳し

て発言しなければならない。ところが、キリスト教と同様に、人権思想も世俗的理性も普遍的なものではない。それゆえ、たとえ世界倫理のとおり、人権思想を普遍的なものに見立てて黄金律を翻訳するからといって、「普遍的な」人間性が発見され実現されるとは限らない。翻訳の結果として発見される人間性に同意しない例として、キュングと対立したヨーゼフ・ラッツィンガーは、ユルゲン・ハーバーマスとの対話の中で、世俗的理性の根底にある神の働きを承認するように求めた。また、宗教間対話において、自らの宗教的伝統や共同体を優先的に擁護する立場は、多元主義との対比で排他主義として否定的に扱われたが、見直しが行われている。そのため、世界倫理において、人権思想や世俗的理性の承認、人間性への翻訳を前提とするよりも、むしろ、それら事柄の意味や結びつきを、各宗教の文脈に立って問い直す必要があるだろう。それが特定の立場を排除しない対話の実現とグローバルな倫理の発見に役立つはずである。

参考文献

Hans Küng, *Projekt Weltethos*, München: Piper, 1990.

―――――, *A Global Ethic: the Declaration of the Parliament of the World's Religions*, New York: Continuum, 1993.

ユルゲン・ハーバーマス、ヨーゼフ・ラッツィンガー述、フロリアン・シュラー編『ポスト世俗化時代の哲学と宗教』三島憲一訳、岩波書店、2007年。

ファーガス・カー『二十世紀のカトリック神学――新スコラ主義から婚姻神秘主義へ』前川登、福田誠二監訳、教文館、2011年。

【藤本憲正】

第四部
北米・倫理

概　　要

　第四部においては、北米神学を中心に「宗教と社会」をめぐる神学思想が
取り上げられる。ヨーロッパ神学の大きな影響があったものの、ヨーロッパ
にはないアメリカ固有の歴史的背景——「新大陸」を神による約束の地と信
じた初期入植者以来の自国理解、各教派の並立的独立性と政教分離原則によ
る教派主義の伝統、広大な土地の開拓、社会の制度と構造とに深く組み込ま
れた奴隷制度、数度にわたる移民の大量流入の波、18 世紀とその後の信仰
復興運動、19 世紀後半からの都市化・工業化および文化の大衆化の急激な
進展、数多くのキリスト教系新宗教の勃興やファンダメンタリズムの強い影
響など——によりアメリカ独自の神学的展開が促された。

　ジョナサン・エドワーズ（1703–1758）は、峻厳な説教で聴衆に高揚感と深
い回心をもたらして信仰復興運動を引き起こし、後年の同様の運動の精神的
なモデルとなった。彼は神の栄光を強調する神論を中心的柱として罪論、救
済論、倫理学などを扱いつつ、信仰復興運動の霊性の分析や当時の科学・哲
学との思弁的対話を試みたとされる。本書では、彼の創造論における神理解
がヨーロッパ系の神学者らとの比較において提示される。

　19 世紀後半のアメリカは、社会構造の激変を経験した。工業化の進む北
部州と奴隷労働に依存した大農園経営を基盤とする南部州の対立は南北戦争
（1861–1865 年）を経て奴隷解放宣言（1863 年）をもたらした。南部農園から
あふれ出た黒人はやがて北部の都市へも大移動して、音楽などの分野で独自
の文化を開花させた。19 世紀半ばには西部のゴールドラッシュを契機に中
国人苦力やアイルランド系らの流入があり、世紀転換期には東欧・南欧など
から移民の大きな波があった。彼らもまた、アメリカの都市に新しいコミュ
ニティと文化をもたらしたが、同時に、大資本による工業社会に組み込まれ
ていった。多様な人々の都市への集積と社会的存在感の高まりは「アメリカ
国民とは誰か」という大きな問いを生み、19 世紀後半から 20 世紀初めには、
民族対立を背景に白人至上主義的な言説と立法が勢いを増した。

　都市貧困層の課題に取り組んだ社会的福音運動の代表者ウォルター・ラ
ウシェンブッシュ（1861–1918）は、特に NY 市の貧困問題に改革プログラム
を通じて働きかけた。その神学は、社会と人間の進歩についての楽観的な理
解に基づいて「神の国」を終末論的にではなく社会内在的に見る傾向を持ち、

1950年代・60年代に公民権運動を主導したキング牧師にも影響を与えた。

　20世紀半ばのアメリカ神学界の屋台骨を築き長く影響を残す神学者に、ニーバー兄弟がいる。兄ラインホールド（1892-1971）は当初、社会的福音の影響を受け工場労働者の問題に深く関与したが、社会的福音と自由主義神学の楽観的人間論を崩壊させる大恐慌と世界大戦に直面する。彼は『人間の本性』で罪と創造性の両面に開かれた人間の本性についての深い洞察を展開するが、罪理解に基づく透徹した人間分析をもとに冷戦期社会の諸問題にキリスト教現実主義と称される提言を行い、広範な社会的影響を及ぼした。一方、神学教育を通じて次世代に大きな影響を残した弟H.リチャード（1894-1962）は、社会・文化と信仰の関係、超越的な神と歴史に内在し神に応答する信仰者共同体との関係を考察した。スタンリー・ハワーワス（1940-）はH.リチャードの弟子でありK.バルトらの影響も強く受けたが、やがて「神の国アメリカ」の理念に要約されそこから派生するような、彼が「リベラル」と呼ぶ、キリスト教信仰・教会の社会的意義を強調する現代アメリカのキリスト教の問題性を鋭く指摘する。キリスト教文化とアメリカ社会の関係の曖昧さの問題は、現代の論争点の一つである。

　20世紀のアメリカ神学界を特徴づける様相の一つは、いわゆる解放の諸神学の影響である。本書においては、黒人神学のジェイムズ・コーン（1938-2018）、フェミニスト神学のエリザベス・シュスラー・フィオレンツァ（1938-）、南米カトリックの解放の神学のグスタボ・グティエレス（1928-）を取り上げる。これらの流れは、おおむね1960年代・70年代以降に神学の世界で声を上げ始めた。従来の神学と教会の営みには特定のグループを意思決定の過程から排除し被抑圧者の被る差別の構造を再生産または黙認する事態があることを認識し、当事者の視点から聖書の読み直しと神学と教会の中心的使信の再構築とを目指す。北米の神学・神学教育においては解放の諸神学からの批判への何らかの応答の意識は避けては通れない営みの一つとなっている。

【島田由紀】

※ラインホールド・ニーバーとH.リチャード・ニーバーの項目をご担当下さった髙橋義文先生は、2021年8月29日に逝去されました。ご遺稿には詳細な註が付されていましたが、他の項目と体裁を統一するため、原文の意図を損なわないように注意を払いながら、編集者が修正を行いました。日本の神学研究・教育への髙橋先生の長年にわたるご貢献に心より感謝と敬意を申し上げます。

1 神の流出としての創造

（ジョナサン・エドワーズ『神の世界創造の目的』）

命　　題

神の内なる傾向性、すなわちご自身の無限の満ち溢れを流出させるという神の原発的な属性こそが、神を世界創造へと向かわしめたものである。

エドワーズ『神の世界創造の目的』WJE 8:435

解説

　アメリカ植民地時代のピューリタン神学者エドワーズは、信仰復興運動の最初の担い手として知られているが、その深遠な神学的著作は本邦ではいまだ十分に紹介されていない。特に晩年の『自由意志論』『原罪論』『徳論』と並んで評価されるべきは、彼の三位一体論的な創造論である。掲げられた命題は、創立間もないプリンストン大学の学長に就任する直前に執筆され、死後出版となった論文からの引用である。

　神は、なぜ世界を創造されたのか。ここで問われているのは、創造の善などの帰結的な目的ではなく、原初的で内在的な創造の目的である。神は何ものも必要とせず、神以外の存在から何ものも受け取ることはない。したがって、通常の意味での「目的」は神の創造には存在しない。伝統的な創造論では、神の自由な意志による創造が強調されてきたが、もしその意志が何らかのしかたで神の本性に繋ぎとめられていなければ、いかなる内的根拠もない恣意の発動となり、極端に唯名論的な主権論が導かれてしまう。世界の存在もまた、何らかのしかたで神ご自身の存在に参与し、その善を反映させるようなかかわりをもつことがなければ、聖書に証言されているキリスト教的な恵みの創造論とはならないだろう。

　このような隘路の問いにエドワーズが与えた答えが、命題文である。エドワーズにあっては、神の存在はすなわち神の行為である。神は、まず絶対の虚空にひとり存在し、しかる後にご自身の諸属性を発揮し始めるのではない。

神の存在は、ご自身の永遠の存在における自己栄化という傾向性の不断の発現である。その存在・行為は、第一に内在の三位一体におけるペルソナの産出と発出として（ad intra）、第二に三位一体の外に向かってなされた創造の業として（ad extra）顕示される。神の栄光はご自身においてすでに完全に現実的であるが、神はご自身を伝達する傾向性を本質とするゆえに、その本質を外へ向かって発現させ続け、その行為が創造となる。神は、創造の業において内在の三位一体におけるご自身の存在を「繰り返す」のである。

つまり世界創造とは、神の傾向性の発現としての自己伝達であり自己反復の業である。ヘーゲル的な絶対精神の自己展開に擬して表現すれば、ご自身の傾向性の発現としての創造により「即自的な神」が「対自的な神」となる、とも言えよう。ただしエドワーズの神は、永遠の至福の中に幽閉された存在ではなく、自己開示と自己贈与の神である。神は「その本性に属することとして、単に神である（to be God）にとどまらず、神としてご自身を啓示し給う（to reveal himself as God）」。かくして、創造の「なぜ」に対するエドワーズの答えは、それが神ご自身の本性の発現であり、神が神として存在し行為し給うことの別表現だから、ということになる。

影響史

エドワーズの創造論に特徴的なのは、命題文にも含まれている「流出（emanation）」という言葉である。このような創造理解を拒否する神学の伝統はエイレナイオス以来古くからあり、最近でもコリン・ガントンが「新プラトン主義的」という批判を展開した。流出論は、創造者と被造者との間に存在論的な連続性を想定させ、最高位の神から低位の物質や肉体へという階層性を生み出し、創造の善や独立性が見失われて汎神論を結果する、というのが批判の一般的な要点である。

だが、キリスト教的な創造論がプロティノス的な流出論をそのまま受け入れなければならない理由はない。あまり知られていないが、「流出」を伝統的な創造論の中で論ずることに躊躇をもたなかった神学者の一人に、トマス・アクィナスがいる。トマスは、エドワーズとほぼ同じ論理を別の言葉で語り、ご自身の外に目的をもつことがあり得ない神は、ご自身の善の「流出」によって世界を創造された、と論じている。ここで「流出」という概念がふさわしいのは、「伝達」という概念ではその受け手の存在があらかじめ

前提されてしまうからである。

　現代神学者のうちでもっともエドワーズに近いのは、ティリッヒであろう。彼によると、「神は神であるがゆえに創造的である」。創造は神の「運命」であり、「創造しない神」は自己矛盾である。とはいえ、ここに言う運命（destiny）」は「宿命（fate）」とは異なり、自由と必然の対比を超越した内在的なテロスの実現を意味している。彼の理解によると、神の存在についての聖書的な証言のうちでもっとも明瞭なのは「活ける神」という象徴表現である。これは、すべての潜性を現実化した「純粋現実有（actus purus）」の神でもなく、力動性を強調した「生成の神」でもない。神は「霊」として、すなわち存在論的な諸要素の統一として、ご自身の目的を成就する生命である。ティリッヒの神は、永遠から永遠にわたって創造的である。なぜなら、それが神の本性だからである。

　とすると、神の意志や決断の自由はどのように解釈されるべきか。ティリッヒによれば、神は「天上に住む至高の人格者」という有神論的な神表象を超えて、あらゆるものに参与する普遍性を有している。したがって、神の意志や決断を人間の意志や決断と同列に論ずることはできない。神の自由とは、あくまでも存在論的な自由、すなわち死せる自己同一性ではなく「活ける神」として、ご自身を神として創造しつつ存在する神の自存性（aseity）の意味に解されねばならない。かくしてティリッヒは、エドワーズと同じように神の意志よりも本性に創造論の根拠を見る。

　一方バルトは、創造を神の偶発的（kontingent）な行為と規定し、これを神の恵みの選びに根拠づける。といっても、われわれはイエス・キリストにおいて神の絶対的存在と偶発的意志の一致を知るので、ティリッヒ的な「存在の根拠」がバルトにあっては「永遠の選び」に置き換えられるだけである。創造は神の「外なる外への業」として、「内なる外への業」としての選びに対応する。創造は神の意志によるが、その意志は神の永遠の決断に基礎づけられているため、恣意でも偶然でもない。これを神の「本性」とまで言うことはできないが、なおそれは神の「自己規定」である。

　バルトはさらに、神の意志と本性との連関を創造と契約の相互認証として論じている。すなわち、創造は契約の外的根拠であり、契約は創造の内的根拠である。神は、永遠の契約の実現として創造へと赴き給うのである。エドワーズと同じく契約神学の枠組に立つバルトは、これを継承しつつ徹底化

し、その帰結として創造が神にとって「必然」であることを承認する。もとよりその認識は人間にとってあくまでも信仰箇条であり、世界内在的なアプリオリによっては到達できない知である。しかしそれでもバルトは、創造の業がある必然性をもって神ご自身の内的な存在に対応している、と考えていた。彼の予定論においては、エドワーズと同じように神の内的な生命力の「流出」に近い議論が展開されている。

　ティリッヒとバルトの相補的な理解は、モルトマンにおいて意識的に主題化され、明示的な統合へともたらされている。モルトマンは、神の生命を愛の生命へと内容的に厳密化することで神の善の流出を意志的な行為と理解した。神の生命は神の決心へと流れ込み、この決心を通して被造物へと溢れる。そこに、神の「決心された本質」について語る必然性がある。

　いずれの立場を取る場合にも、神の存在を理解することなしに神の行為を理解することはできない。エドワーズの神学は、三位一体論が創造論の扉を開く鍵であることをわれわれに教えている。

文献

Jonathan Edwards, "Concerning the End for Which God Created the World," in: Paul Ramsey, ed., *The Works of Jonathan Edwards*, vol. 8, "Ethical Writings." New Haven: Yale University Press, 1989.

森本あんり『ジョナサン・エドワーズ研究――アメリカ・ピューリタニズムの存在論と救済論』創文社、1995 年。

森本あんり「神の存在と創造の神的根拠の理解をめぐって――ティリッヒ・バルト・モルトマン・トマス・エドワーズ」、組織神学研究所編『パウル・ティリッヒ研究』聖学院大学出版会、1999 年、199–230 頁。文中資料の詳細な出典については、この論文を参照されたい。

【森本あんり】

2　人間の根源的自由

（ラインホールド・ニーバー『人間の本性』）

命　　題

人間の自己認識をめぐる……逆説は……次のような二つの事実を
指し示している。一方は明白な事実であり、他方はそれほど明白
ではない事実である。……明白な事実とは、人間が、《自然の子》
であり、自然の有為転変に服し、自然の必然性に強いられ、自然
の衝動に駆り立てられ……束の間の年月のうちに限定されている
ということである。もう一つのあまり明白ではない事実とは、人
間が、自然、生、自己自身、理性、世界の外に立つ《精神》であ
るということである。

『人間の本性──キリスト教的人間解釈』邦訳 25 頁

はじめに

　神学史の観点から見れば、20 世紀は、第一次世界大戦後の K. バルトらの
「神の言葉の神学」ないし弁証法神学の登場で始まったと言ってよい。しか
し、これは主としてヨーロッパにおいてであり、アメリカはそれとは異なっ
た状況にあった。アメリカでは、第一次世界大戦のみならず第二次世界大戦
を経てもなお全体としてリベラルな思潮が謳歌されていたからである。しか
し、20 世紀中葉になると、アメリカでも新しい神学思想が、ヨーロッパの
動きに呼応するかのように、しかも全く独自なかたちで展開を見せるように
なった。その代表者がラインホールド・ニーバーであり、その弟の H. リチ
ャード・ニーバーであった。彼らはともに啓示を重視しそれに基づきながら
歴史との関係に注視し、それぞれ独自の神学を打ち立て、20 世紀アメリカ
の思想と社会に多大な影響を与えた。

生涯

　ラインホールド・ニーバー（Reinhold Niebuhr）は、20 世紀アメリカを代表

する神学者であるとともに政治思想家、社会評論家でもある。1892年、ド
イツ移民の教会北米ドイツ福音教会の指導的な牧師グスタフ・ニーバーの第
4子としてミズーリ州セントルイス郊外に生まれた。後のキリスト教教育学
者ハルダ・ニーバーは姉、倫理学者ヘルムート・リチャード・ニーバーは弟
にあたる。ニーバーは、中西部のドイツ移民が多く居住する濃厚なドイツ文
化の飛び地で育った。所属教派のエルマースト・カレッジおよびイーデン神
学校を経てイェール大学大学院で修士課程を修了。1915年から13年間、ミ
シガン州デトロイトのベセル福音教会牧師として奉仕した。1928年、ユニ
オン神学大学院（ニューヨーク市）の教授陣に加わり、主としてキリスト教
社会倫理学を担当。1939年、スコットランドのエジンバラ大学からアメリ
カ人として5人目のギフォード講演者に招かれ、その内容は主著『人間の本
性と運命』全2巻に結実した。また、第二次世界大戦後、冷戦期のアメリカ
の外交政策をはじめ政治的社会的諸問題と積極的に取り組んだ。1960年引
退、1964年に大統領自由勲章を受章。その後も、人種問題やベトナム戦争
などについて活発な発言を続け、1971年6月、マサチューセッツ州ストッ
クブリッジで死去した。

背景

　ニーバーは、デトロイトでいわゆる社会福音運動と出会いそれに参画する
ようになる。社会福音運動の指導者W. ラウシェンブッシュはすでに晩年で、
ニーバーはいわばラウシェンブッシュの次の世代の社会活動家として、急
速な発展を遂げつつあった新興産業都市においてさまざまな社会問題（労働、
人種、福祉、平和等の諸問題）と取り組むとともに政治活動にも参加し始めた
（ニーバーの社会福音運動との関わりについては髙橋義文『ニーバーとリベラリズ
ム』第1章「ニーバーと社会福音運動」を参照）。

　ニーバーは、間もなくその活動のいくつかの局面で指導的立場に立つよう
になるが、いわゆる社会福音運動の基本的な考え方である人間や社会に対す
る理想主義的楽観主義的かつ平和主義的な見方には早くより疑問を抱いてい
た。ニューヨークに移ったニーバーが最終的に社会福音運動的リベラリズム
と袂を分かつことになった直接の要因は、1929年秋に端を発した経済恐慌
であった。その凄まじさに社会福音運動はその活動においてもその思想にお
いても対応不能となったからである。この状況は、1930年代前半、ニーバ

ーをマルクス主義に接近させることになるが、それは、ニーバーが社会福音
と決別したことでもあった。そうした状況の中で、1932 年、ニーバーは『道
徳的人間と非道徳的社会』を上梓した。

　『道徳的人間と非道徳的社会』の基本命題は、「個人の道徳的社会的行動と、
国家的・人種的・経済的な社会集団の道徳的行動との間には、尖鋭な区別の
線が引かれねばならない」ということであり、それは「純粋に個人主義的倫
理にとって常に問題と感じられるような政治的諸政策を容認し、またそれを
要求する」ということであった（『道徳的人間と非道徳的社会』邦訳 7 頁［訳文
は一部変更。以下同様］）。具体的に大方の注目を集めたのはその平和主義批
判であった。「強制の要素は政治の中には常に存在する」こと、社会正義は
「道徳的理性的説得だけで解決されることはない」こと、「闘争は避けること
ができない」こと、「権力は力をもって挑戦されねばならない」ことが繰り
返し主張されていた（同上 8–25 頁）。それは、「宗教的、世俗的モラリスト」
たちに向けられた現実主義的立場からの挑戦であった。

　ところが、ニーバーの弟 H. リチャードは、この書の理想主義的彼岸性と
平和主義への批判を高く評価しつつも、その人間本性の理解さらには宗教そ
れ自体の理解は「あまりにもロマンティックでリベラルである」と批判した
（H. Richard Niebuhr to Reinhold Niebuhr, n. d. in Niebuhr Papers, Box 9, the Manuscript
Division, the Library of Congress. 日付はないが、1932 年の書簡と思われる）。ニー
バーはこの批判をかなり真剣に受け止め、ただちに修正の姿勢を見せ始める。
その成果は、『キリスト教倫理の解釈』（1935 年）となって現れた。そこには
リベラリズムを乗り越えた確固とした視点から、「預言者宗教の神髄」が強
調され、「不可能な可能性」の概念に象徴される倫理思想が展開された。そ
れに続く『悲劇を越えて』（1937 年）における永遠と時間の弁証法的関係に
ついての考察は成熟した神学的探究の端緒となった。それらはやがて、ニ
ーバーの主著『人間の本性と運命』（1941, 1943 年）において生かされ独特の
歴史の神学として提示され、その後、いくつかの新しい視点が加えられて、
『信仰と歴史』（1949 年）および『自己と歴史のドラマ』（1955 年）へと引き
継がれた。

　解題
　ニーバーの思想は人間の「自己（self）」に関する省察に始まる。それ

が、命題に掲げた、人間が自然 nature と精神 spirit（ニーバーの用いる spirit は、「霊」とも訳されうる。実際、野中義夫は、『人間の本性』を訳した際、「霊」を訳語に宛てている［野中義夫訳『人間の本性と運命　第1巻　人間の本性』産学社、1973年］。ここでは、髙橋・柳田訳［2019年］に従い「精神」とした）の逆説的合流点に立つものであるとの主張である。この命題が、ニーバーの神学と倫理の両営為を貫き、さまざまに変奏させられながら展開され、ニーバーの思想の言わば通奏低音ともなっている。

　ニーバーによれば、人間はまずは「自然」の子であって、さまざまな自然の偶発性に従って生きている「必然性の動物」（Niebuhr, *Beyond Tragedy*, 292）である。身体的環境的なさまざまな制約とともに究極的に死によって限界づけられている存在である。言うまでもなく「明白な事実」である。

　一方、人間は自然の子以上のものである。人間は「自然、生、自己自身、理性、世界の外に立つ精神」でもあるからである。「人間が世界の外に立つ」ということは、端的に「自己超越の能力」であり、「自己自身を自らの対象とする能力」である。それは、理性やその他のいかなる概念によっても、完全に理解もされなければそれらの概念に含まれることもないような精神の特質である。「それほど明白ではない事実」（『人間の本性』邦訳25–26頁）とされるゆえんである。

　ニーバーは、このような自己超越的自己の局面を「神の像（imago Dei）」の象徴に関連づけながら、その内実を「根源的自由（radical freedom）」（Niebuhr, "Intellectual Autobiography," in *Reinhold Niebuhr: His Religious, Social, and Political Thought*, 10）と見なした。それは人間の真の尊厳を担い、人間個人の独自性の真の源泉であり、そのゆえに人間のあらゆる自由の基礎ともなるのである。

　ところが、この根源的自由は必ずしも人間の積極的側面のみを示すものではない。ニーバーによれば、自己の根源的自由には常に、「創造の可能性と破壊の可能性」とがともに含まれているからである。人間は絶えずあらゆる社会的、自然的、合理的凝集力を超えて、それらの外側に立ち、それらに縛られることがない。したがってそれは一方において人間の創造性に寄与する。しかし他方、人間は自らのそのような資質を絶えず自らの目的のために用いようとする誘惑の中にあり、罪を生み、破壊の力ともなる。ニーバーによれば、「罪はその自由において犯される」（『人間の本性』40頁）からである。こ

うして、人間の根源的自由は、ニーバーにとって、人間の罪と義をめぐる議論の展開の基礎となる。

ニーバーの罪論は、自己の破壊の可能性がその起点である。自己超越的自己の創造と破壊の両方向への可能性を持つ実存状況を、キェルケゴールに同調して「不安」ないし「自由の眩暈」と呼び、その状況が罪への誘惑の機会また条件と見なした。ニーバーによれば、この人間に不可避的な不安の状況から、罪は必然的にではないが、「経験的には不可避的」に、しかも普遍的に生起する。このような人間の罪の不可避性と普遍性とを、ニーバーは「原罪」の用語をもって言い表した。それは伝統的遺伝罪としての概念ではなく、人間実存の事実を表すものである（ニーバーが晩年「原罪」の用語を使用したことを悔いて修正の改定の希望を表明したことがあるが、同時にニーバーは原罪を用いて説明した内容は歴史的にも象徴的にも正しかったとしている。Niebuhr, *Man's Nature and His Communities*, 23;『人間の本性』19 頁）。以上を踏まえて、ニーバーは、人間の罪の具体相を「傲慢」、「自己中心」さらには「自己神化」としてとらえ、その特質を、あるいは心理学的手法をもって自己の内面に切り込み、あるいは政治的視点から集団ひいては国家や民族の罪を糾弾するといった形で多様に論じた。ニーバーのこの罪論は当時のなおリベラルなアメリカの思想界に衝撃を与えた。

しかしながら、ニーバーの人間論は罪の強調に終始していたわけではない。人間の精神には創造的側面があり、ニーバーはそれをも同等に評価していたからである。『人間の本性』の最終章で、ニーバーは、「原初的義」（あるいは「原義」）について論じ、人間はいかに罪に侵されているとしてもそこには原初の義あるいは「創造の善」が残存していると主張した。それによってニーバーは、愛の律法の成就が終末論的可能性であることを踏まえて、その成就の可能性に向かって相対的な「接近（approximation）」が可能であるのみならず、そこに「予測を超える諸可能性（indeterminate possibilities）」をも見ていた（Niebuhr, *Faith and History*, 230）。

こうして、ニーバーは、人間を罪と義の弁証法において論じたのである。しかし、ニーバーの人間論はそれに止まらない。命題に表された人間の二つの局面は、そのまま歴史の問題としてその射程は歴史的世界にまで拡げられるからである。ニーバーによれば、「人間は、自然と時間の変転に巻き込まれているが、巻き込まれてもいない」（『人間の運命』21 頁）。「人間の歴史は、

自然の必然性と人間の自由から構成されている。自然の変転を超越する自由
によって、人間は、一定の時間の範囲を自覚的に把握して、歴史を認識する
ことができるようになる。またそのような自由によって、人間は、自然の因
果関係の継起を変換し、整序し、変容させ、それによって歴史を形成するこ
とができる」（同 22 頁）。このような視点から、ニーバーは、歴史には意味
があるとの主張を、新約聖書におけるパウロの恩寵論と贖罪信仰と終末論に
依拠しながら展開し、こう結論づけた。「歴史は、歴史それ自体を完結する
ことができないからといって無意味ではない。……われわれの運命について
の知恵は、われわれが自らの知識と力の限界を謙虚に認めることができるか
どうかにかかっている。われわれの最も信頼できる知性は、『恵み』の果実
である」（同 335 頁）。

　さらに、ニーバーは、以上の人間自己の分析とその歴史をめぐる洞察を社
会倫理的な諸問題にも適用した。キリスト教現実主義はその最たるものであ
る。ニーバーは、キリスト教現実主義を標榜しながら国内外のさまざまな問
題について積極的に発言するとともに、H. J. モーゲンソーや G. F. ケナンら
政治的現実主義者たちと協働しつつ冷戦期のアメリカの外交政策に少なから
ぬ影響を与えた。そのニーバーのキリスト教現実主義の内実をよく示してい
るは、一般によく読まれたデモクラシー論『光の子と闇の子』（1944 年）と、
冷戦期アメリカを論じた『アメリカ史のアイロニー』（1952 年）である。

　『光の子と闇の子』では、「抑制と均衡（checks and balances）」が個人と集団
が社会的権力と交渉するための最良の装置であると主張され、そこから人間
の罪と義を踏まえたよく知られた次のような警句が生まれた。「人間の正義
を行う能力はデモクラシーを可能とする。しかし、人間の不正に陥りやす
い傾向はデモクラシーを必要とする」（邦訳 7 頁［訳はこれに拠っていない］）。
その姿勢が、「闇の子らの悪意から自由でありつつ、闇の子らの知恵で自ら
を武装」した現実主義的「光の子」なのである（同 47 頁）。『アメリカ史の
アイロニー』では、冷戦が厳しさを増す中、アメリカ史を振り返りながら、
共産主義を厳しく批判しつつ、その返す刀で自らの国アメリカの問題を鋭く
抉り出した。それはアメリカを「外から」、「永遠の相から」見ようとしたア
メリカ論である。その極みはこの書の最後の部分である。

　「ほとんど共通するところを持たない敵との闘争の中でさえ、ある意味次
元に生きる可能性と必然性がある……。それは、戦争の切迫感が次のような

感覚に従属させられるような次元である。すなわち、……歴史のドラマの巨
大さの前で感じる畏れの感覚に、また……徳や知恵や力についてあまり誇ら
ない謙虚の感覚に、あるいは敵の悪魔性とわれわれの虚栄心双方の根底にあ
る共通の人間的弱さを認める悔い改めの感覚に、そして自らへりくだる者た
ちに約束された感謝の感覚である」(『アメリカ史のアイロニー』259–260 頁［一
部訳文を変更。傍点付加］)。

　この姿勢が、ニーバーが晩年筆を振るった公民権運動ないし人種問題やベ
トナム戦争をめぐる議論においても生かされていたことは言うまでもない＊。

影響と意義

　ニーバーは、とくに 1940 年代から 60 年代までアメリカの思想界に多大な
影響を与えた。しかし、70 年代以降、解放の神学や女性神学など多方面か
ら批判が寄せられるようになった。近年では、J. H. コーンや S. ハワワス
らがニーバー神学への批判を強めている（コーン『十字架とリンチの木』、ハ
ワワス『宇宙の筋目に沿って』。なお、両者のニーバー批判については以下の検
討を参照。高橋義文「ニーバーと人種問題」、および、髙橋義文『ニーバーとリベ
ラリズム』第 8 章「スタンリー・ハワワスのニーバー批判をめぐって」)。しか
し他方、ニーバーへの積極的な評価も根強く残り、特に 9.11 以降、ニーバ
ーは改めて注目されるようになった。たとえば R. W. ラヴィンは、ニーバー
のキリスト教現実主義を中心にその思想を高く評価しその現代的意義を主張
し続けている（Lovin, *Reinhold Niebuhr and Christian Realism* ほか文献参照）。

　しかし、ニーバーの現代的意義を包括的に論じることは容易ではない。命
題との関連で一点のみを挙げれば、愛の律法は「歴史の中にではなく、歴史
の縁に立つ」(『人間の本性』331 頁)としたニーバーの主張に注目する必要が
あると思われる。「歴史の縁」とは歴史の「中」でもなく、歴史の「外」で
もない。「縁」は歴史と超越の弁証法的な地点である。それは歴史を超越し
ながらなお歴史から離れることのない視点である。この視点こそニーバー独
特の視点であり、それは、分断と分極化が進む今日、キリスト教の使信の妥
当性を訴えるわれわれにも必要とされる視点ではないだろうか。

　＊付記：
　　公民権運動を含む人種問題をめぐるニーバーの議論の全体像については、

高橋義文「ニーバーと人種問題」、および、鈴木有郷『ラインホルド・ニー
バーの人間観』第 6 章を、ニーバーのベトナム戦争に対する姿勢については、
同書第 4 章を参照。

　ベトナム戦争をめぐっては、ニーバーは、北爆さらには地上軍の派遣が始
まった 1965 年 2 月以降、それまでの懸念表明から明白な戦争反対に舵を切っ
た。このニーバーのベトナム戦争反対の姿勢は、ニーバーの影響を受けた人々
（いわゆるニーバリアンたち）の一部に混乱をもたらした。ニーバーと共に戦
争反対に向かう者と、ニーバーの現実主義思想に従えばそうなるはずだとし
て、戦争支持に向かう者とに分かれたからである。ニーバリアンをもって任
じるポール・ラムゼイは正戦論を掲げて戦争を強力に支持した。ニーバーは、
ラムゼイを高く評価しているが、この点については両者の間に大きな違いが
生じた。Kevin Carnahan, *Reinhold Niebuhr and Paul Ramsey*; Colm McKeogh, *The
Political Realism of Reinhold Niebuhr*, 149-164 参照。

文献

ニーバー『道徳的人間と非道徳的社会』大木英夫訳、白水社、イデー選書版、
　　1998 年（原著 1932 年）。

―――――『人間の本性――キリスト教的人間解釈』（「人間の本性と歴史」第 1 巻）
　　高橋義文、柳田洋夫訳、聖学院大学出版会、2019 年（原著 1941 年）。

―――――『人間の運命――キリスト教的歴史解釈』（「人間の本性と歴史」第 2 巻）
　　高橋義文、柳田洋夫訳、聖学院大学出版会、2017 年（原著 1943 年）。

―――――『光の子と闇の子』武田清子訳、聖学院大学出版会、1994 年（原著 1944
　　年）。

―――――『アメリカ史のアイロニー』大木英夫、深井智朗訳、聖学院大学出版会、
　　2002 年（原著 1952 年）。

―――――, *Beyond Tragedy: Essays on the Christian Interpretation of History*, New York:
　　Charles Scribner's Sons, 1937.

―――――, "Intellectual Autobiography," in *Reinhold Niebuhr: His Religious, Social,
　　and Political Thought*, ed. Charles W. Kegley and Robert W. Bretall, New York: The
　　Macmillan Co., 1956.

―――――, *Man's Nature and His Communities*, New York: Charles Scribner's Sons, 1965.

―――――, *Faith and History: A Comparison of Christian and Modern Views of History*,

New York: Charles Scribner's Sons, 1949.

髙橋義文『ニーバーとリベラリズム――ラインホールド・ニーバーの神学的視点の探求』聖学院大学出版会、2014 年。

髙橋義文「ニーバーと人種問題――ジェイムズ・H. コーンのニーバー評価に触れて」、『聖学院大学総合研究所紀要』No.66、2019 年、17–63 頁。

鈴木有郷『ラインホールド・ニーバーの人間観』教文館、1982 年。

Kevin Carnahan, *Reinhold Niebuhr and Paul Ramsey: Idealist and Pragmatic Christians on Politics, Philosophy, Religion, and War*, Lanham, MD: Lexington Books, 2010.

Colm McKeogh, *The Political Realism of Reinhold Niebuhr: A Pragmatic Approach to Just War*, Basingstoke, UK: Macmillan Press, 1997.

J. H. コーン『十字架とリンチの木』梶原壽訳、日本キリスト教団出版局、2014 年。

S. ハワーワス『宇宙の筋目に沿って――教会の証しと自然神学』東方敬信訳、ヨベル、2020 年。

Robin W. Lovin, *Reinhold Niebuhr and Christian Realism*, New York: Cambridge University Press, 1995.

――――, *Reinhold Niebuhr*, Nashville, TN: Abingdon Press, 2007.

ロビン・W. ラヴィン「審判、自由、責任―― 21 世紀のためのキリスト教現実主義」髙橋義文訳、『聖学院大学総合研究所紀要』No.57 別冊、2014 年、17–33 頁。

【髙橋義文】

3　歴史的信仰から出発する啓示の神学
（H. リチャード・ニーバー『啓示の意味』）

命　　題

神についてのあらゆる思想の歴史的限界が、神学に、歴史的共同体から、歴史的共同体において自覚的に始めることを要求するとしたら、信仰の対象の本質を探求する神学の限界は、神学に、信仰から、それも特定の信仰から始めることを要求する。なぜなら特定の信仰以外にそれに類するものはないからである。神と信仰とが一体である以上、キリスト教神学者の立場は、キリスト教共同体の信仰の中になければならないし、イエス・キリストの神に向けられていなければならない。そうでなければ、神学者の立場は、キリスト教とは別の信仰や別の神を持つ別の共同体の立場になってしまう。中立的立場などはありえず、信仰と不可分の領域に近づくことのできる無信仰的状況もない。キリスト者や神学者にどのような自由があろうとも、かれらには、いかなる至上の価値にも全く関わらないという意味での絶対的自由はない。中立や何ものにも与しないという立場は幻想であって、そこには神や民衆の神々が関わっているのである。今日、啓示についての問いが提起されなければならないのは、神学的理性が宗教的にも歴史的にも縛られていることが再び明らかになってきたからであり、しかもその縛りの中に存在する探究の自由もまたまさに現実のものだからである。

　　H. リチャード・ニーバー『啓示の意味』邦訳40-41頁（訳文一部変更）

はじめに

1930 年代以降、アメリカではヨーロッパの弁証法神学への関心が高まり始めていたが、いち早くそれと神学的に本格的に取り組んだのは H. リチャード・ニーバーであった。しかし、ニーバーは、19 世紀自由主義神学と 20 世紀弁証法神学の双方に対して批判的に対峙し、双方を評価するとともにそれらと明白に一線を画し、独自の際立った神学的立場を打ち立てた。その神学は、20 世紀後半から今世紀にかけ、多大な影響を与えた。

生涯

ヘルムート・リチャード・ニーバー（Helmut Richard Niebuhr）は、20 世紀アメリカの神学者、倫理学者である。1894 年、ドイツ移民の牧師グスタフ・ニーバーの第 5 子としてミズーリ州セントルイス郊外に生まれた。神学者ラインホールド・ニーバーは兄、リチャード・ラインホールド・ニーバーは息子である。エルマースト・カレッジを経てイーデン神学校を卒業後、1916 年からセントルイスのウォルナットパーク福音教会牧師を務める。その間、セントルイスのワシントン大学大学院でドイツ語ドイツ文学および哲学を専攻、MA を取得。1919 年、イーデン神学校の教員となる。1922 年、イェール大学神学大学院に入学、1924 年、Ph. D. を取得。同年、エルマースト・カレッジ学長、1931 年、イェール大学神学大学院の教授陣に加わり、主としてキリスト教倫理学を担当した。1962 年引退、同年、マサチューセッツ州ローウェで急逝。

背景

ニーバーは、兄ラインホールドと共に早くより、倫理の根幹を現代西洋文化の支配的な関心から峻別することに関心を払っていた。それは、社会学的な視点からアメリカの教会を分析した最初の著書『教派主義の社会的源泉』（1929 年）において、民族的、人種的、階級的分断に取り込まれている教会への不満が強調されていたことにも表れている（『アメリカ型キリスト教の社会的起源』邦訳 16–19 頁）。しかし、新約聖書の理想と社会の現実との緊張に焦点を合わせたラインホールドと異なり、ニーバーは、P. ティリッヒの影響もあり、「信仰の対象」に焦点を合わせて現実を考える「信仰現実主義」ないし「宗教的現実主義」を展開した。ニーバーは、その後、信仰が文

化の型を決定する面に注目して、『アメリカにおける神の国』（1937 年）を著
し、「神の国の信仰にその中心を見出す一つの運動としてアメリカのキリス
ト教の意味と精神とを理解しよう」とした（『アメリカにおける神の国』11 頁
［訳文を変更］）。その作業の過程で、ニーバーは、19 世紀自由主義神学と 20
世紀の弁証法神学と取り組み、その結果をこう整理している。「19 世紀神学
が主体から出発しながら、主体から対象すなわち人間から神への道を発見で
きなかったとすれば、20 世紀神学は主体への道、神から人間への道を発見
することに失敗している」（H. Richard Niebuhr, "Religious Realism in the Twentieth
Century," in D. C. Macintosh, ed., *Religious Realism*, New York: Macmillan, 1931, 420. 東
方敬信『H. リチャード・ニーバーの神学』46 頁参照）。

　以上の取り組みを踏まえて、ニーバーは、『啓示の意味』（1941 年）を上梓
した。それは、ニーバーの神学のその後の方向性を確認しその土台を据え
るものとなった。『啓示の意味』とそれに至る思索において示唆された課題
は、後に、『キリストと文化』（1951 年）ではキリスト教と文化をめぐる問題
へ、『教会の目的とその職務』（1956 年）では教会共同体への関心へ、『徹底
的唯一神信仰と西洋文明』（1960 年）では神中心主義の強調へ、そして死後
出版ではあるが『責任を負う自己』（1963 年）ではキリスト教道徳哲学へと、
それぞれ豊かに展開されていった。

解題

　ニーバーの思想の全体において、『啓示の意味』は特別な位置を占めてい
る。そこに明らかにされたニーバーの主張を端的に示しているのが、命題と
して掲げた内容である。

　ニーバーは、「空間的時間的相対性の発見以上に 20 世紀の思想に深い影響
を与えたものはない」として、その相対性を歴史的相対主義と宗教的相対主
義の両面から検討し、それとの関係で啓示の意味と必要性を論じている。ニー
バーは、「いかなるタイプの神学にとっても、歴史的相対主義のディレン
マからのがれる可能性はまったくない」として、それに真正面から取り組ん
だ。しかしニーバーはそれが必然的に不可知論に帰結するとは考えなかった。
むしろ、相対主義と批判的に取り組むことによって、新しい神学の在り方を
模索したのである。ニーバーはそれを、「批判的観念論」とも「批判的歴史
的神学」とも、さらには「キリスト教共同体の歴史的信仰から出発する啓示

の神学」とも称した。

この神学には以下のような視点が含まれている。第一に、この神学は普遍的な範型を示すことはできないが、「歴史の枠内において知的に納得のいく範型を探求することはできる」。それは、「教会の中で自己批判と自己認識の仕事を営み続ける告白的神学」である。第二に、歴史に規定された経験における認識はつねに「信仰の行為」であるが、その信仰は、不可欠で、それには存在理由があり、それがもたらす結果によって正当化されるのである。「自分の観察がその視点によって規定されていることを告白する人が、彼の見ている事物の現実性や実在性までも疑わねばならないということは自明のことではない」。「相対主義は主観主義や懐疑主義を意味しない」からである。第三に、歴史的信仰は、「検証される能力を持たない私的で主観的なものではない」。歴史に規制されるということは歴史の中にいるのである。神学の場合、教会の中にいるゆえに「その本拠地は教会」なのである。第四に、「歴史的相対主義は歴史への関連性（relevancy）を意味する」。したがって「神学はキリスト教史の内側でキリスト教史から始められねばならない」。この意味で神学は歴史的信仰から出発しなければならないのである。

以上の視点を踏まえて、ニーバーは、啓示の問題へのアプローチは、あくまでも「告白的」に、「告白的形式」および「告白的方法」でなされなければならないことを強調する。啓示に対する信仰の応答は罪の告白においてなされるゆえに、神学は「聖徒の神学ではなく、罪人の神学」でなければならない。ニーバーによれば、「自由な選択がこの〔告白的〕方法の採用を決定するのではなく、必要がそれを定めるのである」（ここまでの引用はすべて『啓示の意味』序文および第1章からである）。

こうして、ニーバーは、「人間の知と経験の歴史的に条件づけられている性格に対する批判的評価と、信仰が生ける神とのアクチュアルな関係であるという確信とを結合しようとした」のである（Douglas F. Ottati, "Introduction," in H. Richard Niebuhr, *The Meaning of Revelation*, New York: Westminster John Knox Press, 2006, xxv 参照）。

影響と意義

『啓示の意味』には、その後に展開されたニーバーの思想の核がすでに示されていた。それは、キリスト教と文化の関係とりわけその変革ないし回心

モチーフ、神中心主義、教会、倫理学等にまたがっている。ニーバーの神学と倫理学とは、こうした分野とその敷衍された領域において、多くの人々に影響を与えた。イェールでのニーバーの後継者 J. M. ガフタフソンをはじめ、L. ポープ、P. ラムゼイ、W. ビーチ、H. フライ、R. R. ニーバー、S. ハワーワス等によって、ポストリベラル神学等において批判的に受容され、それぞれに展開された（ポストリベラル神学については栗林輝夫『アメリカ現代神学の航海図』［栗林輝夫セレクション 2］大宮有博、西原廉太編、新教出版社、2018 年、第 4 章を参照）。E. トレルチと K. バルトの主要な関心事を「結合」しようとしたニーバーの試みは今もなお引き継がれるべき課題であろう。

文献

H. R. ニーバー『アメリカ型キリスト教の社会的起源』柴田史子訳、ヨルダン社、1984 年（原著 1929 年）。

――――『アメリカにおける神の国』柴田史子訳、聖学院大学出版会、2008 年（原著 1937 年）。

――――『啓示の意味』佐柳文男訳、教文館、1975 年（原著 1941 年）。

――――『キリストと文化』赤城泰訳、日本キリスト教団出版局、1967 年（原著 1951 年）。

――――『近代文化の崩壊と唯一神信仰』東方敬信訳、ヨルダン社、1984 年（原著 1960 年）。

――――『責任を負う自己』小原信訳、新教出版社、1967 年（原著 1963 年）。

東方敬信『H. リチャード・ニーバーの神学』日本キリスト教団出版局、1980 年。

【髙橋義文】

4　神の国の民の形成

（スタンリー・ハワーワス『大学のあり方』）

命　　題

私はレンガ職人として育った。……もしも私たちが教育の中で、もしくは私はこちらが好ましいと思うのだがモラル形成の中で、神学が果たす役割を理解しようとするならば、レンガ積みのような仕事に必要とされる訓練に関心を向けることは決定的に重要だと確信する。……神学者の仕事とは、キリスト者になるという技芸の親方たちに仕えることなのだ。にもかかわらずもしもその技芸が私の考えるごとく言語によって構成されているなら、その技芸の言語を教える厳しい労働の中で人が訓練されることが何にもまして重要となる。教育に責任を持つ人々が言語、特に祈りの言語を教え学ぶことは石を彫ることを学ぶのと同じくらい肉体的なことである点を忘れないことが、とりわけ決定的に重要である。

　　　　　　ハワーワス「石を彫るか、もしくはキリスト教という言語を学ぶか」

　　　　　　　　　　　　（『大学のあり方——諸学の知と神の知』所収）

背景

　スタンリー・ハワーワスは 1940 年生まれのアメリカの神学者・神学的倫理学者。イェール大学にて博士号を取得したのち、ノートルダム大学等を経てデューク大学神学部で長らく教鞭をとった。またスコットランドのアバディーン大学神学部において神学的倫理学部門のチェアを務めた。2000 年から 2001 年にはギフォード講演に招かれ、ウィリアム・ジェームズ、ラインホールド・ニーバー、カール・バルトと自然神学をテーマに、講演を行った。神学研究の初期において、ジェームズ・グスタフソンや、バルトまた H. リチャード・ニーバーらの神学から影響を受けたが、ノートルダム大学勤務時代の同僚であるジョン・ハワード・ヨーダーとアラスデア・マッキンタイア

との対話を通じてその影響を強く受けた。

　ハワーワスの生涯の神学的対話相手の一人ヨーダーは、メノナイト派の神学者であった。メノナイト派は、改革派・ルター派等の米主要教派と異なり、宗教改革期のヨーロッパでの草創期以来、国家・政治と教会生活との間に厳格な区別を行い、前者の悪を敏感に感じ取りつつ、絶対的平和主義を掲げてきた。米ソ冷戦の影の下にあった20世紀後半のアメリカ社会・教会・神学界において、メノナイトは圧倒的な少数派にとどまった。ヨーダーの主著『イエスの政治（*The Politics of Jesus*）』（1972年）にはメノナイトの伝統が神学的に展開されている。ヨーダーは、地上のイエスが説いた教えやその生涯に倣うことは、様々な公職等においてキリスト者が責任を負うようになった現代社会においては理想ではあっても非現実的であるとしたラインホールド・ニーバーに代表される主流派の見解に反論し、イエスの教えと生は現代においても規範であり続けると主張した。

　ハワーワスは、ヨーダーの神学から主に二つの点で大きく影響を受けていると言える。第一にイエスに倣うこと、またイエスに倣う共同体を形成することの重要性であり、第二にキリスト教信仰における平和・非暴力の中心性である。ヨーダーが『イエスの政治』において「ルカによる福音書」に取り組んだように、ハワーワスは初期の主要著作である『平和を可能にする神の国（*The Peaceable Kingdom*）』（1983年）において福音書に記されたイエスの歩みとその「神の国」の教えに集中的に取り組む。ハワーワスは、物語は教義に対して二義的ではなく、むしろ神はイスラエルの歴史とイエスの生涯の物語においてみずからを啓示したのであり、この物語を受け入れる生きた伝統の文脈においてこそキリスト者はみずからを知ると強調した。そして、キリスト者はイエスに倣うことによって、神とともに歩むことを学び、十字架を仰ぎ見ることを学んで復活のイエスが誰であるかを知り、みずからが赦された者であることを知る「神の国」にふさわしい者とされることを説く。キリスト者が倣うべきイエスの生涯は、十字架に至るまで非暴力によって貫かれたものである。またイエスの告げ知らせた「神の国」は、貧しい者や周縁に追いやられた者たちとの祝宴が指し示すように、あらゆる他者との平和を可能にするものである。教会は「神の国」の前味わいであり、教会が世にあることそれ自体が、暴力的な世界に対してそれとは異なるあり方を指し示す。つまり、教会は何らかの社会倫理を持ちそのプログラムを推進するのではな

く、教会が社会倫理そのものである、とハワーワスは主張した。

　カトリック系のノートルダム大学でのもう一人の同僚マッキンタイアから
は、ハワーワスはアリストテレス主義的な美徳と共同体へのアプローチを学
んだ。マッキンタイアは『美徳なき時代（*After Virtue*）』（1981年）等において、
1970年代以降のアメリカの倫理・政治哲学の学界のみならず政治思潮にも
広範な影響を与えたジョン・ロールズの個人や共同体の属性と伝統から離れ
た倫理学理論の構築とそこで展開された原理・規則を中心とする倫理学とに
異議を唱えた。個人は属している伝統において世代を超えて具体化され共有
されてきた物語の中でこそみずからの役割を引き受けその意味を理解する
とするマッキンタイアから深く影響を受けて、ハワーワスは、キリスト教倫
理は特殊な物語によって形成された特殊な神の民の歩み方と関わるのであっ
て、一般の倫理学とは重ならない特殊性を帯びることを強調する。ハワーワ
スは、ロールズの思想は歴史性・特殊性・相違が消し去られた個人を土台に
した「記憶を抜きにした政治」を形成するリベラリズムの典型的な姿を示し
ていると見る。そして、ロールズ的なリベラリズムとキリスト教倫理とは相
互に寄与するところがないことを繰り返し強調する。キリスト教倫理は、ナ
ザレのイエスという特定の人の生涯に従って特定の美徳を実践する共同体の
一員となり、イエスとともに旅をしながら非暴力的愛による神の国の民へと
形作られるようにと、キリスト者を招くものである。またイエスの生涯と活
動そのものが、神とともに生きたイスラエルの長い歴史から離れては理解で
きないものである。この意味でハワーワスは、十戒や山上の説教など聖書に
記された規範の一部がキリスト教的文脈を離れても普遍的な倫理として妥当
すると考える一部の神学者の見解に対し、十戒や山上の説教は、イスラエル
をエジプトから救い出した神また自分に従うようにと招くイエスから離れて
はけっして理解することができないと主張する。ハワーワスは、教会という
共同体とその物語から離れた一般的な社会正義の概念の形成にキリスト者と
教会とが参与する可能性について、一貫して否定的な態度を取り続けている。

解題

　命題として掲げた文章は、キリスト教主義大学におけるキリスト教教育の
あり方を論じる章から取られたものだが、アリストテレス主義的美徳論・共
同体論を枠組みとしたキリスト者の形成についてのハワーワスの理解が読み

取れる。当該の章において、ハワーワスはレンガ職人の子として育った自身の経験とワシントン大聖堂の建設に関わった石工職人の言葉とに言及し、またマッキンタイアの議論に依拠しながら、ある伝統と共同体において保持された美徳がどのようにその構成員を成長させ形成し伝統と共同体の刷新へと導くかを論じる。

　石工職人は、徒弟として親方を繰り返し真似ることで必要な技術を身につけると同時に、諸々の技術には重要性においてヒエラルキーがあることを学ぶ。また、親方とのやり取りを通じて、素材を生かす最善のやり方を学んでいく。そして適切な時期に、徒弟は親方から巣立つ。「同じ石が一つもない」からこそ、親方の技術のコピーではなく、自分自身のやり方を獲得し実践する必要がある。自分自身が「石の文法」を知るからこそ、過去から受け継ぐ伝統への忠誠を残しつつも、変化に応じて伝統を革新することができる。キリスト者もまた、イエスとその共同体を真似て倣い、そこでの為されようを習慣として身につけながら、その共同体の伝統において善いとされること——たとえば、愛において真理を語ること——を知り学び、神の国の民として形成されていく。そのようにしてキリスト者は個別に異なる状況において、過去の言葉のコピーではなく、訓練により獲得された「キリスト教の言語」を語り、伝統と共同体の生きた一部となっていくのである。

　ここでハワーワスの議論には、個人に先んじて存在する共同体において善として保持される美徳を反復する習慣により魂の卓越性（美徳）を獲得し「社会的存在」としての人間本性を実現するという、アリストテレス『ニコマコス倫理学』の議論が映されている。同時に、受け継がれた秩序づけの刷新というマッキンタイアの現代的なアリストテレス理解が、ハワーワスにおいてはキリスト教的に展開されている。

論争と影響

　ハワーワスは、ギフォード講演への招待においてみられるように、北米という文脈を超えて世界的に知られた神学者であると同時に、2001年に『タイム』誌において「当代最高の神学者」として選ばれ、アメリカ国内ではラインホールド・ニーバー以来初めてキリスト教界の枠を越えて知られ言及された神学者と言われた。大きな影響力ゆえに、ハワーワスの神学的主張は多くの論争を引き起こしてきた。

　ハワーワスへの批判は多くの場合、彼の神学が「分離主義的」と見られるという点に集約される。アメリカのキリスト教においては少数派である平和主義の主張に加え、ヨーダーに言及しつつ、キリスト者が社会の秩序に責任を持って参与するという企図を「コンスタンティヌス主義」と呼んで強い疑義を繰り返し表明し、教会の第一の役割と目的は教会であること、つまりイエスに倣って形作られつつ礼拝と祈りに生きることであって社会正義に関与することではない、と主張するハワーワスに対しては、彼の影響の大きさへの懸念もあいまって、教会の社会からの分離と隠遁を促すとして、批判が投げかけられた。2001 年のテロとそれに続くアフガン戦争・イラク戦争によってもたらされたアメリカの教会と社会の内部における深刻な分断という危機に際しては、ハワーワスの平和主義と「分離主義的」と言われる神学は、北米の神学議論において中心的な論争点の一つとなった。

　ハワーワスの批判者には、ハワーワスの長年の対話相手であるプラグマティズムの宗教哲学者ジェフリー・スタウト等も含まれる。スタウトは『民主主義と伝統（*Democracy and Tradition*）』（2004 年）において、宗教的確信や前提を公共の言説から締め出して私事の領域へと追いやったロールズ的な構想を否定した。そしてスタウトは、合衆国憲法や独立宣言、またそれらを根拠として万人の平等を説いてアメリカ社会を変革したキング牧師に見られるように、アメリカにおいて民主主義は生き生きとしてそこに参画する人々に担われ彼らとその共同体から切り離すことのできない伝統、文化であり、さらに合衆国憲法・独立宣言、キングらの思想の根底に見られるように、アメリカ民主主義はキリスト教信仰によっても形作られている、と論ずる。スタウトは、人々が政府に対してまた互いに対して説明責任を果たすことを求め続けることで民主主義を生かし続けその理念に向かって歩むために、ハワーワスにキリスト教信仰に基づく社会正義への参加を促した。これに対しハワーワスは、政府の行動に説明責任を求めるという形でその秩序の一翼を構成することはキリスト者にはできない、キリスト者と教会にできるのは政府と世に対して信仰の証しを示し続けることである、という旧来の主張を繰り返した。

　ハワーワスは、歴史的にカトリック神学との結びつきの強かったアリストテレス主義的倫理学をプロテスタント神学に導入した有力な神学者の一人である。ハワーワスによれば、信仰義認を出発点とするプロテスタント神学に

おいては、美徳を語ることは恵みよりも道徳的生という人間の業績を強調するように受け取られ、忌避される傾向があった。また、義認と恵みの強調は、人格の成長・成熟というテーマに神学的に取り組むことを躊躇させてきた。ハワーワスは、出身教派であるメソディストの伝統になじみの深い聖化の教えにおいて、神の国の民として形作られることをアリストテレス主義的美徳論・共同体論の枠組みに基づいて論じたのであった。

文献

ハワーワス『平和を可能にする神の国』東方敬信訳、新教出版社、1992 年。

――――、C. ピンチス著『美徳の中のキリスト者――美徳の倫理学との神学的対話』東方敬信訳、教文館、1997 年。

――――、W. H. ウィリモン著『神の真理――キリスト教的生における十戒』東方敬信、伊藤悟訳、新教出版社、2001 年。

――――『大学のあり方――諸学の知と神の知』東方敬信監訳、塩谷直也、大森秀子、清水正、山室吉孝、髙砂民宣、東方和子、清水香基、西谷幸介共訳（青山学院大学総合研究所叢書）ヨベル、2014 年。

【島田由紀】

5　社会の福音化

（ウォルター・ラウシェンブッシュ『キリスト教と社会の危機』）

命　　題

イエスの教えと思想のすべては神の国の希望を中心としていた。
道徳に関する彼の教えは、この中心から理解されるときにのみ本
当の意味を獲得する。

ラウシェンブッシュ『キリスト教と社会の危機』
第2章「イエスの社会的目的」

はじめに

　ウォルター・ラウシェンブッシュの「社会的福音」は、20世紀初頭のア
メリカ・プロテスタンティズムに大きな影響を与えた。当時のヨーロッパ
の「社会的キリスト教」の影響も受けていたため、オリジナルとは言い難い。
がしかし、その後のアメリカの教会や神学、特にキリスト教倫理の分野に消
えることのない足跡を残したことは否定できず、マーティン・ルーサー・キ
ング・ジュニアにも消すことのできない思想的印象を残した。

背景

　19世紀後半から20世紀初頭にかけて、アメリカ社会は産業形態の変化に
よって急速に都市化が進み、貧困、道徳の廃頽、経済的・社会的不均衡等が
深刻な社会問題として顕在化した。これに対してラウシェンブッシュは、イ
エス・キリストの福音を「個人の魂の救済」の領域に留めず、福音に基づい
て国家の悪に言及し、「社会の福音化」による「社会的有機体の救い」を目
指した。教会には、聖書を社会的文脈の中で読み直し、そこでイエス・キリ
ストの福音を新たに解釈し直すこと、市民生活のあらゆる分野で神の意思の
具体化を模索しながら社会悪の克服に励むことを鼓舞した。このラウシェン
ブッシュの社会的福音の思想の中心にはイエス・キリストの「神の国」の福
音があった。

生涯

　ウォルター・ラウシェンブッシュは 1861 年、ニューヨーク州ロチェスターでドイツ人の家庭に生まれた。ロチェスターはエリー湖から伸びた水路によって地域産業が発展した労働者の町で、ドイツ人移民が労働者として多く集まった。父アウグストは移民の教会の牧師であり、ロチェスターのバプテスト神学校で教壇に立ちながら、労働問題解決のために学的な思索と実践を行っていた。この生育環境は、後のラウシェンブッシュの人格形成に影響を与えた。

　英独の言語を自由に操ったラウシェンブッシュにはヨーロッパの神学は身近で、受容も困難ではなかった。ラウシェンブッシュの思想の核にアルブレヒト・リッチュルの「神の国理解」の影響が色濃くあると言われるのは、ここにその一因があったと思われる。1879 年に故郷のドイツ人バプテスト教会でバプテスマを受け、その地で大学、神学校を修了。1886 年から 1897 年まで、ニューヨーク市街のドイツ人バプテスト教会の牧師を務めた。1897年からは、父と同じくロチェスターのバプテスト神学校の教壇に立った。

　赴任した教会は「地獄の台所（Hell's Kitchen）」と呼ばれ、都市化の象徴であるニューヨーク市街の一角にあった。地域には、衣食住だけではなく、希望まで失って路上に溢れかえる住民の姿があった。直ちに同じバプテスト派の牧師たちと地域の環境改善に着手。この働きは教派を超えて広がり、「神の国の兄弟会（The Brotherhood of the Kingdom）」と呼ばれる社会改良のグループに発展した。ここでの経験がラウシェンブッシュの社会的福音の思想を深化させ、2 冊の著作となって問題を世に問うた。1 冊目は 1907 年出版の『キリスト教と社会の危機（Christianity and the Social Crisis）』。次は、それから 10年後の『社会的福音の神学（A Theology for the Social Gospel）』である。特に後者は神学者にもインパクトを与え、イェール大学などの高等教育機関で講演の機会を得た。アカデミズムと社会的実践の接点に関心を寄せる大学や神学校が徐々に現れ、カリキュラムの再編、都市問題の経験をさせる「現場実習」を課す神学校も出てきた。

　神学教育の変化は教会にも影響を及ぼした。新しい神学教育によって信仰者と教会の社会的使命に目覚め、宗教の公共的な道徳的責任を痛感した若き牧師たちは全国の教会に散った。また、教会が社会のニーズに応えるた

め、自らの教派団体に都市問題に特化した部門の設置を働きかけた。ここからキリスト教のセツルメント開設の先鞭がつけられた。社会改革を目的に掲げる超教派の団体も誕生。1908 年創設の「アメリカ連邦キリスト教会協議会（The Federal Council of the Churches of Christ in America）」はその典型である。創設目的は産業化による都市の人間疎外の問題に取り組むことであったが、その精神は現在の全米キリスト教協議会（The National Christian Council of America）にも引き継がれている。

解題——神の国の理解

『キリスト教と社会の危機』でラウシェンブッシュは、社会にあって宗教と倫理は分離し難く結びつくべきであること、それが欠如すれば、宗教は単なる自己保身と社会体制の維持装置の原理に堕落することを指摘した。キリスト教は「私たちの産業的・社会的秩序の物質主義と拝金主義に対して声を上げるべきであり、そうしないならば『富に仕えて、神を否定している』」（『キリスト教と社会の危機』第 7 章「なすべきこと」、原著第 2 版［1912 年］より私訳）のと同じであるとまで言い切り、教会に悔い改めとそれに基づく行為を迫った。ラウシェンブッシュは、イエス・キリストの「神の国」の福音がそのような倫理性を求めていると理解したからである。

ラウシェンブッシュの理解した「神の国」は、死後や世界崩壊後に訪れる将来的な希望ではなく、信仰の受肉である倫理的行為を通して実現されるべき「現実」であった。「神の国」は、神の愛が支配し、満ち溢れる「領域」であり、目指すべき社会の姿である。「神の国の希望に生きる」教会は他者に仕える存在として、社会が神の国にふさわしくなるために励むべきであると訴えた。ラウシェンブッシュにとって、神の国は「それ自身で社会的福音」であった。

同書第 2 章「イエスの社会的目的」には、多くの神の国の言及がある。その中で、イエスの社会的目的を旧約聖書の預言者の活動と重ね、アメリカ社会の個人主義、教会の個人主義的キリスト教倫理に警鐘を鳴らした。「神の国」の福音には「社会的有機体（社会）の救い」も視野に入れ、「社会をイエス・キリスト自らが体現した神の愛を基盤とする社会へと改善する」使命があると理解した。「社会的有機体」の救いは個人の魂の救いと表裏一体であったが、それはイエス・キリスト自身が個人を社会から切り離して理解し

なかったためであり、ラウシェンブッシュも人間は社会と正しい関係に置かれる時に初めて倫理的存在となると考えた。「すべて人間的に善なるものは、社会的善でなければならない」（第2章「イエスの社会的目的」）ため、個人と社会は有機的な関係にあり、どちらが欠けても社会全体の歪みは改善されないのだった。

こうして「神の国」の福音は、「共生を創り出す最も高く、確固とした意思のエネルギー」として力を発揮する。互いに仕え合い、平等を基盤とした社会こそは神の国にふさわしい。イエス・キリストの生涯と福音はその実現に向けられた。そして、教会は宗教の勇気を取り戻し、社会悪に対して預言者の役割を果たすようにと、次のように呼びかけた。

「宗教者たちは優勢な実業世界の物質主義と傲慢な利己主義によって服従させられてきた。彼らは宗教的信仰の勇気を持って、『人はパンだけで生きるものではなく』、神の意志を行うことによって生きることを、国家の生活はそれが生産する『有り余るほどの物』に存するのではなく、人々が互いに公正にそして神と共に謙遜に生きる仕方に存することを主張すべきである」（第7章「なすべきこと」）。

教会には宣教を通して、個人の内にキリスト教的生を形作る務めがある。それは、神が「良きもの」として創造された世界を回復するためである（第4章「なぜキリスト教は社会の再建に取り組んで来なかったのか」）。教会はイエスの「神の国」にふさわしく現実社会を整える新しいキリスト教的実存を世に送り出すことに努めるべきであるとし、神の国の福音の使者として公共的な倫理性を帯びた教会と信仰者のあり方を問いかけた。

＊以上『キリスト教と社会の危機』の引用は、特に明記しない限り、若干の言葉のちがいはあるものの山下慶親訳を使用した。

文献

ポール・ラウシェンブッシュ編『キリスト教と社会の危機——教会を覚醒させた社会的福音』山下慶親訳、新教出版社、2013年。

William L. Pitts, Jr., *The Reception of Rauschenbusch*, Macon, GA: Mercer University Press, 2018.

【金丸英子】

6　フェミニスト神学

（エリザベス・シュスラー・フィオレンツァ『彼女を記念して』）

命　　題

マルコによる福音書の中でイエスは、「よく言っておく、福音が宣べ伝えられる所では、全世界のどこででも、彼女がしたことは語られるであろう、彼女を記念して」(14・9) と断言しているのではあるけれども、その女性の預言者的象徴行為はキリスト者の福音書知識の一部にはならなかった。彼女の名前さえ、私たちには失われている。……初期キリスト教史を女性の歴史として再構築する試みは、初期キリスト教史に女性の物語を回復するためだけではなく、この歴史を女性と男性の歴史として取り戻すためでもある。

シュスラー・フィオレンツァ『彼女を記念して』序

解説

多作で知られるエリザベス・シュスラー・フィオレンツァの代表作は『彼女を記念して——フェミニスト神学によるキリスト教起源の再構築』である。本書は出版と同時に世界中に波紋を起こし、「初期キリスト教に関する現代研究の一里塚」として確固たる「古典」に位置づけられて、15 言語に翻訳された。

本書でエリザベスは、2,000 年に及ぶ父権制的なキリスト教において歪曲・抹消されてきた女性たちの歴史的記憶を回復させた。すなわちイエス運動でも初期キリスト教でも実質的な担い手は男性のみだったという常識を覆し、女性たちも中心的な役割を担い、父権制社会の只中で包含的平等を求めて闘って生きたことを示したのである。更に、キリスト教の起源において神は、「父なる神」としてだけでなく、女性イメージの「知恵なる神ソフィア」としても理解されており、イエスが「ソフィアの預言者」と思われていたことも発見した。これにより、キリスト教の起源はその根底から再構築されることとなった。

　再構築には、聖書の記述・編集・正典化の過程で働いた政治・社会的な力関係やイデオロギー、更に古代の男性中心言語の影響を考慮に入れた、批判的な「疑いの注釈学」が必要である。そして学問の客観性という前提に根本的に挑戦し、「歴史の勝者」だけでなく周縁化された「女／他者」にも注意を向けて、研究成果を生み出す。

　様々な資料を全く新しい視点・理論から分析・読解し直す動きは、聖書学に限らず神学全体とキリスト教界、種々の学問と一般社会に画期的な変革をもたらした。つまり本書は正義と平等を求めて闘う世界中の人々に勇気を与え、新しいヴィジョンを開くきっかけとなったのである。

　1988 年にエリザベスのハーヴァード大学神学部教授就任の際、学部長ロナルド・ティーマンはこう述べた。「エリザベスの活動は、優秀な学問性と社会的な責任感、批判的な研究と道徳的な社会参加が結びついた形を見事に表している。これは神学という学問の最高の特徴であるべきものである」。

パイオニア人生と歴史的背景

　エリザベスは、第二次世界大戦直前の 1938 年にルーマニアの農村でドイツ人両親のもとに生まれた。1944 年ロシア軍侵入で村が戦場になり、家族は村から村へ国から国へと移動を余儀なくされ、最終的にドイツの農村のバラックで極貧生活を送った。そのエリザベスが国費奨学金を得て大学に進めたのは、教会の牧師と学校の教師が両親を説得したからである。

　1962 年に女性初としてヴュルツブルク大学神学部の課程を終え、大学院に進んだが途中で奨学金が切れる。博士論文指導者ルドルフ・シュナッケンブルクに奨学金推薦を依頼したが「私は神学分野で将来性の有る人に奨学金を出す必要がある。あなたは女性だから神学をやっても将来は無い」と断られた。先が見えない中で幸いミュンスター大学ヨゼフ・シュライナーの研究助手に成れて、そこで 1970 年に新約聖書学の博士号を取得した。

　だが博士号取得後もドイツでは女性は神学教授に成ることはできなかった。その時、連れ合いのフランシスは幾つもの神学校に招かれていて、彼は、二人が共に神学教授として平等に働ける所に行くと公言。これにノートルダム大学が応じたので 1970 年にアメリカに移住。だが実際には約束と違う不平等な労働条件にされ、二人で抗議を続けながら教授として働いた。

　1970 年代初期のアメリカは教会でも女性解放運動が始まった頃で、エリ

ザベスは「父権制の支配構造と女性差別に疑問を持つのは自分だけではない、自分は気が変ではない」と気づき、運動に参加した。だが当時のフェミニストたちの間では女性を貶めてきた学問への嫌悪感が強く、「学問は男のもの」と否定する「反知性主義」が強かった。しかしエリザベスは、父権制に抵抗して変革を希求するフェミニスト運動には社会運動と知的運動の連携が必須と考え、理論的に新しい道を切り開くフェミニスト神学者を自認して連帯活動を展開した。

　1971年「宗教学女性幹部会（WCRS）」をキャロル・クライストと創設。1983年に『彼女を記念して』を出版。ここで彼女は父権制的な教会に抵抗して「女性たちのエクレシア」（その後「女/他者たちのエクレシア：Ekklesia of Wo/men」）という民主的共同体表現を用いた。その後この名が、宗教・ジェンダー・民族の壁を越えて平等かつ主体的に神学的・霊的ヴィジョンを育む世界各地の運動体を生み出すことになる。

　1984年にエピスコパル神学校教授に就任しフェミニスト神学博士課程を創設。同年『フェミニスト宗教学ジャーナル（JFSR）』をジュディス・プラスコーと創刊。1987年に世界最大の聖書文献協会（SBL）で女性初の会長就任。1988年にハーヴァード大学神学部教授に就任し、マーガレット・マイルスと共に女性初の終身在職権を取得。宗教・ジェンダー・文化に焦点を当てる博士課程の諸プログラムを展開した。同時に国際的ジャーナル『コンシリウム』でフェミニスト神学の企画開始。学界と宣教における「女性たち」を力づける構造とプログラムを創出し続けた。

　エリザベスは、学界・教会・「女性たち（女/他者たち）」の生活現実の橋渡しをするために、解放を求める闘いの現場から起こった問いを学問の出発点にして、状況を根本から変革する道筋を理論化した。それは、知識の生産としての学問を、「女性たち」の正義・解放・幸福への奉仕に向かわせるためである。

　彼女はこの信念で、批判的フェミニスト神学のキーワードを二つ造語した。一つは「エリート中心父権制（kyriarchy）」。少数男性支配による多重層縦社会の父権制構造を明白にする表現である。もう一つは「女/他者（wo/men）」。父権制によって抑圧・周縁化される多数者を「他者」等と表現すると、その大半を占める女性が不可視化され易いことを念頭に置いた表現である。これらの造語は、ジェンダー本質主義への抵抗を示すと共に、人間のアイデンテ

ィティはジェンダーのみならず国籍・人種・民族・文化・階級などが交差する中で多様に形成されることへの認識と意識向上を目指すものである。

学問の大変革——新しい天と新しい地に向けて

1.　歴史の把え直し：沈黙の「他者」から闘いの「主体」への歴史再構築

「主体」としての歴史的記憶・記録は、過去から学び未来へのヴィジョンを持って現在を生きる上で、不可欠な「歴史遺産」である。それゆえ、闘いつつ生きてきた「主体」としての自分たちの歴史を回復することは、「女／他者」たちの自己アイデンティティ再確立と、正義と幸福へ向かう連帯の源となる。

19世紀の啓蒙思想は「純粋理性」による客観的真理への到達を学問の理想とした。だが学問的知識は天与の真理ではなく、特定の歴史状況で特定の「生活の座」に生きる人間が認識し、言葉で表現したものである。「歴史の勝者」である西洋白人エリート男性が主体となった「歴史」構築では、父権制社会で培われた男性中心言語が用いられてきた。「標準形＝男性形」、「派生形＝女性形」とする文法は、人間の標準を男性として女性を不可視化・周縁化する。更に言葉は常にレトリカルなもの、つまり説得の道具である。ある状況を言葉で表現する時、意識的か否かに拘らず、語る者が語る事柄と言葉を選択する。それゆえ学問的知識は歴史的・文化的・イデオロギー的制約無しには有り得ない。つまり価値観中立・客観性の主張は、学者自身の無自覚な幻想に過ぎないのである。それゆえ、より包含的な歴史理解と未来のヴィジョン形成には、民衆「女／他者」の生活経験・闘いを回復する歴史再構築が不可欠である。

2.　信仰遺産の把え直し：絶対化から批判的・主体的・創造的継承へ

これまで聖書学では、聖書への四つのアプローチが展開されてきた。

① 聖典的・教理的アプローチ：聖書を誤り無き「神の言」とする見方。このアプローチは（後の新正統主義も）、特定の歴史状況において正典が選択・制定された現実、そこに働いた政治的・経済的な力関係を見落としている。② 実証的・科学的アプローチ：19世紀の啓蒙思想と科学主義に基づき、科学によって歴史的事実であると実証できる事柄を真理とする見方。だがこれは「事実描写」も「歴史記録」もレトリカルな言葉構築であることを見落としている。③ 文化的・ポストモダン的アプローチ：20世紀後期のポス

トモダニズムに象徴される文化的相対主義の影響で、テキストと読者の「対話」で「意味」は無制限に有るとする見方。だがテキストは特定の歴史状況での産物で、「意味」の可能性に制約があることを見落とし、非歴史的な言葉遊びに陥る危険がある。④ 解放的・ラディカル民主主義的アプローチ：20世紀後期から、聖書テキストと解釈の政治的影響を批判的に考慮して取り組むアプローチ。この一つにフェミニスト聖書学がある。

だがいずれのアプローチでも、聖書をそのまま「神の言」とするなら、聖書著者たちに内在する父権制的な価値観を「神の言」と同一視して「女/他者」服従を神聖化する信仰形成に加担する。ここでエリザベスは、正典の把え方に画期的なパラダイム・シフト（規範移行）をもたらした。それは正典を「アーケタイプ（絶対的不可変的原型）」としてではなく、「プロトタイプ（歴史的形成的原型）」として把える見方である。

このプロトタイプという把え方は、聖書に限らず教義・制度・実践を含む全ての教会伝統に当てはまる。つまり、あらゆる伝統に父権制的価値観が広く深く染み込んでいることを意識する。そして歴史遺産を、無批判に受容・継承するのでも、不適切として拒絶・放棄するのでもなく、批判的・主体的・創造的に伝統を継承する倫理的責任を担う視点を得ることができるのだ。

こうした視点を持つフェミニスト神学は、政治権力の影響下で制定された正典と外典の境界線を越えて「聖典」を探索する。そして様々な「女/他者」への「歴史的想像力」を働かせつつ、「声なき声」を聞き出す学びを希求する。この姿勢は、実に様々なコンテキストで闘って生きる人々が異なった経験と立場から「行う神学（doing theology）」に共通するものであり、それゆえにこそ容易にコンセンサス（意見の一致）が得られるものではない。だが目指すのは、一致よりも多様性に富んだ知的・実践的「虹の連合」を共に模索していくことである。

課題と展望——抜本的制度変革で民主的・包含的な歴史遺産と虹の連合へ

エリザベスは、学問に携わる者は歴史に生きる地球市民として社会倫理的な責任を担うべきであり、そこにこそ学問の真価があると考える。そして今後の重要課題として、神学校・学界の抜本的な制度変革を挙げている。

女性が神学校で学べるようになって約半世紀で、女性の教授・学者は驚くほど増えた。しかし父権制的な制度は根本的に変わっていない。今も多くの

学生が、学問上の「母」を持たず「父」の下で学ぶため、彼女たちの歴史的記憶の消去・忘却が続いている。過去の闘いの中で「母」たちが達成したものが「娘」たちに引き継がれないと、娘世代はまた一から始める繰り返しになる。

　更に、「女 / 他者」は学問の新しい方向を提起することが多いが、その研究は軽視され、そこに端を発した研究が「父」の学問になり「父」の知的遺産として記憶されることが少なくない。そこでは初めの「女 / 他者」の貢献は忘却・変質され、「父」が歴史の貢献者とされて、知的遺産・経済的遺産の両面で不公正が再生産される。こうした父権制構造を真に民主的・包含的制度に変革していくことは、「女 / 他者」の解放にとって先送りできない課題である。

　けれども、このような重要な課題を持つ現実の中でも、多様なフェミニスト神学を始めとして、ポストコロニアル神学、クィア神学、障碍の神学、エコロジー神学など、それぞれ特定性を持つ領域の多様な人々によるダイナミックな「虹の連合」、開かれた包含的な共同体形成が展開されてきている。ここに新しい世紀への希望が見出せるとエリザベスは言う。地球規模の解放への闘いの中で、「キリスト教はどのような神を信じ宣教するのか」という神学の中心課題を真摯に問い続けていく時、歴史の中で働く神の新しい創造に私たちも参与していくことができる。新しい天と新しい地に向けて。

主な文献

シュスラー・フィオレンツァ『彼女を記念して——フェミニスト神学によるキリスト教起源の再構築』山口里子訳、日本キリスト教団出版局、1990 年（原著 1983 年）。

───────　『石ではなくパンを——フェミニスト視点による聖書解釈』山口里子訳、新教出版社、1992 年（原著 1984 年）。

───────, *Jesus: Miriam's Child, Sophia's Prophet: Critical Issues in Feminist Christology*, New York: Continuum, 1994.

───────, *Empowering Memory and Movement: Thinking and Working Across Borders*, Minneapolis: Fortress Press, 2014.

シュスラー・フィオレンツァ編『フェミニスト聖書注解——聖典の探索へ』絹川久子、山口里子日本語版監修、日本キリスト教団出版局、2002 年（原著 1994 年）。

【山口里子】

7 黒人神学

（ジェイムズ・コーン『解放の神学——黒人神学の展開』）

命　　題

私の主張は、キリスト教は本質的に解放の宗教であるということ
である。神学の機能は、抑圧された社会のためにその解放の意味
を分析し、そのことによって、政治的、社会的、経済的正義に対
する彼らの闘いが、イエス・キリストの福音と一致するものであ
ることを、彼らが知りうるようにすることである。

コーン『解放の神学——黒人神学の展開』6頁

はじめに

アメリカ現代神学を、ジェイムズ・H. コーンと彼が牽引した黒人解放の
神学を欠いて語ることはできない。公民権運動の斜陽とブラック・パワー運
動の興隆を社会背景として生まれた黒人解放の神学は、従来の西欧、白人主
義的な神学営為において排除、もしくは周縁に置かれてきた黒人が主体とな
り、人種差別を含むあらゆる抑圧からの霊的、心理的、政治的、社会的な
解放を目指す神学実践である。コーンにとってイエスの福音の中心とは、ル
カによる福音書に示されているように「捕われている人の解放、目の見え
ない人の視力の回復、圧迫されている人の自由」（ルカ4章18節）という被
抑圧者の解放の業に他ならない。キリスト教神学とは、そのようなイエスの
福音を具体的な歴史文脈において証しすることであり、ことコーンにとって
は、奴隷制以来の構造的な人種差別によって抑圧されてきた米国黒人の経験
と抵抗の歴史こそが、その神学の場となる。黒人解放の神学は、黒人女性の
声、性的マイノリティーの声、ラテン・アメリカの解放の神学などとの批判
的対話を通して、射程を拡大、複雑化し、その影響は学問のみならず、教会
や社会運動の場にまで見ることができる。

生涯

アフリカン・メソジスト監督（AME）教会牧師であり、黒人解放の神学の主導者、ジェイムズ・ハル・コーン（1938 年 8 月 5 日生まれ）は、ジム・クロウ法下の米国南部アーカンソー州リトルロックの小村、ビアーデンで育つ。黒人として過酷な人種差別の現実を肌身で経験する一方、両親のチャールズとルーシー、そしてマセドニア AME 教会の愛と信仰伝統に養われる。16 歳で説教者として立ち、ギャレット福音主義神学校を経て、1965 年、「カール・バルトの人間論」でノースウェスタン大学院より博士号を取得。その後、黒人の自尊と自決を訴えるブラック・パワー運動をイエスの福音と主張する『黒人神学とブラック・パワー』（1969 年）（日本語訳『イエスと黒人革命』）で広く認知され、1970 年、ニューヨークのユニオン神学校にラインホールド・ニーバーの後任の組織神学教授として就任。旺盛に執筆を続け、1975 年の『抑圧された者の神』で、コーンの解放思想はひとつの頂点に達する。その傍ら、コーンはラテン・アメリカの解放の神学、韓国の民衆神学、アジアの神学、アフリカ神学などと対話を重ねた。また、教育者として後進の指導にもあたり、ウーマニスト神学やクィア神学などの発展に寄与する。後年の著作には『夢か悪夢か・キング牧師とマルコム X』（1992 年）、『十字架とリンチの木』（2011 年）がある。2018 年、アメリカ芸術科学アカデミーのフェローに選出され、同年 4 月 28 日に逝去。没後出版された自叙伝『誰にも言わないと言ったけれど』（2018 年）が遺作となった。

背景

ジェイムズ・H. コーンが、1960 年代後半、黒人解放の神学の形成期にあって具体的に応答しようとしていたのは、公民権運動以後の米国における黒人の情況である。顕在化する都市部の黒人の貧困、1968 年のニクソン保守政権の誕生と公民権運動に対する揺り戻し。公民権運動の限界が浮き彫りになる中、「必要なあらゆる手段を使って」（マルコム X）黒人としての尊厳と自決を求めるブラック・パワー運動が黒人の若者を中心に支持を広げていた。もっとも当時、その大部分を白人男性が占める米国の神学者にとって、それは神学的省察に値する課題ではなく、またブラック・パワー運動を暴力と憎しみの煽動と認識する聖職者は、それを糾弾した。公民権運動の中核を担った黒人キリスト者の多くは、ニグロという呼称を拒否し、黒人の意識改革を

訴える同運動から距離を置き、一方、ブラック・パワー運動に共感を示す一部のラディカルな黒人の牧師たちはマルコムＸとキング牧師、解放と和解といったテーマの間で引き裂かれ、折り合いをつけることができないでいた。果たしてキリスト者となることと、黒人となることは両立し得るのか。当時、大学で組織神学を講じていたコーンであるが、1967年のデトロイト暴動と1968年のキング牧師の暗殺という二つの黒人の死の現実を契機に「神学的破産」（『抑圧された者の神』26頁）を経験し、抑圧者としての白人経験に生起する西洋組織神学との決別を決意、ブラック・パワー運動を「今日のアメリカにおけるイエスの福音」（『誰にも言わないと言ったけれど』33頁）と宣言する黒人解放の神学を構想する。

　西欧キリスト教神学への批判を根底に持つコーンの神学であるが、特に初期の作品においては、キリスト論などにバルト神学の思想的影響を見ることができる。事実、『わが魂の遍歴』において「バルトが自由主義神学を逆転したように、直接には黒人の、そして一般的には抑圧された人々に焦点を当てることで、彼をさらに再逆転しようとした」（65頁）と自身の意図を説明しているほどに、バルトの影響は大きい。もっともコーンの西洋の神学的枠組みへの依拠は、彼の兄であるセシル・コーンやゲイロード・ウィルモアなどを筆頭に、黒人神学者からの批判を招き、『黒人霊歌とブルース』（1972年）以降は、文学や音楽、詩などを含む黒人の文化的伝統と1619年に始まる奴隷制以来の黒人の歴史的経験が、コーンの神学の一義的な思想背景、資料を形成していく。コーンはその自叙伝で、キング牧師、マルコムＸ、そしてジェイムズ・ボールドウィンが自身の「知的な三位一体」（『誰にも言わないと言ったけれど』239頁）を形成したと振り返っている。

解題

　黒人解放の神学は、1619年以来の米国における黒人の歴史経験と不可分の関係にある。特に、ジム・クロウ分離政策下の米国南部における厳しい白人優越主義の現実を生きたコーンにとって、キリスト教の福音が黒人の経験といかに関わるのかは、根本的な問いであった。神の名において奴隷制を正当化し、イエスの十字架との酷似にもかかわらず黒人のリンチに対して口を閉ざしながら、普遍的な神についての言葉を標榜する白人の神学は、コーンにとって欺瞞以外の何ものでもない。キリスト教の福音とは解放である。神

についてのいかなる言葉も、それが抑圧された者の解放に関わらないのだとしたら、それはキリスト教神学ではない。啓示とは、解放の出来事が特定の歴史において具体化することであり、神学の役割とは、それをイエス・キリストの出来事との関連において預言的に解釈していくことである。

　解放という主題が聖書の中心にあることは、コーンにとって疑い得ないことであった。例えばエジプトにおいて奴隷状態にあったイスラエルの民がファラオから解放される出エジプトの物語。例えば貧しい者への正義と彼らに対する神からの特別な祝福を強調したアモスやエレミヤをはじめとする預言者。そして、マタイ25章において「最も小さい者」の一人として自らを明かし、「捕われている人の解放」（ルカ4章18節）という宣言をもって神の国の到来を告げたイエス。これらは一様に、被抑圧者の霊的、社会的、経済的、政治的解放を神の福音としている。この解放者としての神が、黒人神学の出発点であり、規範である。

　もちろんいかなる抑圧構造も、またそこからの解放も、それぞれの時代的文脈の中で具体的な形をとる。1960年代後半、コーンがブラック・パワー運動に見出した福音とは、黒人が自己憎悪を乗り越え、自らの尊厳を躊躇なく宣言することであった。マルコムXは「白人が犯した最大の犯罪は、黒人に自らを憎めと教えたことだ」と端的に語ったが、白人であることを規範とする社会にあって黒人は、ニグロという呼称に表されるように、自らの劣等性を内面化してしまう。それゆえ黒人は、ニグロとしての自分から脱し、ブラックとしての人間性を獲得しなければならない。これこそが解放である。このようにコーンの神学の特徴は「預言的になる危険」（『抑圧された者の神』129頁）を犯しつつ、具体的時代状況に表出した黒人の人間性を求めるブラック・パワーの解放思想とイエスの福音を批判的に対話させたことにあった。有機的知識人、W. E. B. デュ・ボイスや牧師のマクニール・ターナーらの伝統に立ってコーンは書く。「キリストは黒人なのだ」（『誰にも言わないと言ったけれど』41頁）。

　「（キリスト）の黒人性は、彼が抑圧された黒人と真に一つになりたまい、彼らの苦難をご自身の苦難として引き受け、さらに、彼がわれわれの闘いの歴史、われわれの痛苦の物語、およびわれわれの身体のリズムにおいて見出されることを、啓示したもう、という意味において文字通りである」（『抑圧された者の神』203頁）。

　コーンの『黒人神学とブラック・パワー』を嚆矢とし、他の黒人神学者、また黒人教会を巻き込み発展した黒人解放の神学は、1970年代以降、批判を受けつつその射程を広げる。例えば、第二世代の黒人神学者であるコーネル・ウェストは、マルクス主義を基礎とした社会科学的な視点を導入し、人種差別が階級差別と不可分にあることを強調、黒人神学と他の批判理論との対話の可能性を開いた。また、コーンの黒人解放の神学に決定的な修正を迫ったのは、コーンのユニオン神学校での教え子、ドロレス・ウィリアムズらが中心となって展開したウーマニスト神学である。コーンも認めているように、特に彼の初期の作品群では、ジェンダーへの視点が欠如しているばかりか、彼自身が父権主義的な差別構造を無批判に再生産している。出エジプトの物語がカナン人の虐殺で終わるように、抑圧からの解放というプロセスは矛盾を孕んでおり、決して直線的ではない。黒人女性としての経験に根ざしたウーマニスト神学は、白人フェミニズム神学及び黒人男性の解放の神学を批判、人種差別と性差別が交差するインターセクショナルな地点から独自の神学を構築した。彼女たちの議論で特に重要だったのは、贖罪論批判である。ウーマニスト神学者にとって、「多くの人の身代金として自分の命を捧げるため」（マルコ10章45節）イエスは十字架上で死んだという従来の刑罰代償説に依拠する贖罪論は、苦しみの美化に他ならない。十字架は、徹頭徹尾、悪であり苦しみである。イエスの救いとは、十字架にではなく、彼の宣教の業にある。

　晩年のコーンの課題は、このような女性神学者からの批判に応えることにあった。特に、彼の最晩年の作品である『十字架とリンチの木』では、解放とともに、十字架と苦難が中心的なテーマとなっている。「私の母や父のような普通の黒人たちは、どのようにしてリンチの残虐性の中を生き残って、なおも彼らの家族や共同体を結束させて、正気を失わないでいられたのだろうか」（『十字架とリンチの木』27頁）。このようなエスノグラフィックな問いの中でコーンは、苦難を象徴しつつも、同時に市井の黒人クリスチャンに霊的な力と希望を与えてきたイエスの十字架の逆説を解き明かしている。彼の神学が、両親によって体現された米国南部の信仰伝統に根差しており、数多の誠実で知的な神学議論に身を置きながら、彼が最終的にはそこを拠り所としたことは、明記しておくべきだろう。

　ポスト人種差別時代とさえ言われたオバマ以降の現代アメリカであるが、

黒人の命が警官によって簡単に奪われ、分断が急速に深まる中で、構造的な人種の問題が根深いものであることが暴かれつつある。そのような中、人種の問題を神学実践の中心に据え、抑圧からの解放をイエスの福音と説くジェイムズ・コーンの黒人解放の神学は、新しい世代の読者を獲得し、学び直されている。その影響は、クィア神学や批判的人種理論といった学問の世界にとどまらず、教会やブラック・ライヴズ・マター運動などアクティビズムの現場にまで広がっている。

文献

コーン『解放の神学――黒人神学の展開』梶原壽訳、新教出版社、1973 年。

―――『抑圧された者の神』梶原壽訳、新教出版社、1976 年。

―――『わが魂の遍歴』梶原壽訳、新教出版社、1987 年。

―――『夢か悪夢か・キング牧師とマルコム X』梶原壽訳、日本キリスト教団出版局、1996 年。

―――『十字架とリンチの木』梶原壽訳、日本キリスト教団出版局、2014 年。

―――『誰にも言わないと言ったけれど――黒人神学と私』榎本空訳、新教出版社、2020 年。

【榎本　空】

8 解放の神学

（グスタボ・グティエレス『解放の地平をめざして』）

命　　題

解放を目ざす貧しい人びとの闘いは、かれらの生命への権利の肯
定を意味している。貧しい人びとにとって貧困とは「早すぎる不
正な死」を意味する。この生の肯定から、南米大陸の貧しい人び
とは、かれらの信仰を生き、神の愛を認め、希望を告げようとし
ている。この闘いの中から、さまざまな浮き沈みを通して、抑圧
された信仰の民はキリスト者の生き方、霊性を力強く創造してい
る。……解放のプロセスに焦点をあてたこの歴史的運動こそ、生
命への権利を主張する民衆の霊的な体験の場なのである。それは
神への信仰の恵みへの応えが根をおろした土壌である。

グティエレス『解放の地平をめざして――民衆の霊性の旅』

歴史的文脈

　グスタボ・グティエレスは、ペルーのカトリック司祭・神学者。リマの
スラムで働き、住民たちとともに生き学んだことを『解放の神学』（1971 年）
にまとめた。
　植民地支配の影響が長らく続いた中南米は、20 世紀にいたっても混迷が
続いた。1950 ～ 60 年代、中南米の政権は、輸入した方が安価な工業製品を
国産化する「輸入代替工業化」政策を進めた。これにより中産階級と都市労
働者は恩沢を得たが、富は力のある者に集中し、農民の多くが都市スラムに
押しやられた。この発展は、先進国の資本主義を補完し、国民の大多数を犠
牲にする従属的資本主義となってしまった。これに対して、社会的・経済的
な構造を根本的に変えようとの大衆運動も拡がった。しかしそれを強権的に
押さえ込む軍事政権、さらに支配権力の打倒と社会主義体制の樹立を目指
す武装蜂起地帯も多くの国々に出現し、キューバには社会主義革命政権が生

まれた。カトリック教会はこうした情勢に対して、独立的立場だとしつつも、実際には支配層と癒着し、政治的抑圧や腐敗に加担していたとも言える。

　1960年代から教会による刷新の動きが現れた。信徒と聖職者が様々な組織を通して、一般民衆の生活改善を求める実践を始めた。特に「キリスト教基礎共同体」が、解放の神学の現場となっていく。

　こうして解放の神学は、教会と社会、キリスト教信仰と民衆の変革や解放への熱望との対話の中で進行した。そのような展望は第二バチカン公会議（1962–1965年）の主題の一つでもあり、『現代世界憲章』は公会議後のローマ・カトリック教会の方向性となった。解放の神学も、この延長線上にあると言えるだろう。

　1968年、コロンビアのメデジンで行われたラテン・アメリカ司教協議会第2回総会では「貧しい人々の叫びに耳を傾け、その苦悩の理解者となる」教会について議論され、解放の神学は、ここでカトリック教会に広く認知された。この会議では、貧困や抑圧などの不正義が「制度化された暴力」であること、そして教会が貧しい人々の立場を優先的に選択（Option for the Poor）して、平和的に改革を進めるべきことが宣言された。

　南米のこうした新しい動きをバチカンは注意深く見守っていた。「世界における正義」をテーマとした1971年の世界代表司教会議（シノドス）の第2回通常総会、また「現代世界の福音宣教」をテーマとした1974年の同第3回通常総会には解放の神学の影響がうかがわれ、これに応えた教皇パウロ6世も、使徒的勧告『福音宣教』で福音宣教と解放の関係について語っている。

　中米でも、解放の神学は社会改革に刺激を与えたが、エルサルバドルのオスカル・ロメロ大司教など、多くの聖職者・信徒が1980年代に殉教した。ニカラグアにおけるサンディニスタ政権の要職にある司教へのヨハネ・パウロ2世による辞任圧力など、バチカンと解放の神学との摩擦も激しくなった。1984年に教理聖省長官ラッツィンガー枢機卿名で出された教書『解放の神学の諸側面に関する指針』は、解放の神学の目的とその表現の正当性は認めつつも、神学的作業の主要原理としてマルクス主義を受容することに伴う危険性も指摘した。とはいえ、1986年には『キリスト教の自由と解放に関する指針』が出され、解放の神学をやや好意的に受けとめ、解放の神学者への圧力もゆるんだ。

解放の神学の特徴

　解放の神学は、特定の神学者が創始した神学ではない。貧困、抑圧、搾取という構造的暴力の中で、多数の「うめいている貧しい人々」に連帯して生きようとする人々の間から生まれた神学である。それは「基礎共同体」と言われる小共同体のうちで人々が共に聖書を読み祈ることで、信仰を内から批判・刷新し、意識と行動の識別を通して具体的な困難を克服していく霊性運動であった。

　グティエレスによれば「解放」には三つの次元がある。第一は、社会的不正からの解放。経済、社会政治的な次元での貧困と不正の原因の除去を求める解放である。第二が「ヒューマン・リベレーション」。貧しい者、排除された者、虐げられた者が、尊厳と自由をもって自身を開発させる能力を得て、新しい人間の社会をつくる解放である。第三は、罪からの解放。罪とは、かかわりの破壊、愛の拒否である。それゆえ罪からの解放は、神と人々に対して、新たな関係をつなぎ直すことである。

　こうして「解放」は、特定の人々だけでなく、すべての人間にとっての解放でもある。抑圧される側ばかりではなく、抑圧する側の人間にとっても、愛することができない不自由からの解放が必要である。

　現教皇フランシスコも、同時代を南米教会で過ごしてきた司牧者として、解放の神学の波のうちにいる。ただフランシスコにおいては、イデオロギーではなく具体的な実践、貧しい人々の中に直接に入り、その実情を知り、現実を少しでも変えていくという「民（pueblo）」中心の神学が強調される。解放の三つの次元は、フランシスコにおいては「インテグラルな（総合的な）人間発展」として強調される。すなわち、人間の自己自身・社会・被造界・神との関係は、つながり合った解放の核である。環境問題を中心とする回勅『ラウダート・シ』でも、社会構造的な罪との関連から環境破壊について語り「インテグラル・エコロジー」が提唱される。また2020年に発表された回勅『兄弟の皆さん』では、隣人愛と社会的友愛に基づく「和解」が人類社会に向けて訴えられている。

　こうして解放の神学は、現実世界の傷や痛みに向き合い、物質的・経済的・人格的・道徳的改善を試みながら、最終的にキリストの救いのみ業により、人間があらゆる不当な抑圧を主体的に克服していく可能性を目指す。グティエレスは『解放の神学』の結語で「結局、抑圧されている人々自身が自

由に声をあげ、社会と神の民のまっただ中で直接に、創造的に自己を表現し、自ら『希望を説き』、それを担い、自己の解放の主役となってはじめて、我々は真の解放の神学を持つことができよう」と述べる。

解放の神学の行方

今日「解放の神学」の名称はひと頃ほど頻繁に語られることはない。しかしながら、移民・難民、格差、民族主義、人種差別、テロの拡がりなど、新しい解放の神学の状況も生まれてきている。不正や非人間的状況がはびこり、貧者や弱者を排除する「排除と分断のグローバリゼーション」、人間としての尊厳と生きる権利への脅威は、深く世界に浸透している。今日優先されるべき「貧しい人々」は、女性や子ども・高齢者、差別にさらされがちな有色人種や先住民、性的マイノリティ、軍事的脅威にさらされる人々、日本なら沖縄などで基地闘争を続ける人々、被爆者や原発事故・核兵器実験の被害者なども視界に含めるべきだろう。「解放の神学」は、20世紀後半の一時的現象であるだけでなく、あらゆる時代の神学的課題でもあろう。

抑圧・排除されている人を神学の場とすること。そこで現実を、単なる解釈やあきらめの対象ではなく、自ら変えていくものとしてとらえる実践と行動の神学、それが解放の神学の精髄だろう。イエスの神と抑圧されている民衆とをイエスの実践の中でつなげていく信仰の生き方、これが解放の神学の普遍的な使信であろう。

文献

G. グティエレス『解放の神学』関望、山田経三訳、岩波書店、1985年。

――――『解放の地平をめざして――民衆の霊性の旅』日本カトリック正義と平和協議会訳、新教出版社、1985年。

――――『いのちの神』大倉一郎、林巌雄訳、新教出版社、2000年。

G. グティエレス、A. マタイス編『国際シンポジウム――解放の神学』明石書店、1986年。

【光延一郎】

あとがき

　ずっと以前から、大学院入試準備などを含めて、なにかキリスト教神学の
ベーシックをひろく解説した本が必要だと思っていた。たとえば使徒信条な
どはキリスト教信仰をコンパクトにまとめたものであり、これを解説した良
書はいくつもある。あるいは「キリスト教思想史」といったタイトルを冠し
た本も数冊みられ、いずれも読みごたえのあるものと思われる。しかし信
仰の要点というより、神学の主要な部分を解説したもの、また論述一辺倒の
ものよりも、テクストをもとにしたものがよいと思った。とは言え原典抜粋
集となるといささか読むのが面倒なものとなろう。そこでピンポイントな命
題を選択した概説書を思いついた。きっかけとなったのは作田啓一／井上俊
編『命題コレクション　社会学』（ちくま学芸文庫）であった。ただし中世に
遡るならば、ペトルス・ロンバルドゥスの『命題論集』やスコラの神学者に
よるその注解書なども挙げてよいのかもしれない。いずれにしても命題であ
れば、翻訳であっても、神学者の直接のテクストに触れることができる。こ
れにその神学者の生涯、命題の背景、解題、さらに後代への影響などを付け
れば理解が深まるであろう。本書ではキリスト教の古代から現代にいたるま
で、全体で49の命題が取り上げられている。ただしキリスト教神学は、純
粋に理論の学問ではないので、命題といっても抽象的な理論というより、神
学的な思想内容を表現したものが多い。そのため各命題については歴史的な
理解が必要であって、歴史的な順序をとることとなった。それぞれの命題に
は、序、生涯、背景、解題を基本内容とし、また末尾に3点ほどの文献を加
えることとし、それぞれの専門家に原稿をお願いした。
　さて、読者は本書に収められた命題を学ぶことで、キリスト教神学の基本
思想は一通り理解できるであろう。いま、私の目の前にはすべて揃った原稿
のゲラがあり、一通り全体に目を通してみた。多くの専門家のおかげで、実
に内容豊かな命題集になったものと思う。日本の社会は、マスコミなどを見
ていても、キリスト教についてお粗末な理解にとどまっている人が大勢いる。
キリスト教のリテラシーという点を含めて、本書がひろく読まれることを期
待したい。

コロナ禍で多忙のなか原稿を寄せてくださった執筆者の先生方には、昨年逝去なさった髙橋義文先生を含めて（第四部2・3、なお「第四部概要」を参照）、この場を借りて心から御礼を申し上げたい。そして監修者の先生方、出版局の方々、とりわけ秦一紀さんには最後までおつき合いいただき、こうして刊行に漕ぎつけることができた。本当にありがとうございました。

2022 年 1 月 29 日
監修者を代表して
土井健司

監修者紹介 (五十音順)

芦名定道 あしな・さだみち (第三部監修 序文、第三部概要・8担当)

1956年生。京都大学大学院文学研究科博士後期課程（キリスト教学）指導認定退学。京都大学博士（文学）。京都大学名誉教授。現在、関西学院大学神学部教授。

著書：『自然神学再考——近代世界とキリスト教』（晃洋書房）、『近代日本のキリスト教思想の可能性——二つの地平が交わるところにて』（三恵社）他。

島田由紀 しまだ・ゆき (第四部監修 第四部概要・4担当)

東京大学、同大学院、東京神学大学神学部に学ぶ。NYユニオン神学大学院〔修士〕修了（Master of Sacred Theology）、プリンストン神学大学院〔博士〕修了（Ph. D.）、東京大学大学院人文社会系研究科倫理学専攻〔博士〕単位取得済退学、Princenton Theological Seminary Doctor of Philosophy (Theology)。聖学院大学人文学部准教授を経て、現在、青山学院大学国際マネジメント研究科准教授。

訳書：J. ディオティス・ロバーツ『ボンヘッファーとキング——抵抗に生きたキリスト者』（日本キリスト教団出版局）。

土井健司 どい・けんじ (第一部監修 第一部概要・1・4・9・12担当)

1962年生。関西学院大学、同大学院、京都大学大学院に学ぶ。京都大学文学部助手、玉川大学文学部助教授を経て、現在、関西学院大学神学部教授。京都大学博士（文学）、関西学院大学博士（神学）。

著書：『神認識とエペクタシス』（創文社）、『愛と意志と生成の神』（教文館）、『救貧看護とフィランスロピア』（創文社）、『古代キリスト教探訪』（新教出版社）、『司教と貧者』（新教出版社）他多数。

村上みか むらかみ・みか (第二部監修 第二部概要・3・7・12担当)

神戸大学法学研究科博士前期課程、同志社大学神学研究科博士前期課程、バーゼル大学神学部博士課程修了。神学博士（Dr.theol.）。日本基督教団岡本教会担任教師、バーゼル市エコランパド教会専任オルガニスト、名古屋学院大学助教授、東北学院大学教授等を経て、現在、同志社大学神学部教授。

著書：『ヨーロッパ宗教改革の連携と断絶』（共著、教文館）、『牧師とは何か』（共著、日本キリスト教団出版局）他。

執筆者紹介 <small>(五十音順)</small>

阿久戸義愛　あくど・よしや（第三部 7 担当）
　1980 年生。元・東北学院大学文学部講師。筑波大学非常勤講師。

阿部善彦　あべ・よしひこ（第一部 13・14 担当）
　1980 年生。立教大学文学部教授。

伊藤慶郎　いとう・よしお（第三部 3 担当）
　1972 年生。名古屋ハリストス正教会司祭、同志社大学嘱託講師。

岩井謙太郎　いわい・けんたろう（第三部 6 担当）
　中部学院大学・神戸松蔭女子学院大学非常勤講師。

江口再起　えぐち・さいき（第二部 11 担当）
　1947 年生。ルーテル学院大学・神学校ルター研究所所長。

榎本　空　えのもと・そら（第四部 7 担当）
　1988 年生。ノースカロライナ大学チャペルヒル校人類学専攻博士後期課程在籍。

踊　共二　おどり・ともじ（第二部 9 担当）
　1960 年生。武蔵大学人文学部教授。

片柳榮一　かたやなぎ・えいいち（第一部 5–8 担当）
　1944 年生。聖学院大学客員教授、京都大学名誉教授。

金丸英子　かなまる・えいこ（第四部 5 担当）
　西南学院大学神学部教授。

金子晴勇　かねこ・はるお（第二部 2 担当）
　1932 年生。岡山大学名誉教授、聖学院大学総合研究所名誉教授。

川村信三　かわむら・しんぞう（第二部 10 担当）
　1958 年生。イエズス会司祭、上智大学文学部教授。

木塚隆志　きづか・たかし（第二部 8 担当）
　1961 年生。駿河台大学心理学部教授。

桑原直己　くわばら・なおき（第一部 10 担当）
　1954 年生。筑波大学名誉教授。

小柳敦史　こやなぎ・あつし（第三部 5 担当）
　1981 年生。北海学園大学人文学部准教授。

近藤　剛　こんどう・ごう（第三部 9 担当）
　1974 年生。京都産業大学文化学部教授。

関川泰寛　せきかわ・やすひろ（第一部 3 担当）

　　1954 年生。日本基督教団大森めぐみ教会牧師。

髙橋義文　たかはし・よしぶみ（第四部 2・3 担当）

　　1943 年生。元聖学院大学総合研究所所長・名誉教授。2021 年死去。

津田謙治　つだ・けんじ（第一部 2、第三部 4 担当）

　　1976 年生。京都大学大学院文学研究科准教授。

野々瀬浩司　ののせ・こうじ（第二部 4 担当）

　　1964 年生。慶應義塾大学文学部教授。

橋本祐樹　はしもと・ゆうき（第三部 3 担当）

　　1980 年生。関西学院大学神学部准教授。

長谷川（間瀬）恵美　はせがわ（ませ）えみ（第三部 13 担当）

　　1970 年生。桜美林大学リベラルアーツ学群人文領域宗教学プログラム主任准教授。

濱崎雅孝　はまざき・まさたか（第三部 3 担当）

　　1971 年生。関西学院大学、神戸松蔭女子学院大学、ウイリアムス神学館ほか非常勤講師。

久松英二　ひさまつ・えいじ（第二部 1 担当）

　　1957 年生。龍谷大学国際学部教授。

福嶋　揚　ふくしま・よう（第三部 10 担当）

　　1968 年生。東京大学大学院、立教大学大学院ほか講師。

藤本憲正　ふじもと・のりまさ（第三部 15 担当）

　　1986 年生。国際日本文化研究センター機関研究員。

藤本　満　ふじもと・みつる（第三部 1 担当）

　　1957 年生。インマヌエル高津キリスト教会牧師。

光延一郎　みつのぶ・いちろう（第三部 14、第四部 8 担当）

　　1956 年生。イエズス会司祭、上智大学神学部教授。

南翔一朗　みなみ・しょういちろう（第三部 2 担当）

　　1986 年生。北海道教育大学釧路校講師。

森本あんり　もりもと・あんり（第四部 1 担当）

　　1956 年生。国際基督教大学教授。2022 年 4 月より東京女子大学学長。

山口里子　やまぐち・さとこ（第四部 6 担当）

　　1945 年生。聖書学者。元日本フェミニスト神学・宣教センター共同ディレクター。

山本芳久　やまもと・よしひさ（第一部 11 担当）

　　1973 年生。東京大学大学院総合文化研究科教授。

吉田　隆　よしだ・たかし（第二部 5・6 担当）

　　1961 年生。神戸改革派神学校校長。

キリスト教神学命題集 ユスティノスから J. コーンまで

2022 年 3 月 24 日　初版発行　　　Ⓒ 土井健司・村上みか・
　　　　　　　　　　　　　　　　　芦名定道・島田由紀　2022

　　　　　　　監修者　土井健司　　村上みか
　　　　　　　　　　　芦名定道　　島田由紀
　　　　　　　発　行　日本キリスト教団出版局
　　　　　〒 169-0051　東京都新宿区西早稲田 2-3-18
　　　　　電話・営業 03(3204)0422、編集 03(3204)0424
　　　　　　　　　　　　https://bp-uccj.jp

　　　　　　　　　　印刷・製本　開成印刷

ISBN 978-4-8184-1104-3　C0016　日キ販
Printed in Japan

日本キリスト教団出版局

1冊でわかるキリスト教史
古代から現代まで

土井健司：監修　土井健司 / 久松英二 /
村上みか / 芦名定道 / 落合建仁：著

キリスト教 2000 年の通史と日本キリスト教史を収める入門書。古代教父や改革者の功績と神学思想、教会会議、論争、闘争、宗教改革などを一般の世界史と重ね合わせ簡潔に紹介する。　A5 判 248 頁 2,200 円

神についていかに語りうるか
プロティノスからウィトゲンシュタインまで

W. シュスラー：編
芦名定道：監訳

「神についてどのように語ることができるのか」。神学・哲学の根源的テーマに取り組んだ古代の哲学者や教父から現代の神学者・哲学家、東洋思想まで二千数百年にわたる議論を紹介。　A5 判 490 頁 6,500 円

ボンヘッファーとキング
抵抗に生きたキリスト者

J. ディオティス・ロバーツ：著
島田由紀：訳

ガンジーの非暴力抵抗に学びながら、非暴力を貫いたキングと、ヒトラー暗殺計画に加担したボンヘッファー。抵抗運動の末ともに 39 歳の若さで斃れた二人を本格的に比較考察する。　A5 判 290 頁 4,200 円

古代末期に生きた最初の現代人
アウグスティヌスに聴く

茂泉昭男：著

正義の戦争などあり得るのか？　自己愛と隣人愛は両立するのか？……現代に通じる問いの数々を 1600 年も前に考察していたアウグスティヌス。その厖大な叡智の一端を紹介する入門書。四六判 128 頁 1,200 円

《オンデマンド版》
エラスムス

R. H. ベイントン：著
出村　彰：訳

ルターと教皇の間にあって誠にユニークかつ貴重な存在であり、当代一の人文学者であったエラスムスを、キリスト教世界の人物として実証し、再評価した教会史家ベイントンの代表作。　A5 判 412 頁 5,500 円

《オンデマンド版》
ルターの宗教思想

金子晴勇：著

ルターは 16 世紀に「近代人」の運命を予見していた、との見解を展開する著者が、ルターの信仰・本質を実存的方法で解明、その活きた思想を辿りつつ現代におけるルターの意味を問う。四六判 224 頁 2,800 円

価格は本体価格。重版の際に変わることがあります。
オンデマンド版書籍のご注文は出版局営業課（電話 03–3204–0422）までお願いいたします。

日本キリスト教団出版局

《オンデマンド版》
スイス宗教改革史研究

出村　彰：著

スイスにおける 16 世紀宗教改革の歴史的・文献的研究。後年、長老・改革派教会の歴史的特質となった、俗権の干渉・介入から独立した、「自立的」教会訓練の思想の系譜をたどる。　A5 判 464 頁 6,100 円

ドイツ敬虔主義
宗教改革の再生を求めた人々

ヨハネス・ヴァルマン：著
梅田與四男：訳

17、18 世紀のドイツで起きた宗教運動・敬虔主義。宗教改革の「真の、生き生きとした信仰」の回復を求めてこの運動に参加した人々の、思想と生を簡潔に描き、その全体像を概観する。　A5 判 320 頁 5,600 円

カール・バルト
未来学としての神学

福嶋　揚：著

聖書は未来の希望を指し示す。バルトはこの聖書が示す希望を現代に語った。世界の闇が深まる今こそバルトの生涯と思想を辿り直し、真の希望を捉えようと読者を誘う新しい神学入門。　A5 判 490 頁 1,800 円

《オンデマンド版》
キリストと文化

H. リチャード・ニーバー：著
赤城　泰：訳

キリスト教と文化の真の問題はキリストと文化の二つの権威の関係である。そこで究極的に問われるキリストにおける啓蒙が、文化において優位を占める理性に対し持つ関係を論じた名著。四六判 458 頁 3,600 円

《オンデマンド版》
彼女を記念して　フェミニスト神学による
キリスト教起源の再構築

E. シュスラー・フィオレンツァ：著
山口里子：訳

2000 年に及ぶ父権制的キリスト教によって歴史の記録から隠され抹消されてきた初期キリスト教における女性たちの業績と記憶を、最新の聖書学を駆使して再構築する。　A5 判 584 頁 9,300 円

フェミニスト聖書注解
聖典の探求へ

E. シュスラー・フィオレンツァ：編
絹川久子 / 山口里子：日本語版監修

世界の第一線で活躍する女性執筆陣によるフェミニストの視点に立つ聖書注解。新約聖書と外典など初期教会文書全 40 巻を分析解説。女性および周縁化された人々の視点を浮き彫りに。　B5 判 682 頁 20,000 円

価格は本体価格。重版の際に変わることがあります。
オンデマンド版書籍のご注文は出版局営業課（電話 03–3204–0422）までお願いいたします。

日本キリスト教団出版局

十字架とリンチの木

ジェイムズ・コーン：著
梶原　壽：訳

米国南部でリンチの木に吊るされた何千もの黒人は十字架につけられたイエスの似姿だった。全ての人種・民族差別に抵抗するすべを探る、黒人神学の先駆者の全著作の継続であり完成点。A5 判 306 頁 3,800 円

《オンデマンド版》
夢か悪夢か・
キング牧師とマルコムX

ジェイムズ・コーン：著　梶原　壽：訳

「非暴力の使徒」キングと「暴力主義者」マルコム、対照的な二人の黒人指導者が、黒人解放という同じ目的に向け、互いの思想に接近していく過程を対比させて描く。
A5 判 512 頁 7,200 円

キリスト教思想史入門

金子晴勇：著

聖書の成立から現代に至るキリスト教思想2000 年の歴史を、時代に生きた人間の自覚そのものの質的変化を解明することにより、人間がどのように生き、文化を担って来たかを叙述する。B6 判 372 頁 1,600 円

《オンデマンド版》
キリスト教教理史

ルイス・ベルコフ：著
赤木善光 / 磯部理一郎：訳

わが国の教理史や神学史はドイツを中心とするルター派のものが多いが、本書は改革派も含めテーマ毎に区分、当該テーマについて古代から現代までの歴史を簡潔に叙述したものである。　A5 判 308 頁 4,400 円

イエス研究史
古代から現代まで

大貫　隆 / 佐藤　研：編

近代聖書学成立以後のイエス研究の展開を主としつつ、古代・現代に留意し、文学者によるイエス観も付加。自分のイエス像を検証し、深化させるために必読の書。
A5 判 400 頁 6,000 円

キリスト論論争史

水垣　渉 / 小高　毅：編

キリスト教信仰の中心がイエス・キリストにあるゆえに、キリスト論は教会内部でも他宗教との関係においても問題化せざるを得ない。初代教会から現代に至るキリスト論論争の展開。　A5 判 586 頁 9,500 円

価格は本体価格。重版の際に変わることがあります。
オンデマンド版書籍のご注文は出版局営業課（電話 03–3204–0422）までお願いいたします。